KB161070

오십
너머,

인생에서 가장 아름다운
꽃이 핀다

오십 너머, 인생에서 가장 아름다운 꽃이 핀다

라이프 가드너 파파홍의
슬기로운 인생 항해술

파파홍 지음

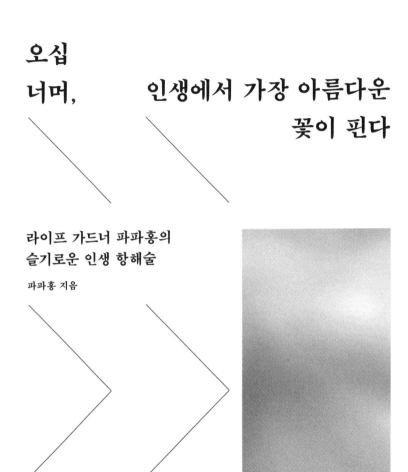

앞으로의 시간을 가장 화려한 날들로 만드는 법

한스미디어

우리 모두에게 남아 있는
생에 가장 아름다운 시간들

인생 후반전을 잘살아내기 위해서는 네 개의 튼튼한 기둥이 필요하다고 합니다. 원만한 인간관계, 경제적 안정, 건강한 몸과 마음, 꿈과 비전이 바로 그것인데요. 중요한 것은 이 네 기둥 중 어느 것 하나라도 없거나 망가지면 안 될 뿐 아니라 밥상 다리처럼 네 기둥이 똑같이 '균형'을 이뤄야 한다는 사실입니다. 만약 어느 하나의 기둥이라도 제 역할을 하지 못한다면 금세 속절없이 무너져내리고 말 것입니다.

제가 50대에 들어설 무렵, 네 기둥 중 어느 것 하나 온전한 것이

없었습니다. 가훈으로 삼고 살아온 것이 '가화만사성(家和萬事成)'
인 만큼 집안에는 웃음소리가 끊이질 않았지만, 그렇다고 아내를
100% 행복하게 해주고 있다기에는 턱없이 부족했습니다. 경제적으
로는 월급쟁이인 '한 달 살이'였으며, 몸과 마음은 극심한 우울증으
로 망가져만 갔습니다. 이런 상황에서 꿈과 비전을 품는다는 것은
자기기만일 것입니다.

　이 총체적 난국을 어찌해야 할 것인가? 마흔 살을 앞두고 미지
의 세계에서 인생을 다시 시작해보겠다고 뉴질랜드에 이민을 왔지
만, 10년이 지난 뒤 내 인생은 더 망가져 있는 듯했습니다. 몸이 어
디에 있든 마음이 바뀌지 않으면 사는 것은 매한가지라는 생각이
들었고, 무엇보다 시급한 마음의 병부터 고치기 위해 공부를 시작
했습니다. 배우고 깨우친 것을 행동으로 옮겼습니다.

　참으로 역설적으로, 저는 다른 사람들에 비해 모험적인 인생을
살아왔음에도 부정적인 생각을 많이 하곤 합니다. 일반적으로 부
정적인 사람은 안주하는 경향이 있다고들 하는데 저는 달랐습니다.
늘 새로운 일, 새로운 도전을 찾아 시도하면서도 마음 한쪽에는 커
다랗게 부정적인 생각이 자리를 잡고 있었습니다. 그래서 늘 걱정과
불안에 시달렸지요.

쉽지 않았지만, 인생 공부를 통해 부정적인 생각을 걷어내기 시작했습니다. 그러자 새로운 길이 서서히 나타나기 시작했습니다. 새로운 길로 향하는 시야가 선명해지는 만큼 우울증도 사라져갔습니다. 이처럼 마음이 회복되어가면서 꿈과 비전을 세울 수 있었고, 20대 때 품었던 꿈을 이뤄보기로 했습니다. 예전에는 혼자서라면 절대 하지 못 할 일들을 기술의 발달로 마음만 먹는다면 혼자서 할 수 있는 것이 요즘 세상입니다. 하겠다는 결심과 할 수 있다는 용기만 있으면 거의 모든 것이 가능한 시대입니다. 그렇게 용기를 내보기로 했습니다.

그래서 시작한 것이 유튜브입니다. 좌절과 절망에서 나를 건져주었던 인생 공부를 방황하는 중장년들과 함께 나누고 싶었습니다. 내 인생을 살리고 또 힘들게 버티는 다른 인생들에게도 보탬이 될 수 있으니 이보다 좋은 일이 없었기 때문에 간절함을 가지고 지금까지 유튜브를 운영해오고 있습니다. 그리고 그 과정에서 제 인생에 새로운 지평이 펼쳐지는 것을 경험했습니다. 인생의 지평은 성장과 함께 다른 모습으로 펼쳐졌습니다. 오늘 이렇게 독자 여러분께 제 책의 서문을 쓰게 될 줄 누가 알았을까요?

50 너머, 누구에게나 인생에서 가장 아름다운 꽃이 피기 시작합니다. 허무주의, 비관주의, 냉소주의에서 벗어나 인생이 하루하루 더 좋아질 수 있음을, 그래서 후반전에 여러분 인생의 황금기와 전성기를 만들어낼 수 있음을 믿기 바랍니다. 저는 유튜브와 네이버 카페 활동을 하면서 인생 최고의 전성기를 살아내고 있는 인생 선배를 많이 만났고 그 많은 분이 이를 증명하고 있습니다.

저는 인생 정원에 꽃을 피우고 가꾸는 라이프 가드너(Life Gardener)를 새로운 직업으로 삼았습니다. 불러만 주신다면, 여러분의 정원도 가꿔드리겠습니다. 이 책이 그 첫걸음입니다. 아직은 그 꿈에 온전히 다다르지 못했지만, 결코 조급해하지 않기로 했습니다. 포기하지 않는다면 언제고 역량과 여건이 갖추어지는 그 날이 올 것임을 알기 때문입니다.

서문의 자리를 빌려 여러분에게 꼭 추천하고 싶은 시가 있습니다. 삶의 무게로 힘들고 지칠 때마다 제게 작지만 큰 힘이 되어준 시입니다.

할 수 있다고 생각하는 사람

압도당할 것이라 생각하면 이미 압도당한 것이고,
도전할 수 없다고 생각하면 도전할 수 없고,
성공하고 싶지만 성공할 수 없다고 생각하면
성공하지 못할 것이 거의 확실하다.

패할 것이라 생각하면 이미 패배한 것이다.
우리가 살아가는 세계에서 성공은
사람의 의지에서부터 시작하기 때문이다.
모든 것이 마음가짐에 있다. 성공은 마음의 자세에 달렸다.

남보다 못하다고 생각하면 남보다 못해진다.
뛰어나려면 스스로 뛰어나다고 생각하고,
높이 오르고 싶다면 스스로 드높게 생각해야 한다.
성공을 위해서는 먼저 자신을 믿어야 한다.

강하고 빠르다고 인생의 전쟁터에서 언제나 승리하는 것이 아니다.
결국 승리하는 자는 자신을 믿는 사람이다.
할 수 있다고 믿는 사람이다.

이 책을 선택해주신 독자 여러분께 머리 숙여 감사드립니다. 저를 예쁘게 낳아주시고 사랑으로 키워주신 어머니 김동분 여사께 감사의 말씀을 올립니다. 늘 막내인 저를 노심초사 보살펴준 다섯 누이에게도 정말 고마웠다는 말을 전하고 싶습니다. 그리고 짱가 같은 제 친구 성철이, 늘 곁에서 힘이 되어준 홍국이, 어린 시절 함께 꿨던 꿈을 간직하고 있는 윤원이에게도 그 우정에 감사드립니다.

마지막으로 책을 낼 기회를 주신 한스미디어의 모민원 팀장님과 팀원 여러분, 제 인생의 파트너이자 비즈니스 파트너인 제 아내 이미영에게도 감사 말씀을 올립니다.

지은이 파파홍

목차

3장　돈이 없으면, 돈이 인생의 전부가 된다

4장　나를 존중하지 않는다면 그 누구도 필요 없다

5장 인생에서 가장 아름다운 꽃이 핀다

6장 다 큰 자식은 더 이상 내 가족이 아니다

7장 "30년째 연인과 살고 있습니다"

1장

나에게 이런 일이
벌어질 줄은 몰랐다

어느 날 갑자기
인생이 허무해졌다

어느 날 갑자기 밑도 끝도 없이 '사는 게 무의미하고 공허하다'고 느껴질 때가 있다. 살 섞고 사는 배우자도 제 사는 것만 신경 쓰는 것 같고, 자식들은 남보다 더 멀게 느껴지고, 무엇 하나 즐거운 게 없다. 앞으로 살아갈 날도, 남은 인생도 기대되는 일 하나 없으니…. '이런 식으로 계속 살아봐야 무슨 소용 있을까?' 하는 몹쓸 생각까지 들기도 한다.

길에서 스쳐 지나가는 사람들은 뭐가 그리도 좋은 일들이 많은지 모두 웃고 떠들고 바쁘게 제 갈 길 가는데…. 세상이 나만을 버린 것인지, 혼자만 덩그러니 떨어져나와, 웃을 일도 만나고 싶은 사람도 걸음을 재촉해서 가야 할 곳도 없다. 아니 그러고 싶지도 않다.

사는 게 무의미하다고 느껴지는 게 밑도 끝도 없는 것은 아니다. 허무함이 어느 날 갑자기 시작되지만, 찬찬히 생각해보면 오랫동안 마음속에 자책감, 후회 등과 같은 부정적인 감정들이 차곡차곡 쌓여있다가, 특정한 사건 사고를 만나면서 방아쇠가 당겨지는 것뿐이다.

내 경우가 그렇다. 지금부터 10년 전이다. 어머니 장례식을 마친 직후부터 허무함에 인생이 무너져내리기 시작했다. 밤에는 불면증에 시달렸고, 낮에는 회사에서 정신을 반짝 깨울 수 있게 단 음식을 먹었다. 매일 어른 주먹 만한 크기의 머핀을 하나씩 먹었고, 나중에는 이것도 듣지 않자 두 개씩도 먹었다. 설탕 중독에 빠진 것이다.

나른함과 무기력증에 빠져 퇴근 후 집에 돌아와서는 아무것도 할 수 없었다. 아니 '해봐야 뭐하겠냐, 부질없다'는 생각이 앞섰다. 정말이지 손가락 하나 까딱하기도 싫었다.

체중이 급격히 불어나 84kg이 되었고, 면역 시스템이 망가져서 원인 모를 붉은 반점이 다리 여기저기에서 보였다. 이런저런 약을 써도 듣지 않았다. 마지막 수단으로 스테로이드까지 먹어야 했다. 스테로이드는 굉장히 독했고 부작용도 이만저만 심각한 것이 아니었다.

몸만 망가진 게 아니었다. 일하면서도 TV를 보면서도 잠을 청하면서도 오로지 죽는 생각만 했다. 차라리 목숨을 끊는 것이 낫지 않을까 싶을 정도로, 그야말로 사는 게 지옥 그 자체였다. 우울증은 그렇게 무섭다.

내 유튜브 채널에 있는 초기 영상들을 보면, 보름달같이 둥근 내 얼굴을 확인할 수 있다. 그래도 그때는 우울증에서 거의 빠져나온 시기여서 아주 못 봐줄 만하지는 않다. "산적같이 생겼다"고 댓글을 달았던 분들도 꽤 있긴 했지만….

사는 게 무의미하다는 회의감과 공허함을 맞닥뜨렸을 때, 무작정 겉돌지 말라. 무엇보다 나 자신을 돌아보고 수습해야 한다. 허무함이 한 번 밀려왔을 때 제대로 잡아야지, 방치했다가는 가랑비에 옷 젖듯 부정적인 감정에 휘감겨 빠져나오지 못하게 되는 수가 있다.

그러다 결국 그 공허함은 산불 번져가듯, 우울증으로 번진다. 술, 외도, 도박처럼 몹쓸 것들에 빠져 정말로 무의미한 인생을 살아가게 될 수도 있다.

사는 게 공허하고 무의미하다고 느껴질 때, 꼭 챙겨봐야 할 것들이 있다.

완전히 방전된 것은 아닐까?

어느 날 갑자기 멘탈이 유리그릇처럼 깨지는 사람 중에는 야생마처럼 때로는 기관차처럼 쉬지 않고 달려온 이들이 종종 있다. 이런 이들의 흔한 증상 중 하나가 한번 무너지면 걷잡을 수 없이 허물어져 내린다는 것이다. 마치 "건강 하나는 자신 있다"던 사람이 하루아침에 쓰러져 사망하거나 반신불수가 되는 것처럼 말이다.

활활 타오르던 올림픽 주경기장의 성화가 한 번에 픽하고 꺼지듯, 몸과 마음을 돌볼 여유조차 갖지 못하고 의욕적으로 살아온 사람이 신체적으로나 정신적으로 극도의 피로감으로 무기력해지는 증상이 번아웃 증후군이다. 몸과 마음속에 있는 에너지가 모두 타버려, 더는 태울 것이 바닥난 상태가 번아웃이다.

그동안 우리가 살아온 모습을 되돌아보면, 지금까지 버텨온 것이 신기할 정도다. 점심시간마저 아껴서 일해야 했고 밤늦게까지 야근을 매일 하다시피 했다. 어쩌다가 제시간에 퇴근해 일찍 집에 들어가는 날에는, 현관문이 평상시와 다른 색이어서 멈칫할 때도 있었다. 매일 새벽녘에 나왔다가, 별을 보며 들어갔으니 해가 떠 있을 때 현관문 색이 달라 보였을 수밖에.

어려서부터 적절한 휴식을 갖는 것조차 꺼려왔는데 이것은 "정신머리가 썩어빠졌다"거나 "배에 기름이 차서 그렇다"는 말에 세뇌되었기 때문이다. 한국 중장년들은 무기력증이 몰려올 때마다 자신이 혹시라도 번아웃 증후군을 앓고 있는 것은 아닌지 의심해봐야 한다. 병원에 가서 제대로 검사를 받아보면 더 좋다.

번아웃 증후군의 흔한 증상은 화를 자주 내고 숙면하지 못하는 것이다. 그뿐만 아니라, 두통이나 가슴이 조여오는 듯한 통증 등도 동반한다.

번아웃 증후군은 여섯 단계로 병의 심각성을 분류한다. 공허함을 느끼기 시작하고, 삶의 희망이나 방향성을 잃고 모든 게 부질없다고 생각하기 시작하면 벌써 번아웃 증후군 5단계에 들어선 것이다. 이미 우리의 피로감은 최고로 심각한 6단계의 바로 턱밑까지 도달해 있다는 말이다.

그러니까 공허함을 느끼는 것을 절대 가볍게 넘기면 안 된다. 이건 하루 이틀 방에 틀어박혀 잠만 잔다고 풀 수 있는 것이 절대 아니다. 빨리 전문가에게 도움을 청해보기 바란다.

단계별 번아웃 증후군

① 버닝 단계	업무를 통해 자신을 증명하고 싶다는 강한 욕구
② 철수(후퇴) 단계	일에 모든 것을 투자함
③ 고립 단계	일 외의 생활이 거의 없어짐
④ 부적응 단계	마치 기계 부품 같은 삶
⑤ 심각 단계	삶의 희망이나 방향성이 없다고 느낌
⑥ 최악의 단계	육체적, 감정적으로 붕괴된 상태

자료: 내츄럴플러스

내 마음그릇이 너무 작은 것은 아닐까?

한 사람의 마음 크기를 종종 그릇으로 비유한다. 아량이 넓고 남의 잘못과 허물을 잘 품어주고, 입장 바꿔 생각하기를 잘하는 사람을 일컬어 그릇이 크다고 표현한다.

나이 든다는 것은 자신의 마음그릇을 조금씩 조금씩 키워나가는 걸 거다. 나이 들어 옹졸하고 고집스럽고 자기만 아는 편협한 사람만큼 추한 것도 없다. 이런 사람일수록 자기주장은 강하고 목소리도 크고 다혈질이다. 또 입은 걸고 공격적이기까지 하다.

"썩을 놈의 세상, 쫄딱 망해버려라.", "젠장, 전쟁이나 콱 나버려라."

자신이 도저히 동의할 수도 받아들일 수도 없는 것을 마주할 때, 마음그릇이 작은 사람들이 택하는 방법은 공멸이다. 받아들일 수 없는 것의 존재 자체가 못 견디겠고, 이러니저러니 말 섞기도 싫으니, 그냥 함께 죽자는 것이다. 오죽 스트레스가 심하면 공멸의 길을 택할까!

이 정도는 아닐지라도, 마음그릇을 키우는 데 게을리하면 세상살이가 재미없어지고 힘 빠진다. 나이 들수록 보수적으로 되어가는 자신을 어렵지 않게 발견할 수 있다. 원래부터 보수적인 사람이었다면, 극보수가 되어갈 것이다. 정치적인 진보와 보수를 말하는 것이 아니다. 세상의 변화를 얼마나 긍정적으로 받아들일 수 있느냐 하는 개방적 태도를 말한다.

이런 면에서 보자면, 마음그릇의 크기를 키우기 위해서는 진보적이고 개혁적이어야 한다. 그래야 내 그릇의 작음을 깨닫고, 크게 키우기 위해 노력할 테니 말이다.

허무함에 빠지지 않고, 꽉 찬 인생을 살아가기 위해서는 집과 재산을 키우고 불리는 것에만 집중할 것이 아니라, 마음그릇의 크기를 키우는 데도 관심을 기울여야 한다.

새로운 인생 목표가 필요한 것은 아닐까?

한국인들의 사는 모습을 보면, 마라톤을 마치 100m 경주하듯 한다는 생각이 든다. 42.195km를 뛰어야 하는 마라톤을 100m 달리기 속도로 뛸 수는 없는 노릇이다. 만약 그렇게 한다면, 트랙 한 바퀴를 돌기도 전에 지쳐 나자빠질 게 분명하다. 우리가 이렇게 살아온 것이다.

속도를 더 내기 위해 고개를 숙인 채 경주마처럼 전속력으로 내달려왔는데, 중년에 접어들어 '어디쯤 왔나?' 고개를 들어보니 '대체 여기가 어딘지, 얼마만큼 온 것인지?' 알 수가 없다. '여긴 어디? 나는 누구?' 상황이 이 지경이 되면, 지금까지 애써 뛰어온 것이 모두 헛수고처럼 느껴지고 다리에 힘이 빠져 털썩 주저앉게 된다.

종종 '왜 사나?' 싶을 때가 있다. 이렇게 어느 날 갑자기 허무하게 느껴지는 이유는, 왜 열심히 살았는지, 어디를 향해서 가려고 그렇게 열심히 뛰었는지, 계속 이렇게 '돈 돈 돈' 하며 사는 게 맞는지

의문이 들기 때문이다.

돈이 많으면 그 크기만큼 정비례해서 행복도 무한정 계속 커질 거라는 헛된 믿음을 갖기도 한다. 그런데 예전보다 사는 형편이 많이 나아졌는데도 행복해지기는커녕 불안만 더 커진다.

불안한 마음과 의문들을 누른 채 다시 고개를 숙이고 달리려고 해도, 대체 어느 쪽을 향해서 달려야 하는지 모르겠다. 방향감각을 상실한 것이다. 잘못하면 달려왔던 방향으로 되돌아갈 수도 있으니 안절부절못하게 된다.

그래서 인생에서는 속도가 아니라 방향이 중요하다. 중년에 사는 게 무의미하게 느껴지고 허무해질 때 그때가 바로 인생 후반전을 위해 새로운 목표가 필요한 때다. 어디로 내달릴지 방향을 잡아야 한다. 힘들어도 목표와 희망이 있으면 발걸음은 가볍다.

규칙적인 생활을 하고 있나?

시간이 많든 적든 바쁘든 한가하든 상관없이, 흘러가는 시간을 담는 저수조가 필요하다. 그게 바로 계획표이고 규칙적인 일상이다. 직장생활로 매일 같은 시간에 집을 나서고, 저녁때 집으로 돌아오니까 규칙적인 생활을 하고 있다고 믿기 쉽지만, 퇴근 이후 시간과 휴일을 어떻게 사용하고 있는지 들여다볼 필요가 있다.

퇴근 후 집에 돌아와 저녁밥 먹고 소파에 누워 TV를 보거나 맥주 한잔하며 시간을 보내다 잠자리에 든다면 계획적인 생활을 하고 있다고 말할 수 없다. 아침에 일어나 출근하는 거야 돈 벌기 위해 싫어도 나가야 하니 계획이나 규칙적인 삶과는 관계없다.

은퇴 이후 규칙적인 생활을 하지 않고 졸릴 때 자고 눈 떠질 때 일어나는 생활을 하는 사람들이 있다. 회사생활을 그만둔 직후라면 한두 달 정도는 시간에 얽매이지 않은 자유를 만끽하기 위해서 '무계획도 계획이다'라는 느긋한 마음으로 지낼 수도 있다.

하지만 이런 생활이 계속 이어지다 보면 생활 리듬이 깨지고 스트레스를 받을 수 있다. 스트레스받지 않기 위해 계획 없는 생활을 했는데, 역설적으로 우리 몸은 스트레스를 받는다. 밤에 쉽게 잠들지 못하고 종일 피곤함을 느낀다. 혀가 까끌까끌해서 입맛이 없어 식사를 거르게 되고 그러다 보니 체력은 고갈된다. 결국, 그 끝에 '무의미하다. 공허하다. 이렇게 재미없이 살아서 뭐 하나?'라는 감정을 느낀다. 쓸데없는 생각이 자신을 덮친다.

생활의 균형이 깨져 몸의 리듬도 흐트러지고 면역성도 떨어진다. 이때 이 틈을 파고드는 것이 바로 부정적인 생각이다. 그래서 바쁘든 한가하든 직장생활을 하고 있든 은퇴생활을 하고 있든 상관없이 규칙적인 생활습관을 유지해야 한다.

규칙적인 생활습관을 형성하는 4대 핵심이 있다. 첫째, 아침에 정해진 시간에 맞춰 일어난다. 둘째, 늦어도 밤 11시에 잠들어 7~8시간 잔다. 셋째, 식사를 제시간에 맞춰 챙겨 먹는다. 넷째, 하루 30분이라도 운동한다.

'인생이 허무하다.', '사는 게 무의미하다'는 부정적인 생각과 감정은 몸과 마음이 탈진했거나 마음이 좁게 닫혀있거나 인생의 방향을 잃었거나 불규칙한 생활로 리듬이 흐트러졌을 때 도둑처럼 찾아온다. 그래서 경계를 늦추지 말고, 올림픽에 나가는 국가대표 선수처럼 언제나 최상의 컨디션을 유지할 수 있도록 관리를 철저히 해야 한다. 그래야 내 몸과 마음을 지킬 수 있다.

나이 들면 겪는
4가지 고통

50대에 접어들면서 부닥치는 참으로 불편하고 어색한 경험이 있다. 친구들의 사망 소식을 속속 듣는 것이다. 잊을 만하면 부고가 하나씩 날아든다. 큰 병을 얻어 오랫동안 병치레를 하다가 떠나는 친구도 있지만, 엊그제까지 반갑게 통화하고 다음 만남을 기약했었는데, 하루아침에 불귀의 객이 되는 사람도 있다.

귓전에 그의 목소리와 웃음소리가 여전히 남아 있는데, 그는 떠나고 없다. 하지만 페이스북을 들여다보면, 그는 아무 일 없었다는 듯, 그곳에서 함박웃음을 짓고 있다. 이런 비현실적인 부조화에 어색하고 불편하기 짝이 없는 것이 50대다.

40대는 불어난 체중으로 체형이 좀 바뀌고, 가끔 인생 후반에 대한 생각으로 머리가 복잡해지긴 하지만 여전히 30대 같은 삶을 산다. 하지만 50대에 접어들면서부터는 모든 게 확연히 달라진다. 연령대 구분에서도 50대는 60대와 함께 묶일 때가 많다. 이것만이 아니다. 피부의 탄력도 눈에 띄게 떨어지고 몸의 여기저기에서 이상 신호가 나타난다. 또 아이들이 독립해 떠나는 시기이기도 하다. 그 래서 나이를 잊고 살래야 살 수가 없는 시기가 바로 50대가 아닌가 싶다.

이러다 보니, 예전 부모님께서 지나가듯 하신 말씀들이 새롭게 느껴지기도 하고, 인생을 깨닫고 싶어 고전을 찾아 읽기도 한다. 내 가 공자, 맹자, 아리스토텔레스와 같은 선인들의 책을 읽고 있는 모 습은 상상도 못 했다. 이런 곰팡내 나는 고리타분한 책을 밑줄 그으 며 읽게 될 줄이야 정말 몰랐다. 더 놀라운 사실은 이들이 들려주는 이야기가 재밌고, 수천 년 전의 인생 이야기가 공감된다는 것이다.

나이가 들면서, 맞닥뜨릴 수밖에 없는 고통이 네 가지 있다고 한 다. 아마도 정부에서 펼치는 노인들을 위한 복지 제도도 이 고통을 줄이는 데 초점이 맞추어져 있을 거라 짐작된다. 노년에 찾아드는 네 가지 고통은 상식이 되었다. 그래서인지 이에 관한 글들이 많지 만, 누구도 이 네 가지 고통의 싹이 30~40대 때부터 돋아나기 시작 한다는 것을 말하지 않는다.

고통도 고통 나름이고, 고통의 강도에도 개인차가 있기 마련이 다. 인생이란 원래 그런 거라 하더라도, 노력과 준비에 따라 어느 하나라도 피해갈 수 있고, 고통의 수준도 현저히 낮출 수 있다고 믿는다. 그런 의미에서 나이 들면 겪는 4가지 고통을 다시 한번 되짚어보자.

빈고(貧苦), 가난으로 인한 고통

"젊어 고생은 사서도 한다"는 말이 있듯이, 젊어서의 가난은 긴 인생 여정에 거름이 된다. 전혀 부끄러운 일이 아니다. 하지만 노년에 맞닥뜨리는 가난은 인생의 모든 면을 허물어뜨리는 것은 물론이거니와, 여간해서는 다시 일어설 수 있다는 희망이 없기에 그 고통이 세 배 네 배로 증폭된다.

베이비부머들의 노후 문제를 다룬 다큐멘터리들이 많다. 그런 프로그램엔 빠지지 않고 어김없이 등장하는 장면이 있는데, 바로 쪽방촌에 사는 노인들이다. 노후 빈곤을 적나라하게 보여주는 모습이니 빠질 수 없나 보다. 찜통같이 더운 여름엔 선풍기 하나로, 북풍한설이 몰아치는 겨울엔 전기장판 하나로 버티는, 쪄 죽고 얼어 죽는 곳이 바로 쪽방촌이다.

TV를 통해 이런 장면을 보고 있노라면, 안타까운 마음에 혀를 차기도 하지만, 그곳에 사는 노인들이 처음부터 그렇게 가난했던 것도 아니라는 사실을 깨달으면 온몸의 신경이 곤두선다. 누구는 옷 공장을 중국과 동남아 서너 곳에서 크게 운영할 정도로 잘 나갔었고, 또 다른 이는 평생을 공무원으로 재직했다가 은퇴 후 가구 공장을 크게 했었단다. 그런 그들이 지금은 가족들과 연락도 끊은 채 쪽방촌에 살아가고 있다.

도서 《돈의 속성》의 저자인 김승호 스노우폭스 회장은 돈에 관한 네 가지 능력을 말한다. 첫째는 돈을 버는 능력, 둘째는 돈을 모으는 능력, 셋째는 돈을 관리하는 능력, 넷째는 돈을 잘 쓰는 능력이 바로 돈에 관한 네 가지 능력이다. 이 네 가지 능력을 모두 갖추고 있어야, 부자로 살 수 있다고 그는 강조한다.

우리는 대부분 돈을 버는 데만 신경을 쓴다. 돈만 벌면 부자도 되고, 노후도 문제없을 거라 생각한다. 하지만 돈에 관한 나머지 세 능력이 없으면, 언제든 빈털터리가 될 수 있다. 밑 빠진 독에 물 붓기를 한 셈이니 시간문제이다.

지금 돈을 잘 벌고 있다고 자만할 일이 아니다. 권불십년(權不十年)이요, 화무십일홍(花無十日紅)이다. 다큐멘터리에서 봤던, 중국과 동남아에서 옷 공장 했던 노인도, 공무원으로 재직했다가 가구 공장 했던 노인도 어쩌면 돈 벌 줄만 알았지, 모으고 관리하고 잘 쓰는 능력이 없었을지도 모른다.

병고(病苦), 병으로 인한 고통

내가 살고 있는 뉴질랜드는 복지국가로 알려졌다. 그래서인지 한국에 방문했을 때 "뉴질랜드에서 산다"고 하면, 대체로 "얼마나 좋겠냐"는 반응이 되돌아온다. 뉴질랜드가 복지국가인 것은 사실이다. 나이 들어 거리에 나앉는 사람 없고, 폐지를 주우며 생활해야 하는 상황까지 내몰리지 않게 해주니 복지국가 맞다.

하지만 전 국민을 대상으로 하는 의료 시스템을 들여다보면, 말이 전혀 달라진다. 뉴질랜드의 의료 시스템은 발병 이후의 치료에 집중한다. 발병하면 암이라도 무료로 치료해준다. 하지만 대한민국 국민이면 다 받을 수 있는 종합건강검진이라는 것이 이곳에는 없다. 국가 재정상, 예방의학에 투입할 재원이 부족해서 그렇다. 그래서 예방의학 부문에 큰 구멍이 뚫렸다. 한국에서 흔하디흔한 대장내시경 검사도 이곳에서는 60세가 돼서야 받을 수 있다. 개인적으로 전문의를 만나서 검사하려면, 100만 원 이상 줘야 한다.

해외 교민들이 한국을 방문해서 건강검진을 받는 이유가 여기에 있다. 대장내시경 하나 받을 비용으로 몸 전체를 검진받을 수 있으니 그야말로 가성비 좋은 선택이다. 나이 들어가니, 대한민국 국민이 부러워진다.

나이 들면 여기저기 아프다. 그래서 '아프지 말자'라는 다짐이 '아프지 않고 세상을 떠날 수 있다면 좋겠다'라는 바람으로 바뀌기도 한다. 자식들에게 부담 주지 않고, 인간으로서의 존엄함을 지키면서 조금만 아프다가 세상과 작별을 하는 것이, 제일 잘 죽는 거라 생각하게 된다.

하지만 이런 바람은 걱정한다고 기도한다고 또 그 좋다는 건강식품 잘 챙겨 먹는다고 이뤄지지 않는 게 분명하다.

다른 일은 하루 이틀 미룬다 하더라도 '매일매일 운동'만은 미뤄서는 안 된다. 인간은 참 미련하다. "건강은 건강할 때 지키라"는 말을 늘 들으며 살지만 건성으로 넘기고, 꼭 큰 병을 앓고 죽다 살아나야 "건강이 최고"라며 그제야 습관을 바꾸려 든다.

은퇴 후에 무엇을 하며 지내면 좋겠냐고 묻는 글을 커뮤니티에서 자주 본다. 운동부터 시작하면 최고의 선택을 한 것이다. 무슨 운동이든 좋다. 무엇을 할지 모르겠거든 운동부터 시작하면 된다.

고독고(孤獨苦), 고독으로 인한 고통

나이가 들수록 이별이 잦아진다. 그런 만큼 마음에 굳은살이 배겨 이별이 무덤덤해질까? 아니다. 드러나는 감정 표현이 없을 뿐, 세상에 무덤덤한 이별은 없을 것이다. 나이 들었기에, 내일은 누구도 모른다는 것을 체험으로 알기에, 곧 다시 만날 짧은 헤어짐조차 가슴이 더 쓰리고 아리다.

이별 뒤에는 외로움이 남는다. 급히 길을 떠난 사람은 갈 길 가느라 바빠서 이별의 아쉬움이나 외로움조차 느낄 틈도 없지만, 덩그러니 남겨진 사람은 외롭다. 떠난 사람의 뒷모습이 보이지 않을 때까지 손을 흔들고, 많이도 운다.

노년의 외로움은 남겨진 사람이 느끼는 외로움을 많이 닮았다. 한창때인 사람들은 자신만의 세계를 살아가느라 바쁘고, 나이 든 이들은 늘 그 모습만 멀찍이서 바라본다. 마치 이별 뒤에 남겨진 사람처럼.

혼자 왔다 혼자 가는 게 인생이라지만, 이 세상에 고독감보다 더한 고통이 없다고 인생 선배들은 말한다. 한평생을 외톨이로 살아온 사람은 없다. 젊었을 때는 모두 동창에, 직장 선후배에, 동종 업계에서 일하는 사람들과 얽히고설키며 바쁘게 살아왔다.

세월 흐르면서 가족들은 서로 마음에 상처를 내고 원수가 되어 인연을 끊기도 하고, 어릴 적 친구들은 사회·경제적으로 격차가 벌어지면서 멀어지기도 한다. 사회에서 만난 사람들은 은퇴하면서 더는 만날 이유가 없어지기도 한다. 어차피 서로 필요에 따라 만났으니, 그럴 만도 하다.

행복한 노년을 위해 굳이 많은 친구는 필요 없다. 서로 마음 통하고 의지할 수 있는 친구 세 명만 있으면 된다고들 말한다. 그 세 친구 중 첫 번째는 배우자가 되어야 한다. 배우자를 친구로 만들지 않으면, 인생은 외로워진다. 밖에서 아무리 많은 친구와 어울려도 집에 돌아오면 공허하고 외로워진다. 하지만 배우자가 친구이면 그럴 일이 절대 없다. 24시간 1년 사시사철이 재밌다. 이것이 고독을 이겨내는 나의 으뜸 방법이자 절대 법칙이다.

"친구에게 할 얘기 따로 있고, 배우자에게 할 얘기 따로 있다"고 한다. 물론 그렇기도 하다. 하지만 나이 들면, 이 경계도 대부분 무너진다. 배우자와 수다를 떨어라. 그럼 고독하지 않다. 세상 제일 친한 친구가 늘 곁에 있는데, 외로울 리 만무하다.

무위고(無爲苦), 할 일 없이 지내는 고통

젊었을 때야 제일 부족한 것이 시간이지만, 나이 들어갈수록 남아도는 게 시간이다. 할 일이 없어 손가락만 만지작거리며 보내야 하는 하루는 지옥이고 고문 그 자체다. 오라는 곳도 없고, 마땅히 할 일도 없이 지내는 하루는 너무도 길고 지루하다. 더구나 이렇게 앞으로 수십 년을 살아가야 한다고 생각하면 끔찍하기까지 하다.

할 일이 없어서 고통스럽다는 것은, 은퇴 후 이 사회에서 자신의 새 역할을 찾지 못한 것이고, 몰입할 취미도 없고, 미래를 그려갈 꿈도 없다는 슬픈 이야기이다. 노후 준비를 제대로 하지 않았다는 말이다.

나이 들어서까지 술 마시고 헛소리하는 것 외에 딱히 할 줄 아는 게 없는 사람들이 많다. 대개 이런 사람들은 맨정신에는 마음속에 있는 얘기조차 꺼내지 못한다. 그러다 알코올의 힘을 빌려, 온갖 얘기를 다 해버린다. 분란이 일어날 수밖에 없다. 더 큰 문제는 나이 들수록 술을 더 찾는다는 것이다. 젊어서부터 그래왔으니, 늙어서까지도 그러는 거다.

늙어서 추하게 술주정뱅이로 살고 싶지 않다면, 나이 들기 전부터 잘 놀 줄 알아야 한다. 잘 노는 법을 배워야 한다. 은퇴 이전에 자신만의 관심거리나 취미를 웬만한 수준으로 끌어올려 놔야, 은퇴 후에 여유롭게 즐기며 지낼 수 있다. 물론 늦게 새로운 것을 배울 수 있지만, 기초를 다지는 그 고통의 시간을 버텨내지 못하고 포기하기에 십상이다.

은퇴 후 '할 일을 다 했다'며 '인생 잘 마무리해야 한다'는 생각만으로 사는 사람들도 있지만, 인생 마무리가 아니라, 새 출발을 하는 분들도 많다. 인생 2막 정도가 아니라 두 번째 세 번째 인생을 사는 멋진 분들도 있다.

자격증을 따서 새로운 일을 시작하기도 하고, 인생 전반전에 이루지 못했던 청춘의 꿈을 좇아 모델이 되고, 음악가가 되고, 사진작가가 되고, 연기자가 되고, 시를 쓰고, 여행가가 되고, 무용가가 되고, 보디빌더가 되고, 행복을 나누는 자원봉사를 하거나 방송 일을 한다. 세상은 넓고 꿈도 많다.

우리에게 전성기는 아직 오지도 않았다. 우리의 진정한 전성기는 인생 후반전에 하고 싶은 일을 하며 행복감을 느낄 때 비로소 온다. 그러기에 노후 준비는 바로, 전성기를 맞이하게 될 두 번째 인생에 대한 준비이다.

한국보건사회연구원이 발표한 「2017년 노인 실태 조사」에 따르면 노인이 자살을 생각하는 주된 이유는 경제적 어려움이 27.7%로 가장 높았고, 건강 문제가 27.6%, 배우자·가족·지인과의 갈등이 18.6%, 외로움이 12.4% 순이었다.

모두 '나이 들면 겪는 4가지 고통'과 관련된 것들이다. 이 4가지 고통은 은퇴 후 어느 날 느닷없이 밑도 끝도 없이 들이닥치지 않는다. 은퇴 전부터 관심을 두고 관리하지 않으면 싹이 자라나기 시작해, 은퇴하고 늙어 힘 빠지면 그 결과로 4가지 고통을 겪게 된다. 하루라도 젊었을 때, 이를 피하고 줄이기 위한 행동을 시작해야 한다.

세상에,
나에게 이런 일이 벌어질 줄은 몰랐다

'퇴직', '은퇴' 등 다양하게 불리는 상황을 만난다. 무엇이라 불리든, 자발적인 퇴사가 아니라면, 이제는 쓸모없어져 회사에서 쫓겨나는 거다. 나이 든 우리에게는 분명히 그렇다. 법으로 정해진 정년 60세까지 회사에 남아 있는 사람은 소수에 지나지 않는다. 행운아들이라 할 수 있다. 왜냐하면, 대한민국 노동자의 실제 퇴직 연령은 49.3세이기 때문이다.[1] 쉰 살도 되기 전에 대다수가 회사 밖으로 내몰리는 현실이다. 내 친구들도 공무원이 아니라면 대부분 다 회사 밖으로 나왔다.

법 따로, 현실 따로 돌아가는 게 요즘 세상 아니겠는가!

나도 구직이라면 이가 갈리도록 해봤다. 젊은 나이에 희망퇴직으로 회사를 나와 아내로부터 온갖 설움을 받으며 직장도 구해봤고, 아는 사람이라고는 하나 없는 남의 나라로 이민을 와서 직장도 여러 번 구해봤다. 더구나 지금은 내 일을 하기 위해, 자발적으로 회사를 그만두었으니 이런 얘기를 할 자격을 충분히 갖추었다고 생각한다.

회사 밖으로 내쫓길 날이 코앞으로 한 발 한 발 다가오는데도 착각에 빠져 느긋한 사람들이 있다. 그들은 강심장을 가진 걸까? 믿는 구석이 있어서일까? 혹시 여러분도 이런 착각을 하고 있지 않은지 살펴보길 바란다.

수고하셨어요! 지금부터는 인생을 즐기세요

은퇴하고 집에 돌아오면, 배우자를 비롯해 온 가족이 그동안 "수고했다.", "애썼다"며 혹시라도 의기소침해 있을지도 모를 가장의 기를 살려주느라 노력한다. 어느 집은 거실에 감사 현수막을 걸기도 하고 케이크와 감사패도 준비한다. 훈훈한 모습이다. 그간의 노력과 희생을 가족들이 알아주니 쳐졌던 어깨가 다시 으쓱해진다. 그런데 과연 이런 감사의 분위기는 얼마나 지속될까? 슬프게도 그런 축하와 감사의 마음은 오래가지 않는다.

두세 달쯤 지나기가 무섭게 곁에서 한숨 소리가 들리기 시작한다. 들어오는 돈은 없고 나가는 돈은 꼬박꼬박 제날짜에 빠져나가니 이러다가 통장이 깡통이 되지는 않을까 불안이 엄습하기 때문이다.

이즈음 "나이가 몇인데, 이대로 집에서 놀기만 할거냐?", "사지 멀쩡한 사람이 일도 하지 않느냐?"는 아내로부터의 타박이 시작된다. 신경이 곤두선 부부는 하나부터 열까지 매사에 부딪힌다. 이제 은퇴한 가장은 대책 없는 무능력자, 밥만 축내는 식충이, 속 편하게 빈둥거리면서 삼시세끼는 잘도 챙겨 먹는 삼식이로 취급당하기 일 쑤다.

퇴직에 대해 막연한 불안감을 갖는 것도 좋지 않지만, '어떻게 되겠지!' 하는 무대책, 무계획도 나쁘다. 이 대가를 치르는 시간이 곧 찾아온다. 회사에서 월급이 꼬박꼬박 나올 때, 바쁘다는 핑계만 대지 말고 퇴직 이후 인생을 어떻게 꾸려갈지에 대해 깊은 고민과 결단을 해야 한다. 그리고 나서는 몸을 움직여 준비하는 추진력과 실행력으로 새로운 것을 밑바닥부터 다시 배워야 한다. 머리로 아는 것과 몸으로 익히는 것은 전혀 다른 차원이기 때문이다.

나는 다를 것이다

친구들이, 직장 동료들이, 동년배들이 맥없이 회사에서 쫓겨나도 '나는 다를 것이다'라는 착각에 빠져 있는 사람들이 많다.

'나는 업무 능력이 뛰어나니까', '회사에 공을 많이 세웠으니까' 혹은 '윗분들과 좋은 관계를 유지하고 있으니' 자신은 예외일 것이라 믿어 의심치 않는다. 더욱더 회사에 충성하고, 업무에 올인하는 회사 인간으로 살아간다면, '나는 정년까지 문제없다'라고 주술을 되뇐다.

회사 밖으로 내몰린 사람들이 업무 능력이 남보다 못해서, 공을 세우지 못해서, 회사에 손해를 끼쳐서, 상사들과 관계가 나빠서 쫓겨난 것이 아니다. 그들이 쫓겨날 수밖에 없었던 것은 회사가 구조 조정이라는 그럴듯한 말로 직원들을 잘라내고 비용 절감에만 주목하기 때문이다.

슬프지만, 우리는 회사의 부품에 지나지 않는다. 아시지 않는가? 내가 쫓겨난 이후에도 회사는 여전히 잘 돌아갈 것이다. 나 만한 능력을 지닌 후배들이 있고, 공을 세우려고 열심인 직원들이 많이 남아 있기 때문이다. 그러니 회사는 아무 문제 없이 돌아간다. 다른 사람들 모두 회사에서 쫓겨나도 '나는 다를 것이다'라는 착각에서 빠져나와야 현실이 눈앞에 보인다. 눈뜬장님으로 살지 말자.

천천히 쉬면서 생각해보자

"퇴직한 이후에 뭘 할 거냐?"는 질문에 절반 정도가 "일단 한두 달 등산이나 낚시 다니면서, 피로에 찌든 몸과 마음을 추스른 다음에 천천히 생각해보겠다"고 답한다. 달리 표현하자면, 구체적인 계획 하나 없이 회사 밖으로 나왔다는 말이다.

이런 분들이 대개 한두 달 지난 후 자격증 공부를 시작할 가능성이 크다. 취업이 잘된다는 말만 믿고 여러 자격증 중 하나를 골라 공부를 시작한다.

자신이 앞으로 남은 인생을 어떻게 살아갈지, 무엇을 하며 살아갈지에 대한 고민이 부족하다 보니 이런 손쉬운 결정을 하게 된다. 대개 사무직으로 평생을 살아온 분들이 이런 결정을 내리는 경향이 있다.

책상에 앉아 있는 것이 제일 마음이 편하고, 몸을 놀려 일하는 것이 아직 불편하기 때문이다. 또 오전에 학원 다녀오고, 오후에 책상에 앉아 책을 들여다보면 뭔가 아주 바쁘게 살아가고 있다는 자기만족이 생긴다. 이와 함께 배우자에게 노력하는 모습을 보여줄 수도 있으니 기분 나쁘지 않다.

퇴직 이후 인생에 대해 생각해보는 일은 적어도 회사 밖으로 나오기 4~5년 전에 시작해야 한다. 이제 회사 인간이기를 그만두고, 훗날을 도모해야 한다.

내 경력으로 어디 들어갈 데 없겠어?

글의 초반에 짤막하게 말했지만, 나는 한창때인 30대 중반에 희망퇴직한 경험이 있다. 그룹 전체가 사라졌으니까 적절한 타이밍에 잘 빠져나온 것이지만, 이후 다시 직장을 잡는 데 거의 2년 가까이 걸렸다.

그 알량한 기획 업무 경력으로 들어갈 회사는 정말 찾기 힘들었다. 독립할 좋은 기회일 수도 있겠다 싶었지만, 준비도 부족했고 관런 업종에 있지도 않았으니 생각만큼 독립도 쉽지 않았다. 다행히 재취업 교육으로 웹마스터와 프로그래밍 과정을 마친 이후 IT 벤처 기업에 들어갈 기회를 잡을 수 있었다.

오십 즈음 되는 중년을 받아줄 회사 찾기는 한국에서는 하늘의 별 따기다. 누군들 그 학력과 경력으로 편의점에서 일하고 밤을 꼬박 새우듯 하며 대리운전을 하고 싶겠는가? 하지만 그 선택을 할 수밖에 없는 것은 받아주는 회사는 없고, 얼마 안 되는 퇴직금을 곶감 빼먹듯 할 수 없기 때문이다.

경력만 믿고 느긋하게 있지 말기 바란다. 퇴직 이후 자신의 경력을 이어서 일할 기회는 정말이지 가뭄에 콩 나 듯한다. 간혹 은퇴 이후에도 '새로운 문'이 자신에게 열릴 거라 믿고 싶은 사람들이 있다. '어떻게 되겠지.' 하는 마음이다. 새로운 문은 자신이 노력해서 열어야 하지, 저절로 열리지 않는다. 특히 우리 같은 중장년들에게는 문이 더 뻑뻑하기까지 하다.

뉴스에서 보던 일이 나에게 벌어질 줄 누가 알았겠는가. 1997년 IMF 때 나도 그랬다. 느지막한 나이에 돋보기를 쓰고 이력서를 준비하는 이들도, 쪽방에서 노년을 보내는 이들도 똑같은 말을 되뇔 것이다. "세상에, 내게 이런 일이 벌어질 줄이야!"

늙으면 세상에서
제일 억울한 일

나이 60을 코앞에 두고 있는 지금, 친구들의 반 이상은 그간 몸담았던 직장에서 나왔다. 그렇다고 일을 하지 않는 것은 아니다. 벌이야 전보다는 못하지만 그래도 새로운 일을 하고 있다. 일을 그만두기에는 너무 건강하고, 살아갈 날도 앞으로 무궁무진하게 많이 남았기 때문이다.

100세 시대를 넘어, "110세, 120세 시대가 열렸다!"며 축포를 쏘아 올리는 기사들을 만나게 된다. 하지만 이런 기사는 우리에게 그 나이에 이를 때까지 건강하게 잘 살 수 있을 거라는 착시효과를 불러일으킨다.

이런 착시효과를 교정해주는 연구 결과가 있다. 섭생의 수준과

의학기술의 발달이 평균 수명을 크게 늘리기는 했지만, 노화 속도를 늦춘 것은 아니라는 것이 연구진의 결론이다. 이른 시기에 사망하는 사람들이 줄었을 뿐 인간의 수명 자체가 늘어난 것은 아니란다. 더구나 의학기술이 눈부시게 발전해왔지만 그렇더라도, 인간의 노화 속도 그 자체를 줄인 것은 아니라고 연구진은 강조한다.[2]

즉, 우리가 늘어난 평균수명만큼 오래 살아갈 수 있게 되었더라도, 젊어지는 것은 아니라는 뜻이다. 늙어가는 속도는 예나 지금이나 다른 바 없으니, 결국 길어진 수명만큼 노년의 시간만이 길어진 것뿐이다. 수명이 길어진다고 10대, 20대의 시간이 늘어나는 것은 아니니 당연한 이치다.

"나이 들면 서럽다"던 어른들의 자조 섞인 말이 기억난다. 나도 이제 이 짧은 말의 속뜻을 하나하나 실감하니 나이 든 게 분명하다. 길어진 노년만큼이나 서러움도 길어질 테니 걱정이 앞선다.

막내인 둘째까지 고등학교를 졸업하고 대학 기숙사로 들어가는 날, 우리 부부는 만세를 불렀다. 부모로서 책임을 완수했다는 기쁨이 첫째 이유이고, 온종일 불만에 가득 찬 모습으로 퉁퉁 불어 있던 '질풍노도'의 10대가 이제 우리 집을 떠났다는 홀가분한 마음이 두 번째 이유였다.

이제 우리 집엔 아내와 둘뿐이다. 결혼 이후 처음 가져보는 부부 둘만의 온전한 시간이 기다리고 있으니 만세를 부르지 않을 수가 없었다. 내 친구는 딸아이가 기숙사에 입소하는 날, 이별의 아쉬움에 부녀가 서로 부둥켜안고 울었다는데, 우리 부부는 만세를 불렀다.

하지만 기대하던 신혼같이 달콤한 날들은 그리 오래가지 않았다. 아내는 뇌출혈로 죽을 고비를 서너 번 넘겼으며, 고혈압이 찾아왔다. 고통스러워하던 아내와 함께 구급차를 타고 가던 기억이 아직도 또렷하다.

아내는 잇몸이 많이 상해서 임플란트도 하고, 2년 동안 차를 3~4시간 타고 가야 만날 수 있는 치주염 전문의에게 치료를 받기도 했다.

또 얼마 전에는 코 옆에 원인 모를 종기가 꽤 큼직하게 돋았었는데, 피부암일 가능성이 있다는 진단에 조직검사 결과를 기다리는 2주 내내 가슴을 졸였었다. '우리 가정의 행복도 이렇게 마감인가?' 하는 생각부터, '병간호는 어찌해야 하는지?', '혹시 아내가 세상을 떠나기라도 하면 나는 혼자 어떻게 살아야 하는지?' 별의별 생각이 다 떠올랐다.

암이 아니라는 검사 결과를 받던 순간, 아내는 환호성을 질렀고, 우리 부부는 둘이 얼싸안고 깡총깡총 뛰었다. 당사자도 아닌 나도 그렇게나 심경이 복잡했는데, 본인은 오죽했을까 싶다. 이 순간 더 바랄 게 있겠는가.

병원에 다닐 정도는 아니었지만 내게는 고관절 통증이 시작됐다. 몇 년 전부터 걸을 때 살짝살짝 불편함이 느껴져서 요가와 스트레칭을 꾸준히 해 통증을 더 느낄 수 없게 됐다. 하지만 이번에는 반대편 고관절에서 통증이 왔다. 전보다 통증이 깊고 강해서 혹시라도 걷는 데 장애가 생기면 어쩌나 은근 걱정이 됐다.

몸 여기저기서 이상 신호가 오니, 마음이 약해지고 자신감이 떨어졌다. 차디찬 겨울 바다도 마다하지 않고 제주도 해녀처럼 잠수해서 전복 따는 것을 즐기던 것도 그만두었다. 갑자기 물이 무서워졌기 때문이다. 관절 때문에 산악자전거 타기도 부담스러워져 2년 전에 그만두었다.

친구 한 명은 몹쓸 척추관협착증이 생기는 바람에, 허리도 잘 펴지 못하고 몇 걸음마다 쉬어가야 하는 신세가 되었다. 이젠 친구들 모임에 나오는 것을 포기했을 뿐만 아니라 부모님으로부터 물려받은 가업도 근근이 출근해 필요한 업무만 챙기고, 물리치료를 받는 데 힘을 쏟으며 지낸다.

오랜만에 그와 통화해보니, 예전에 들을 수 있었던 호탕한 웃음소리도, 경쾌하고 힘 있던 목소리도 그의 건강 상태만큼이나 사그라들어 있었다. 누구보다 운동도 잘했고, 탄탄한 몸을 가졌었기에, 다른 친구들은 그의 갑작스런 변화에 더 많이 놀라고 안타까워했다.

인생이란 게 이런 건가 보다. 생활도 어느 정도 안정됐고, 자식들도 다 키워서 이제 좀 한숨 돌리고 살만하다 싶으니까, 나이가 들어 여기저기 아파서 좋아하는 것들은 물론 평범했던 일상의 많은 부분을 내려놓아야 한다. '나중에, 나중에.' 하며 미루고 살지 말자. 무엇을 하기에 완벽한 때란 없다고 하지 않던가. 마음먹고 시작하면 그때가 최고로 완벽한 타이밍이다.

회사를 나와 자유로운 영혼으로 살기 시작하면서, 제일 아쉬운 게 명함이 아닐까 싶다.

내가 얼마 전까지 다니던 마지막 직장은 뉴질랜드 전역과 호주에 동물병원을 소유하고, 운영하던 지주회사였다. 동물병원이라고 해서, 한국에 있는 애완동물병원과 비슷할 거라 생각하면 오산이다. 한국은 반도체와 자동차 산업이 첫 손에 꼽히는 기간 산업이자 전략 산업이라면, 이곳에서는 축산업이 그 자리를 차지하고 있다. 그만큼 양과 젖소가 많다. 그와 정비례해서 동물병원의 규모도 당연히 크고, 수의사의 대우와 사회적 위치도 높다.

여하튼 우리 회사는 동물을 치료하고 매장에서 동물 관련 제품을 판매하는 것 외의 모든 일을 온라인으로 처리했다. 일주일에 이틀은 재택근무가 가능했고, 나머지 3일도 정해진 자리 없이 원하는 지역의 사무실로 자신의 노트북만 가지고 가서 일하면 그뿐이었다.

부서 내 주간 미팅도 각자 흩어져 일하는 곳에서 접속해 온라인 미팅을 한다. 한 달 내내 팀원들 전원이 한자리에 모이는 경우가 거의 없었다. 정해진 자리가 없으니 책상 서랍도 없다. 종이 문서가 철해진 파일을 무겁게 여기저기 들고 다닐 수도 없는 노릇이니, 문서를 출력할 일도 없다. 모든 게 클라우드에 있다. 여기에 더해서 개인 명함도 없었다.

하지만 한국 사회에서는 여전히 명함은 전문성의 표시이자, 자부심의 상징으로 역할이 있다. 상대에게 명함을 내밀며 은근히 자부심에 도취했던 기억이 다들 있을 것이다.

회사를 나온 그 날부터 우리는 명함이 없다. 그러니 내가 무슨 일을 하는 사람인지 내보일 것이 하나도 없다. 한 영역의 전문가가 되기 위해 몇십 년간 쏟아부은 시간과 노력, 인내와 헌신을 인정받기는커녕, 한창 만개할 나이에 송두리째 빼앗기고 부정당한 것이다. 그래서 서럽고 은퇴자들의 어깨가 축 처지지 않을 수 없다.

사람은 개인마다 살아온 인생역정이 다르다. 저마다 다른 서사가 있다. 인생 후반전에는 새로운 서사를 쓰기로 마음먹어야 한다. 조그만 종이쪼가리인 명함이 있고 없고에 기운 빠지는 숙맥인 서사가 아니라, 명함 없이도 자기 이름 석 자 걸고 써 내려갈 수 있는 서사 말이다. 그럴 때만이 인생 후반전을 나답게 살아가는 것이다.

돈줄이 마르니
인생이 사막이 되었다

얼마 전 나이 60을 코앞에 두고, 한국을 방문했다. 딱 10년 만의 방문이다. "10년이면 강산도 변한다"고, 서울의 모습은 많이 달라져 있었다. 옛 건물들과 골목이 사라진 자리에 높이 솟은 초고층 아파트들을 보면, 마치 영화에서나 봤던 미래 도시에 와 있는 기분까지 들었다.

지난 10년의 세월 동안 서울만 변한 것이 아니었다. 나를 더욱 놀라게 한 것은 친구들의 살아가는 모습이 아닐까 싶다. 10년 전만 하더라도, 모두가 직장인으로 바쁘게 살아가고 있었다. 쉼 없이 돌아가는 일상에서 어렵사리 마련한 모임에는 모두가 눈부시도록 하얀 와이셔츠와 형형색색의 넥타이를 매고 나왔었다. 모두가 승승장

구하던 때라 자신감은 하늘을 찔렀고 목소리에는 힘이 있었다.

10년이 지나 만난 친구들은 대부분 예전에 다니던 직장을 그만둔 상태였다. 완전히 은퇴해서, 사진작가로 살아가고 있는 친구가 제일 신수가 좋아 보였고, 전 직장에서 했던 일과 관련해 창업이나 임대 사업을 하는 친구들은 나름 성공적인 모습이었지만, 무엇보다 모두 일에 대한 생각들이 많이 바뀌었다는 사실에서 팍팍한 은퇴자들의 현실을 피부로 느낄 수 있었다.

퇴직 이후에도 여전히 잘나가는 친구들만 있는 것이 아니다. 몇 년 전 일찌감치 택시 운전을 시작한 친구를 필두로, 새벽 배송, 대리 운전, 단체급식 조리사, 야간 건물 청소, 고속도로 노면 청소, 오토바이 퀵 서비스, 건설 일용직, 대형 뷔페 주방 보조 등으로 일하는 친구들도 있다.

친구들이 하는 일들은 더럽고(Dirty), 힘들고(Difficult), 위험한(Dangerous) 일이라고 하여 오래전부터 3D 업종으로 분류된 것들이다. 여기에 더해 장시간 근무(Long time), 저임금(Low pay) 그리고 휴일도 쉬기 힘든(Low holiday) 일로 3L의 특징도 갖고 있다. 친구들이 젊었을 때부터 이런 일을 했던 것이 아니다 보니, 친구들의 낯선 근황에 내가 더 당황스러웠다.

은퇴 이후 3D와 3L 업종에서 일하게 된 친구들은 회사 밖으로 나오는 그달부터 당장 집에 생활비를 갖고 들어가야 하는 상황이었다는 사정이 있었다. 목구멍이 포도청이라 일을 해야 했다. 앞서 내 친구들이 일에 대한 생각들이 바뀌었다고 했는데, 힘든 일을 하는 당사자나 지켜보는 친구들이나 더는 이를 부끄럽고, 창피하게 생각하지 않았다. 이런 상황이 유독 내 친구들에게만 일어난 것이 아니라, 대한민국의 모든 은퇴자가 직면하는 현실이기 때문이다.

그렇다면 경제적으로 쪼들리며 사는 은퇴자들은 무엇을 후회하고 있을까? 그들에게는 때늦은 후회이지만 아직 은퇴하지 않은 사람들에게는 타산지석의 좋은 교훈이 될 것이기에 하나하나 정리해 본다.

직장생활에만 안주했다

"한 우물만 파라.", "한눈팔지 말라"는 말은 성실함이 성공에 이르는 길임을 강조하는 격언이다. 이 말을 따라 학교 다닐 때 다른 것에 눈 돌리지 않고 공부에만 집중했듯이, 사회에 나와서도 다른 것에 관심 두지 않고 오로지 회사생활만 성실하게, 회사에서 말하듯 가족처럼 충성을 다하며 그렇게 몰입하며 사는 사람들이 대부분이다.

그런데 2023년 2월 9일 국회 미래연구원이 발표한 「정년제도 개선과제」보고서에 따르면, 주된 일자리에서 퇴직하는 연령은 2012년 기준 53세였지만, 2022년에는 49.3세로 3.7세 빨라졌다[3]고 한다.

믿고 믿었던 회사에서 쫓겨날 때쯤에야, 비로소 자신이 그동안 성실하게 산 것이 아니라 안일하게, 게으르게 그리고 미련하게 살았다는 것을 깨닫는다. 이때는 늦었다. 회사생활에 안주하며 지내면, 은퇴 이후 쪼들리는 50년이 기다리고 있을 뿐이다.

현금흐름을 만들어 놓지 못했다

한 경제신문이 보도한 자료에 따르면, 보통 사람들이 희망하는 부부 기준 노후생활비는 평균적으로 월 300만 원 수준인데, 월급과 같이 매월 300만 원을 받을 수 있게 현금흐름을 만들기 위해서는 자산이 유지되는 조건으로 연 4% 수익률을 기준 9억 원이 필요하다고 한다.[4]

기가 찰 노릇이다. 노후생활을 위해 많지도 않은 돈, 회사 다닐 때라면 우습게 알았을 300만 원의 흐름을 만드는 데도 이렇게 어처구니없는 상황이 벌어지는 게 현실이다. 하지만 9억 원에 가까운 돈이 없다고 겁먹을 필요는 없다.

은퇴 전문가들은, 은퇴생활을 위한 재정설계를 할 때, 갖고 있는 자산 규모보다 매월 꼬박꼬박 들어올 수 있는 현금흐름을 만드는 게 중요한데, 일반인들로서는 그런 재정적 흐름을 만드는 데는 연금만큼 적합한 것이 없으니 국민연금과 퇴직연금 그리고 개인연금으로 3층 탑을 쌓아야 한다고 조언한다.

너무 늦었다고 포기하지 말고, 지금부터라도 단 몇 푼이라도 현금흐름을 만들어 놓으면, 그만큼 고된 생활을 덜어낼 수 있다.

자녀들에게 너무 많이 몰아줬다

한 설문조사에 의하면, 은퇴예정자 중 "노후 준비를 못 하고 있다"고 답한 사람은 40.6%, "모르겠다"고 답한 응답자의 비율은 11.4%였다. 그리고 "은퇴 이후 자신의 경제적 계층을 어떻게 예상하느냐?"는 질문에 무려 54%가 빈곤층이 될 거라고 답했다고 한다.

은퇴예정자의 절반 이상이 은퇴준비를 못 하고 있으니, 은퇴 이후 빈곤의 생활을 암담하게 예상하는 게 현실이다.

노후 준비를 못 하는 가장 큰 이유는 젊어서는 자녀 교육비에 올인하다시피 하고, 소득의 정점을 찍고 하강하거나, 은퇴로 소득이 줄어드는 시기인 50~60대 이르러서는 자녀 결혼자금으로 뭉칫돈이 빠져나가기 때문이다.

가장 안타까운 모습은 어렵게 마련한 집 한 채라도 있어 노후의 불안함을 그나마 달랠 수 있었는데, 결혼하는 자식들 집 마련해주기 위해서, 혹은 사업한다며 떼쓰는 자식이 안쓰러워서 그 최후의 보루를 내놓고 전세나 월세로 옮기는 경우다.

세상 어느 부모가 자녀를 성공시키기 위해 뒷바라지하기를 마다하겠냐만은 그것에도 균형이 필요하다는 것을 잊으면 절대 안 된다.

건강관리에 소홀했다

"나이 들면 건강이 제일"이라는 말을 듣기도 하고 하기도 한다. 하지만 운동을 열심히 정성껏 하며 사는 사람이 생각보다 많지 않다. 거리에서 거북목으로 꾸부정하게 걷는 어른들을 너무도 흔하게 볼 수 있다.

운동만큼 중요한 것이 식습관과 생활습관을 올바르게 해나가는 것이다. 하지만 이것이 쉽지 않다. 친구 만나면 여전히 술 한잔하기 바쁘고, 젊어서부터 피운 담배는 끝내 끊지 못하고 입에 달고 산다. 그러면서 건강관리 한다며 등산을 시작으로 이런저런 운동모임에 가입하지만, 흉내 내기에 그친다. 건강에 가장 나쁜 술, 담배를 끊지 않고 건강을 강조하는 건 허튼소리에 불과하다.

일생 들어가는 이런저런 의료비의 50%가 은퇴 이후에 집중적으로 발생한다는 보고서가 있었다. 그래서 건강을 유지하는 것은 삶의 질을 높이는 것뿐만 아니라, 어렵사리 모은 은퇴자금에서 뭉텅이 돈이 빠져나가는 것을 예방하는 일이기도 하다.

말년에 중병 걸려서 그것을 고치느라 병원비로 재산 다 날리고 어렵게 살아가는 사람의 이야기가 내 현실이 될 수도 있다는 점을 한시도 잊으면 안 된다.

지금까지 경제적으로 쪼들리는 은퇴자들의 대표적인 후회 네 가지를 정리해봤다. 지금 살아가고 있는 이대로 살아간다면, 여러분에게 오아시스 같은 풍요로운 은퇴생활이 기다릴지, 사막과 같이 삭막하고 거친 50년이 기다릴지 한번 가늠해보기 바란다.

돈 앞에서 드러나는
인간의 밑바닥

살면서 적어도 한두 번씩은 한 인간이 언제부터인가 낯빛을 바꾸고 다른 사람처럼 행동하는 것을 마주하는 신기하고도 불쾌한 경험을 해봤을 것이다.

사람은 언제 바뀔까? 대체로 돈과 권력, 탐욕 앞에서 변한다. 그것도 아주 천박하게 말이다. 어머니 뱃속부터 타고났든 아니면 성장하며 후천적으로 만들어졌든, 사람마다 본성이 있기 마련이다. 우리는 교육과 사회화를 통해 이 본능을 적절히 누르고 숨기고 또 조금씩 해소해가는 통제능력을 키워왔다.

하지만 이런 통제능력이 불능상태로 빠지는 때가 있는데, 그게 바로 돈, 권력, 탐욕 앞에서다. 최소한 내 경험으로는 그렇다.

고등학교 동창이었던 그 녀석은 참으로 열심히 살았다. 비록 헛된 욕망을 쫓기는 했어도 잠 아껴가며 최선의 노력을 한 것만은 인정해주고 싶다. 서로 연락해가며 만나 어울리는 사이는 아니지만, 그는 늘 한 다리 건너 가까운 곳에 있었다. 처음부터 우리는 그런 사이였다.

그를 알게 된 것은 초등학교 때 친한 친구의 집에 놀러 가서 우연히 함께 구슬치기 놀이를 하게 되면서부터다. 그는 내 친구의 동네 친구였다.

서로 학교는 달랐지만, 그는 중학생이 되어서도 내 동창들의 친구였다. 그래서 만나지는 못해도 그의 근황을 자주 접했다. 그도 내 소식을 늘 들었을 것이다. 그러다 결국 우리 둘은 같은 고등학교에 입학하게 되었다. 이제야 비로소 직접 얼굴을 대하는 사이가 되었다.

그는 언제나 활발했고 구김살이 없었다. 자신이 똑똑하다는 믿음에서 나오는 과한 자신감이 좀 지나치다 싶었지만 못 봐 줄 정도는 아니었다. 공부도 어지간히 했던 모범생이었다. 여전히 함께 어울려 다닐 만큼 친하지는 않았지만, 마주치면 옛친구처럼 정답게 얘기를 하는 사이였다. 그래도 알고 지낸 지가 벌써 6~7년이 되었으니 그럴 만도 했다.

성인이 되어서도 인생의 굵직한 대목마다 그와 마주쳤다. 우리는 같은 그룹의 다른 계열사에서 일했다. 하지만 맡은 업무가 비슷하다

보니, 그룹 전체 회의 때 정기적으로 만날 수 있었다. 여전히 목소리
는 자신감에 넘치고 경쾌했지만, 과로한 탓인지 눈은 항상 충혈되어
있었다.

IMF로 그룹이 해체되어 뿔뿔이 흩어진 후 몇 년 뒤, 이번에는
그를 한 컨퍼런스에서 만났다. 그 당시 나는 IT 기업에서 일하고 있
었는데, 그는 내게 한 외국계 IT 기업의 로고가 새겨진 명함을 건넸
다. 직함은 지사장이었다.

"오, 성공했는데… 벌써 지사장이 된 거야?"

사정을 들어보니 지사장이라고 하지만 아직 정식으로 론칭하지
않는 상태였다. 자신들이 먼저 미국에 있는 본사에 오퍼를 냈고, 본
격적인 한국 진출은 결정되지 않은 가운데 한국사무소 역할을 하
며 그들이 내준 숙제를 열심히 하는 상황이었다.

"그들을 한국에 데리고 올 수만 있다면, 대박 한번 크게 칠 것"
이라고 말하는 목소리는 꽤 들떠 있었다. 하지만 그때 내 시선을 끈
것은 전보다 더 빨갛게 충혈된 그의 두 눈이었다.

그를 다시 마주하게 된 것은 그로부터 약 7년이 지난 뒤였다. 미
국계 IT 기업을 한국에 유치하려 했던 그의 계획은 일찌감치 실패
로 끝났다. 하지만 그 후로도 계속 다른 명함을 만들어가며 이런저
런 해외 기업을 유치하는 일을 이어갔다. 하여간 그러는 와중에 생
활은 해야 하니, 동창들에게 돈을 꽤 빌려 쓴 모양이다.

"이번 일만 잘되면 대박 친다"는 그의 말을 모두 믿을 리 없었지

만, 생활에 쪼들리는 그가 안타까워 친구들은 돈을 내줬다. 이제 지인들 사이에서 그는 "인천항에 배만 들어오면 된다"고 떠벌리는 허풍쟁이나 사기꾼으로 인식되었다.

그렇게 어렵게 지낼 즈음, 상장기업을 소유한 대학 선배의 도움으로 그 회사에 부품을 생산·납품하는 일생일대의 기회를 잡았다. 죽으라는 법은 없는 모양이다. 오너가 든든히 받쳐주는 일이니 안되려야 안 될 수 없는 사업이었다. 돈이 벌리자 친구는 조금씩 변해 갔다. 목에 힘이 들어가기 시작한 거다.

마침 내가 한국을 방문하고 있을 때 연락이 닿아, 뉴질랜드로 수출하고 싶다고 해서 회사로 찾아가 만난 적이 있었는데 아주 가관이었다. 자신의 부탁으로 방문한 사람에게 굉장히 고압적이고 무례하게 대했다. 질문해도 신경질적으로 답했다. 뭔가 아쉬워 부탁하러 온 귀찮은 사람 대하듯 했다. 다른 사람인가 싶을 정도로 예전의 싹싹했던 면모는 찾아볼 수 없었다. 처음엔 무슨 상황인지 감을 잡지 못했는데, 돈 좀 벌더니 사람이 변한 것이었다.

그의 두 눈은 더는 충혈되어 있지 않았지만, 돈에 눈이 멀어버린 듯했다. 얼마 전까지만 해도 생활비를 빌렸던 친구들이 모이는 동창회에 나와서도 목에 힘주고 거들먹거렸다.

한동안 너무 없이 살다 보니, 크지도 않은 작은 공장을 운영하면서 그게 큰 성공이라 착각한 것일까. 큰 외제 차를 샀고, 좋아하는 운동은 어느새 골프가 되었으며, 룸살롱에 드나들었다. 아가씨들을 만나고 돈을 써댔다.

이러고 돌아다녔으니 회사가 잘될 리 만무했다. 결국, 뒷배가 되어주었던 대학 선배도 등을 돌렸고 사업은 부도가 났다.

그 친구는 요즘 뭘 하며 지낼까? 한동안 또 "인천항에 곧 배 들어온다"라는 식의 헛소리를 해대며 투자자를 구하러 돌아다녔다는데, 지금은 그 누구와도 연락이 닿지 않는단다. 물론, 그 사이에 돈을 떼인 동창들이 여럿 있긴 하다.

돈은 사람의 본성을 드러나게 한다고 말한다. 씨앗도 뿌려진 땅의 온도와 습도 등 여러 환경 요소가 맞을 때, 비로소 싹을 틔우듯 우리의 본성과 욕망도 그렇다는 것이다.

그래서 돈이 사람을 변하게 만든 것이 아니라, 그 사람의 본성이 돈을 만나 드디어 발화한 것뿐이다. 그는 원래 그런 인간이었으나, 전에는 그저 돈이 없어서 본성을 드러내지 못하고 지냈던 것이다.

바람기 있고 이런저런 유혹에 취약한 사람인데 돈이 없다면 오히려 감사하게 여기면서 살아야 한다. 부자가 아니기에 겸손하고 착하게 하루하루 열심히 살아갈 수 있으며 바른 가장으로 행복한 가정을 유지하며 살 수 있는지도 모르기 때문이다.

그 친구의 본성이 무엇이었는지 생각해본다. 탐욕스럽던 모습이 진짜일까? 학창시절 밝던 모습이 진짜일까? 지금 와서 어느 것이 진짜든 무슨 상관이겠는가.

인생을 살다 보면 바닥까지 추락하여 도저히 탈출구를 못 찾아

막막할 때가 있다, 그런가 하면 하늘 높은 줄 모르고 천장을 뚫고 오를 때도 있다. 그래서 이대로 영원히 계속해서 돈이 굴러들어올 것 같은 착각에 빠지기도 할 것이다.

바닥을 길 때라도 너무 비굴해지지 말 것이며, 떼돈을 벌더라도 거들먹거리지 말고 사람 업신여기지 말자. 돈 앞에서 인간의 밑바닥까지는 드러내지 말자. 그게 자신을 위한 최소한의 예의다.

2장

우리들의 전성기는
아직 시작되지 않았다

이중잣대의 늪에
빠지지 않는다

외국에 이민 와서 살다 보면, 참 별난 한국인들을 많이 만나게 된다. 남의 나라 와서 살지만 별난 사람들은 한국인 중에서 더 많이 봤다. '아니, 어떻게 이런 생각을 하는 사람이 있지.' 할 정도로, 한국에 살 땐 전혀 접해보지 못한 부류의 사람들을 본다. 상대편에서 보자면, 나 또한 분명 그가 전혀 접해보지 못한 인물로 보일 거다.

가치관을 달리하는 사람들이 한반도 남쪽이라는 같은 지역을 배경으로 하고 같은 언어를 사용하는 한민족이라는 이유로 좁은 지역에 커뮤니티를 이루고 일상적으로 부딪히다 보니 이런 일이 벌어진다는 것이 우리 부부의 결론이다.

한국에서라면 지리적 차이 때문에, 문화적 차이 때문에, 나이 차 때문에라도 마주치지 않았을 사람들이, 이민 와서 '한인 커뮤니티' 안에서 이웃이 되고, 또 서로 외로우니 가깝게 지내게 되지만 또 이런 이유로 별별 일이 다 벌어진다.

지난 얘기를 듣다 보면, 한국에 금송아지 두고 오지 않은 사람 없고, 큰 사업 해보지 않은 사람 없으며, 대기업에서 잘나가지 않았던 사람 없다.

뉴질랜드에 살고 있으면, 무엇을 하든 뉴질랜드의 잣대를 들이대어야 함에도, 자신의 경제적 유불리에 따라 혹은 정서적 한계나 문화적 지체 때문에, 이럴 때는 한국의 법과 문화를 들이대고 저럴 때는 뉴질랜드 것을 들이대는 일이 다반사다. 자기 뱃속 편한 유연함이라고 해야 할까….

이는 가정 내에서도 마찬가지다. 뉴질랜드에서 유치원부터 다닌 우리 아이들의 경우만 하더라도 겉모습은 한국인이지만, 정서와 사고방식은 백인들의 그것과 같다. 가정교육도 중요하고 엄마, 아빠가 한국인이어도, 이들이 받은 문화적 세례는 이곳의 것이기 때문이다.

문화적 충돌이 일어나는 경우, 우리 집 잣대는 뉴질랜드의 것을 기준으로 한다. 그래야만 아이들을 이해할 수 있고, 해결 방법을 찾을 수 있기 때문이다. 이중잣대를 들이대는 것은 무엇보다 '나는 너희들과 다르다'라는 특별함에 대한 큰 착각에서 일어난다. 모두가 지켜야 하는 룰이 있지만 '나와 내 가족은 특별하니까 예외'라는 생각에 도착(倒錯)이 발생하는 것이다.

한 이웃이 겪은 일을 들려드리고자 한다.

이민 1세대인 부모는 뉴질랜드 이민 초창기에 들어와, 교민 대상의 건실한 사업체를 꾸려왔다. 교민사회가 성장함에 따라 사업도 함께 성장했고, 이들은 교민 자녀들을 대상으로 장학금을 해마다 내놓았다. 자신들의 큰딸도 잘 성장하여 의대에 진학했다. 이 정도면 모두가 부러워하는 성공적인 이민 생활이라 할 수 있다.

그런데 딸애가 대학에 들어간 지 3년이 채 지나지 않아서, 남부럽지 않던 이 집안에 사달이 나고야 말았다. 의대 간 큰딸이 결혼할 남자로 터번까지 쓴 아랍인을 데리고 왔다. 인종적 편견을 가진 아빠는 노발대발했고, 딸 잘못 키운 죄를 아내에게 심하게 지웠으며 급기야 그동안 자랑이었던 큰딸은 말 그대로 아빠의 가장 큰 골칫덩어리가 되어버렸다.

그런데 더 우스꽝스러운 일이 있다. 이 아빠는 외국인들과 가정을 꾸리는 한국인 2세대들의 결혼식에 주례도 서주었고, 다문화가정을 꾸린 가족들 모임에 물심양면으로 지원을 아끼지 않았다.

그런데 딸의 사건으로 그동안 그가 보였던 선행들이 모두 가식이었음이 백일하에 드러났다. 남의 집 자식들은 다 괜찮아도 내 자식만은 '내 눈에 흙이 들어가기 전까지는 절대 안 된다'라는 식의 이중성이 들통이 난 것이다.

딸애의 남자친구는 함께 공부하는 동급생이었고, 집안 모두가 대대로 의사인 아랍의 내로라하는 집안임에도 불구하고, 아버지는 딸애의 이런 행동(?)을 도저히 받아들일 수 없었다. 딸을 잘못 키웠다는 자책에 부부 사이도 큰 금이 가고 말았다.

이민 온 어느 부모나 자기 자식들이 백인들과 어울려 그 속에서 성장하고 그들이 자리 잡은 소위 '주류사회' 속에서 살아가기를 바라마지 않는다. 그런데 대개 부모들의 문화 수용력이 떨어지는 것은 물론이거니와 몸은 뉴질랜드에 있으나 사고방식은 여전히 한국의 그것에 머물러 있다.

특히나 이민을 와도 '한인 커뮤니티' 안에서 생활하는 부모세대들에게는 한국에 있는 것과 별반 다르지 않다. 그저 생활하기에 불편하고 일가친척과 떨어져 지내는 것뿐이다.

이러한 모순이 부지불식간에 이중잣대를 들이대는 부모로 만들어 버린다. 아이들이 정체성을 확립해가는 사춘기가 되면, 부모와의 문화적 간격은 더 벌어지고 그 간격의 크기에 따라 잠재적 폭발력은 더 커진다.

다민족 국가로 이루어진 뉴질랜드에서 교육받고 성장한 아이들은 인종적 편향이 엷기에, 이민 온 가정이라면 이런 문화적 대충돌은 항시 잠재된 일이라 할 수 있겠다.

혹시 그 집 큰딸이 백인 청년을 데리고 왔다면 아빠의 반응이 어땠을지 궁금하기도 하다. 우리 부부야 딸애가 좋아하는 사람이라면, 딸의 결정에 따른다고 다짐하고 있지만, 우리 마음속에도 이중잣대가 분명 있을 수 있고 예기치 않은 충격도 만만치 않을 터 마음을 비우는 훈련을 계속해야 한다고 생각한다.

북유럽 노르딕 국가들에는 자신이 특별하고 예외적이라는 잘못된 생각을 품고 삐뚤어진 행동을 하지 못하게 하는 행동 지침인 '얀테의 법칙(Law of Jante)'이라는 게 있다. 여러 내용이 있지만, 핵심 두 가지만 꼽아보자면, "너 혼자만 특별하다고 생각하지 마라.", "네가 남들보다 좋은 사람이라고 생각하지 마라"이다. 마음에 와닿는 지침이다.

나이 든 사람으로서 보여야 할 덕목 중 하나를 꼽자면, 일관성이 아닐까 싶다. 이중잣대를 들이대는 것만큼이나 궁색하고 추해 보이는 것도 없다. 일관성 하나를 지키는 것만으로 우리는 나은 사람으로 성장할 수 있다고 믿는다.

굳이 중동인을 데리고 온 그 집 딸이 어떻게 되었는지 결말까지 말할 필요는 없겠지만, 독자분들이 궁금해하실 테니까 짧게나마 정리해보겠다.

그 아빠는 "딸을 휴학시켜라. 머리카락을 자르고 외출을 금지시켜라"라며 아내를 향해 노발대발했다. 하지만 자식 이기는 부모가 이 세상에 어딨을까. 딸은 결국 아빠에 당차게 맞서 의대도 졸업하고, 자신의 사랑과 결혼까지 했다.

끝내 결혼식에도 참석하지 않은 아빠는 "뉴질랜드에 환멸을 느꼈다"며 사업을 모두 정리하고 한국으로 돌아가버렸다.

딸은 남편과 뉴질랜드에서 병원을 개업하고 슬하에 2녀를 두고 행복하게 산다. 아직도 아빠와의 관계는 복원이 되질 않아, 엄마만 한국과 뉴질랜드를 오가며 딸네와 교류하며 지내고 있다. 이중잣대의 옹고집 아빠는 손녀들의 재롱도 보지 못하며 초라하게 늙어가고 있다.

은퇴 후 평생 간절히 바라던
여행이 지겨워졌다

모건 프리먼과 잭 니콜슨이 출연한 〈버킷리스트〉라는 영화가 있다. 한국에서 30만 명도 안 되는 관객이 들었지만, '버킷리스트'라는 단어의 뜻만은 확실하게 우리에게 남겨주었다.

사람들에게 "은퇴한 후 노후를 어떻게 보내고 싶냐?"는 질문을 하면 대부분 "여행을 마음껏 해보고 싶다"는 대답을 한다. 회사 다니느라 시간을 마음대로 쓰지도 못했고, 휴일에 여행이랍시고 근교엘 가봐야 사람 구경만 실컷 하고 돌아왔으니 왜 안 그렇겠는가.

어디론가 훌쩍 떠나고 싶은 마음을 억누르고 떨어지지 않는 발길을 질질 끌며 출근해야 했던 기억이 생생하다. 그러니 모두 은퇴를 하면 여한 없이 여행이나 실컷 다녀보자는 생각부터 하는 게 당연하다. 그렇게 여행은 우리의 버킷리스트 맨 위에 자리 잡고 있다.

모두가 회사를 가는 평일에, 나 홀로 혹은 단둘이 단출하게 떠나는 여행은 누구나 기다리는 꿈이다. 교통편도 널럴하다. 목적지로 향하는 도로는 교통체증 하나 없이 뻥뻥 뚫려 있다. 맛집을 가도 자리가 남아돈다. 시야를 가로막는 인파가 없으니 풍경을 온전하게 느낄 수도 있다. 어느 상점을 들어가나 손님이 적으니 같은 돈을 쓰면서도 대접받는다는 기분이 든다. 시간에 구애받지 않고 떠날 수 있는 자유가 있다는 것이 은퇴자가 누릴 수 있는 호사 중에 최고의 호사가 아닐까 싶다.

누구보다 일찍 이 꿈을 이룬 친구가 한 명 있다. 토목직으로 건설회사에 다녔던 그는 회사 다니는 내내 여행은 꿈도 못 꾸었다. 집에도 한 달에 한두 번밖에 들어오지 못했다. 토목직은 도로나 교량, 터널 등 사회기반시설을 세우는 일이라 지방 혹은 산골 오지에 현장이 있는 경우가 많다. 집과 현장이 멀다 보니 현장 숙소에서 묵으면서 일한다. 상황이 이렇다 보니 평일 귀가는 말할 것도 없이 매주 주말에 집에 오기가 쉽지 않다.

나도 사회생활을 건설회사에서 시작해 10년 가까운 세월을 근무했지만, 현장 토목직은 정말 안쓰러워 보였다. 한창 신혼 때도 배우자와 떨어져 지내야 했고, 첫애가 태어나 한창 재롱 피우며 이쁜 짓 할 때도 한 달에 한두 번밖에 볼 수 없었으니 그 마음이 어땠을지 나로서는 가늠이 되지를 않는다. 독수공방 혼자서 집을 지켰던 그들의 아내는 정말이지 대단하다.

젊어서부터 생활이 이랬으니, 내 친구는 아내와 가족에게 평생 찜찜한 구석이 마음속 한켠에 있었다. 그래서 은퇴하면 무슨 일이 있어도 한 달에 한 번씩은 국내든 해외든 여행을 떠나자고 아내와 약속했다. 그것으로 마음의 빚을 청산하고 싶었고, 오지에 갇혀서 일만 해온 자신에 대한 보상도 해주고 싶었다.

은퇴 후 처음 2년 정도는 동남아에 가서 한 달 살기도 해보고, 길게 유럽 여행도 다녀오고, 못 가봤던 국내 여행지도 짬짬이 가보면서 무척 즐거웠다. '신혼 시절 아내와 함께 어린 자녀 손 잡고 왔었으면 얼마나 좋았을까.' 하는 후회와 '이제라도 왔으니 다행이다.' 하는 안도감 사이에서 묘한 감정이 출렁거렸다.

하지만 그렇게 2년 정도가 지났을 때쯤, 어느 날부터인가 짐 싸고, 지루한 출국심사를 거치고, 좁은 비행기 안에서 짧게는 서너 시간, 길게는 열서너 시간을 보내는 것이 번잡스럽고 귀찮아졌다. 또 그렇게 힘들게 가봐야 별것도 없었다.

나이 들어 호기심이 줄어든 탓일까? 짧게라도 몇 번 외국물 좀 먹었다고 처음의 설렘은 사라지고, '말과 문화가 다를 뿐이지 어딜 가나 산다는 것은 근본적으로 다 비슷비슷한데 뭘 이렇게까지 돌아다녀야 할까?' 하는 의문이 들기 시작했다.

그러더니 급기야 하루하루 눈 뜨면 '오늘은 뭐하며 지내나?' 하는 무료한 일상인데, 굳이 집 떠나 먼 곳까지 가서 돈 쓰면서 빈둥거릴 일이 뭐 있냐는 생각이 앞서니 여행은 시간 낭비, 돈 낭비로 느껴져 싫어지더란다.

여행이 지겨워졌다 해도, 여행에는 잘못이 없다. 그가 저지른 실수라면, 은퇴 후 일상을 무료하게 만든 것이다. 일분일초가 아깝고 값지던 현역시절을 떠올려본다면 이해될 수 있다. 지금은 시간이 남아돌아 모든 게 시큰둥해진 것이다. 언제라도 할 수 있으니, 시간을 내는 게 제일 쉬운 일이 되었다.

여행은 물론 버킷리스트에 담아놓은 '해보고 싶었던 것들'이 재밌으려면, 무엇보다 일상이 회사 다닐 때처럼 활력 있게 바삐 돌아가야 한다. 다만 다른 것이 있다면, 그때는 월급 노예 신세였기 때문에 회사 일정에 내 모든 시간을 맞췄다면, 은퇴 후에는 자신을 위해 바쁘게 지내는 것이다.

새로운 희망으로 충전하라

은퇴했다고 인생이 끝나는 것이 아니듯, 남은 30년의 인생을 이끌어갈 새로운 목표가 필요하다. 목표는 꿈과 희망이고, 내일의 비전이자 내 인생 항해의 도착지이다. 목표가 있어야 비포장도로같이 험난한 인생길을 헤치며 달릴 수 있다. 희망이 없으면 기운이 나질 않고, 모든 것이 헛되고 부질없다. 그래서 사는 게 지옥 같아진다.

집 없는 노숙자이고 빚이 수십억 원이 되어도 재기할 수 있다는 희망이 있으면 힘이 난다. 새벽부터 늦은 밤까지 계속되는 노동으로 몸은 깨질 듯이 힘들어도 콧노래가 절로 나온다. 가족들과 다시 만나 함께 살 기대에 부풀어 오른다.

빚이 수십억 원인데도 머리만 바닥에 닿았다 하면 금세 곯아떨어진다. 먹구름이 잔뜩 낀 하늘에 바늘구멍 같은 조그만 틈새로 실낱같은 햇빛이 내리꽂는 것처럼, 희망은 작고 멀지만, 세상을 아름답게 보이게까지 한다. 남들은 지하도에서 골판지 깔고 잠든 그를 불쌍하다 쳐다보지만, 그는 어느 누구보다 행복하다. 이게 다 희망이 있기 때문이다.

재벌 집에서 태어나 어려서부터 부족함이 없이 자란 이가 있다. 그 유명하다는 미국의 아이비리그 대학과 대학원을 나왔으며, 이름만 대면 모두가 부러워할 외국계 투자회사에 다닌다. 한강변이 내려다보이는 전망 좋은 펜트하우스에 살면서 날이면 날마다 파티를 즐긴다. 언제나 주변에 사람들이 북적거리고, 노래와 춤이 넘쳐나지만, 그는 사는 게 지겹고 하루하루가 무의미하다 못해 지옥같이 느껴진다.

사람들은 자신과 친해지고 싶어 다가와 아는 척을 하고 살갑게 대하지만, 다들 가면을 쓰고 있는 것 같다. 목표도 없고, 무엇을 더 해야 하는지도 모르겠다. 솔직히 더 올라가고 싶은 마음도 없다.

사람에게는 꿈과 희망이 필요하다. 또 그것을 이루어갈 구체적인 목표가 있어야 한다. 그래야 모든 게 즐거워진다.

일상을 회복하라

학창시절 방학을 시작하면서 제일 먼저 했던 것이 무엇인지 기억나실 거다. 하루 일과표를 짜는 것이었다. 일상이 무너져 방학 내내 빈둥거리는 것을 막기 위해서다.

즐겨봤던 TV 드라마 〈전원일기〉에서 김 회장댁 사모님인 김혜자는 1학기를 마치고 여름방학이 시작돼 들떠 있는 막내아들 금동이에게 "방학이 왜 방학인 줄 아느냐?"고 묻는다. 금동이가 알 턱이 없으니 엄마만 빤히 쳐다본다. "방학이 왜 방학이냐 하면 방에서도 학교처럼 공부하라고 방학인거야"라며 방학이라고 집에서 나태하게 지내면 안 된다는 것을 일러준다.

평생을 톱니바퀴 돌아가듯 바쁘게 살았는데, 은퇴 후에는 좀 편하게 지내야 좋은 게 아니냐는 분들이 계실 수도 있다. 계획표 없는 자유로운 생활은 퇴직 후 한두 달 정도면 충분하다.

깨고 싶을 때 깨고, 잠들고 싶을 때 잠드는 생활, 어느 누구도 간섭하지 않고 내 마음대로 살아가는 생활이 한두 달 이상 지속되면 나태한 습성이 몸에 배어 생활이 엉망이 되어버리고 건강도 허물어진다.

직장 다닐 때는 월급 노예로 자율적인 시간 계획을 세울 기회가 적었다면, 은퇴 이후에는 충만한 주인의식으로 계획표에 의한 규칙적인 생활을 할 수 있어야 한다. 이때도 인생의 목표가 필요하다. 목표가 있으면 계획표를 짜는 데 훨씬 수월하기 때문이다.

목표가 계획표를 세우는 데 기본이 되어주고, 계획대로 돌아가는 일상이 목표를 앞당긴다.

바삐 돌아가는 일상이 있을 때, 짬을 내어 떠나는 '일상 밖의' 여행이 즐거워지고, 버킷리스트도 한층 의미가 더해진다. 바쁜 일상과 '일상 밖의' 한가로움이 균형을 이룰 때, 우리 삶은 풍요로워진다.

우리들의 전성기는
아직 시작되지 않았다

인생의 전성기는 과연 언제일까? 푸릇푸릇하던 20대 청춘 시절일까? 배우자와 결혼을 앞두고 한창 열애에 빠졌을 때, 첫 아이가 태어났을 때, 원하던 회사에 입사하던 때, 과장이나 부장으로 진급했을 때, 아니면 회사원의 별이라는 임원으로 승진했을 때였을까? 살아오는 굽이굽이 즐거웠고, 행복했고, 빛났던 시기가 있었고 푸르던 때가 있었다.

인생의 좋을 때가 다 지나갔다고 한숨 쉬며 지내지 않기를 바란다. 우리의 전성기는 아직 시작도 안 했기 때문이다. 진짜 전성기는 인생 후반전에 우리가 마음속에 품었던 일을 하게 되면서 시작된다. 그래서 인생 후반전은 인생을 마무리하는 시기가 아니라, 전성기를 누릴 황금기가 된다. 그러기에는 너무 늦은 것 같은가?

그렇지 않다. 내 롤모델의 살아온 인생 역정을 읽는다면, 우리의 전성기는 아직 오지 않았음을 깨닫게 될 것이다. 꺾인 인생이라고 움츠려 지낼 필요 없다. 가슴을 펴시라. 우리에게는 아직 기회가 남아 있다.

내 롤모델은 송해 선생이다. 작년 아흔다섯을 일기로 고인이 되기까지 '국민 MC', '국민 오빠', '일요일의 남자'로 불리며 전성기를 달렸던 분이다. 그렇다고 그의 인생이 젊은 시절부터 항상 잘나갔던 것은 아니다. 젊은 시절의 그의 별명은 '곰팽이'다. 작은 키에 애늙은이 같다며 구봉서가 붙여준 별명이다. 그런데 사람들의 주목을 많이 받지 못하고 주연급 동료들에 빌붙어 살아온 인생을 보여주는 별명 같아 씁쓸하기까지 하다.

무대 위에서 조명을 받으며 노래하고 춤추고 코미디를 했지만, 무대 아래 그의 삶은 고난과 눈물로 채워져 있다. 그의 인생을 꽃피게 한 〈전국노래자랑〉 진행을 맡을 때 그의 나이 환갑을 넘겼다. 지금은 환갑이면 젊은이지만, 30여 년 전 당시로 보자면 지금의 여든 살쯤으로 취급받았다.

다른 동료 코미디언들은 유명세뿐만 아니라 경제적으로도 큰 성취를 이뤄 원로 노릇을 하며 편안하게 지낼 때, 송해는 〈전국노래자랑〉의 MC를 맡기 전까지 뭐 하나 제대로 이룬 것이 없었다. 모아놓은 재산도, 변변한 소득도 없었기에 부인은 생계를 위해 식당을 운영했고, 송해는 그 식당에 나가 허드렛일을 하며 지내야 했다.

송해는 살아오면서 주연이었던 적이 한 번도 없었다. 코미디 프로그램이 황금기를 누리던 1970년대, 그의 자리는 무대 중앙이 아니었다. 주말이면 온 가족을 TV 앞으로 불러모았던 〈웃으면 복이 와요〉에서 배삼룡, 서영춘, 구봉서는 물론 후배인 이기동, 배일집 등에도 밀려 언제나 보조 역할을 하는 것이 대부분이었다.

송해는 늘 한두 발쯤 뒤로 물러나 있으면서 그들을 받쳐주는 머슴역을 했고, 하나도 웃기지도 않았다. 그가 없다 해도 코미디를 전개하는데 아무런 문제가 없었을 정도로 그는 있으나 마나 한 존재였다. 코미디언이라면 누구나 한두 개쯤 가지고 있을법한 자신을 대표하는 그 흔한 유행어 하나 만들지 못했다. 송해는 그때를 "그 자리에 끼었다는 것만으로 영광이라고 생각했다"고 회고했다.[5]

1980년대는 송해에게 더 힘든 시절이었다. 그나마 TV에 얼굴을 비출 수 있었던 기회가 사라졌기 때문이다. 악극단 시절의 연기를 TV에 옮겨놓은 듯한 〈웃으면 복이와요〉는 사라지고, 개그맨이라 불리는 후배들이 〈유머 1번지〉와 〈일요일 일요일 밤에〉 등에서 신선한 웃음을 선사했으며, 다른 한쪽에서는 언더그라운드에서 잔뼈가 굵은 이주일이 혜성처럼 나타났다.

TV 브라운관에서 사라진 송해는 밥벌이하기 위해 할 수 있는 것은 무엇이든 다해야 했다. 노래도 하고, 전국을 떠돌며 코미디는 물론이고 그 옛날 악극도 했으며, 라디오 DJ도 했다. 그러니 그는 코미디언이 아니라 종합예술인에 가깝게 살았다는 누군가의 말이 정확하다. 먹고 살아야 했으니까….

1986년 하나뿐인 아들이 교통사고로 사망하고, 그 충격으로 그나마 하고 있던 모든 방송 활동을 접는데, 이때 그의 나이 만 59세다. 60이 다 된 나이에 외아들을 잃고, 일자리도 놓아버렸으니 이제 그에게는 가파른 내리막길만 남아 있을 뿐이었다.

아들마저 교통사고로 잃고 좌절의 시간을 2년 정도 보낼 즈음, 오래전부터 그의 진행능력을 눈여겨 봐왔던 한 PD가 찾아와 "송 선생님, 이렇게 쉬고 계실 때가 아니올시다. 우리 바람이나 쐬러 다닙시다"라고 하며 그의 방송 복귀를 적극 설득했다.[6] 바로 〈전국노래자랑〉 MC 제안을 받는 순간이었다. 이때 그는 벌써 환갑을 넘긴 나이였고, 이를 시작으로 그 후 34년간 인생 최고의 전성기를 누리게 된다.

송해는 운이 좋아 그리된 것일까? 〈전국노래자랑〉 무대 위에서의 그의 순발력, 재치, 입담, 노래 실력 등 모든 것은 지난 세월 그가 악극단에서, TV에서, 시장 무대에서는 물론 바닥 인생에서 쌓은 것들이고 그런 관록이 합쳐져 전 국민을 매료시킬 수 있었다. 무명에 가까운 긴 세월 밥벌이를 위해 그가 했던 모든 것들이 헛되지 않았을 뿐만 아니라, 60 이후 꽃을 피우고 빛을 발하기 위한 훈련과정이었다.

인생 후반전에 들어선 50 즈음이 되면, 인생을 헛산 것 같은 느낌이 든다. 좌충우돌 열심히 살았음에도 무엇하나 제대로 이룬 것이 없어 보이기 때문이다. 남들처럼 노후준비도 잘 된 것도 아니고, 주된 직장에서 밀려난 후 할 일도 마땅치 않다. 그러다 보니 인생은 늘 칼 위에 서 있는 것처럼 불안하다.

세상에 수도 없이 많은 꽃이 있지만, 모두가 한날한시에 피었다 지는 것이 아니다. 목련, 개나리, 진달래, 자운영처럼 봄에 피는 꽃도 있고, 채송화, 백일홍, 수국처럼 여름에 피는 꽃도 있다. 그런가 하면 국화, 과꽃, 코스모스처럼 가을에 피는 꽃도 있고, 눈을 맞으며 한 겨울에 피는 동백꽃도 있다.

사람도 마찬가지다. 옛날로 치면 소년 급제를 하거나 요즘 아이돌 스타가 되는 것처럼 10대에 꽃을 활짝 피우는 사람이 있는가 하면, 돌아가신 송해 선생처럼 나이 60이 되어서야 꽃봉오리를 맺기 시작하는 사람도 있다.

우리의 전성기는 아직 시작도 안 했다. 그러니 불안해하고, 기죽어 있을 필요 없다. 그렇다고 전성기가 가만히 있는 사람에게 올 리도 만무하니 잊지 말고 해야 할 것들이 있다.

그만 망설이고 지금 당장 시작하자

꼭 한번 해보고 싶은데, 아직 못해본 것이 누구에게나 있다. 그 것을 못해보고 이번 생을 마감하게 된다면, 한으로 남겠다 싶을 만큼 간절하게 해보고 싶은 것 말이다. 그것을 꿈이라고도 하고, 소명이라고도 부른다.

　나에게도 한 가지가 있는데, 60부터 그것을 꼭 하기 위해서 6년 전부터 준비 중이다. 2023년 들어서면서 마음이 급해졌는데, 나이 셈법이 바뀌어 나에게 1년여의 시간이 더 주어졌다. 정말 가능할지, 또 막상 시작했는데 기대만큼 성공을 이룰지 알 길이 없다.

　6년 동안 준비해오면서 배운 점은, 미래를 지금의 생각으로 섣불리 예측하지 않아야 한다는 것이다. 괜히 들뜰 수도 있고, 반대로 이룰 수 없을 것 같아 의기소침해질 수 있기 때문이다. 묵묵히 한발 한발 나아가는 거다. 그러다 보면 신기하게도 눈앞에 새로운 지평이 하나씩 열린다.

　내가 유튜브를 해서 38만 구독자를 갖게 될지 누가 알았으며, 또 이렇게 책을 쓰고 있을지 누가 예측이라도 했겠는가. 앞날이 불확실하다고 불안해할 일이 아니다. 반대로 많은 기회가 나를 기다리고 있을지도 모르기 때문이다. 이 기회를 놓치고 싶지 않다면, 전성기를 누리고 살고 싶다면 두려움 없이 앞으로 나아가는 방법밖에 없다.

　하고 싶은 것이 있다면, 마음속으로 재지만 말고 당장 시작하라. 그래야 기회를 만들 수 있고, 전성기를 만날 수 있다. 누구나 마음속에 분명히 그런 것이 있을 거라 믿는다. '다음에 하자, 다음에 하자, 여건이 다 갖추어지면 시작해야지.' 생각하면 평생 못한다. 무엇인가를 시작할 여건이 갖추어지는 때란 없다. 다시 한번 말하지만,

지금 당장 시작하는 수밖에 없다.

임계점까지 달리자

"눈떠보니 하루아침에 스타가 되어 있었다"라는 말이 있지만 사실 그건 말하는 사람이 겸손하게 표현한 것뿐이다. 아무것도 하지 않았는데 그런 일이 벌어질 리 없다. 그는 분명 하루하루 실천한 행동들이 쌓이고 쌓여 큰 변화를 이루는 임계점까지 몇 년을 지치지 않고 달려왔을 게 분명하다. 인생은 그런 사람들에게 반드시 보답한다.

사람들은 시작할 때 부푼 기대를 품는다. 창업하고, 블로그에 글을 쓰고, 주식을 하고, 유튜브에 영상을 올리고, 부동산을 매입하고, 책을 출간할 때도 모두 부푼 기대가 있다. 하지만 하루아침에 대박을 치는 경우는 거의 없다. 그게 현실이다. 사실 시작하는 단계에서는 쪽박을 차지 않으면 다행이다. 기대를 배신하는 시작단계에서의 처참한 결과에 대부분 '나 같은 놈은 해도 안 되나 보다.' 하며 포기하고 만다.

한 방을 노리면, 꿈에 한 발 한 발 다가서는 기쁨을 누리기보다는 자신을 알아주지 않는 세상에 원망을 더 갖게 된다. 작은 성과에는 시선이 가지 않고, 기대와는 다른 결과만 눈에 들어와 불평만 늘어놓게 된다. 대변화를 가져오는 임계점까지 지치지 않고 달리는 거다. 우리는 잃을 게 없다.

송해 선생의 전성기는 환갑을 지나 꽃봉오리를 맺고, 여든이 지나서야 본격적으로 시작되었다. 그렇듯 우리의 전성기 또한 아직 오지 않았고 우리 인생 후반전은 황금기가 될 것이 확실하다. 사람의 인생이란 정말 아무도 모른다. 그래서 재밌다.

"돈만 벌 수 있다면
어떤 일도 괜찮습니다"

50대에 접어들면서부터 마음이 급해진다. 지금 이렇게 사무실에 앉아 키보드만 두드리고 있을 게 아니라, 당장이라도 어디론가 막 달려나가야 하는 듯한 기분이 들기도 하고, 누군가에게 쫓기는 꿈을 꾸기도 한다. 할리우드 영화에서나 봤음 직한 대추격전이 꿈속에서 벌어진다. 아직 회사에서 쫓겨난 것도 아닌데, 일하면서도 불안감에 심장이 조여온다. 그러다 보니 입이 말라 연신 물을 들이켜게 된다. 이게 다 마음이 급해진 탓이다.

은퇴가 하루하루 다가오면서 마음이 급해지는 만큼이나 머릿속이 복잡해진다. 그런데 어디서부터 문제를 풀어나가야 할지 영 알 수가 없다. 마치 커다란 엉킨 실타래가 머릿속에 들어앉은 느낌이다.

은퇴 이후를 준비하면서, 자연스레 눈길이 가는 게 자격증일 게다. 자격증이 있다면 그래도 객관적으로 실력을 내보일 수 있고, 취업이 좀 더 수월할 거라 기대하기 때문이다. 더구나 나이 들어서는 사무직 일자리를 구하는 게 그야말로 하늘의 별 따기만큼 어려우니, 이번 기회에 기술직으로 돌아서야겠다고 마음을 다잡아본다.

어떤 자격증이 취업하기에 제일 좋을까? 동료들은 지게차운전기능사, 굴착기운전기능사, 주택관리사, 기계설비유지관리자 등이 취업에 좋다는 이야기를 늘어놓는다. 취업하기 좋다는 소문에 너도나도 이런 자격증 따기에 몰린다는데, 애써 따고 나서 취업이 안 되면 어떻게 하지? 하는 걱정부터 앞선다.

이런 생각에 이르자, 갑자기 기시감이 느껴진다. 내 점수로 어떤 대학 어느 학과를 지망해야 붙을까 눈치를 봤던 수험생 시절 말이다. 그 당시 우리는 입학이 중요했지, 꿈과 적성은 안중에도 없었다. 일단 들어가고 봐야 했다. 들어가면 꿈이고 적성이고 억지로라도 하게 될 테니까 무슨 일이 있어도 들어가고 봐야 했다. 그렇게 입학한 후에 학과가 맞지 않아 마음고생하며 방황한 인생들이 숱하게 많았다.

나이 50대에 접어들어, 18세 수험생 시절에 했던 짓을 그대로 똑같이 하는 자신의 모습에 흠칫 소름이 돋는다. 자신에게 맞는지 고려 없이 취업 가능성만 따지며 눈치를 살피는 모습이 그때와 하나도 다르지 않다. '나이 먹어 또 이 짓을 하고 있네.' 자괴감이 몰려온다.

나에게는 또 다른 기시감이 있다. 나는 뉴질랜드에 이민 온 후, 두 회사를 거쳐 인버카길 (Invercargill)이라는 남섬 맨 끝에 붙어있는 인구 5만 명 정도 되는 소도시의 시청에 취업했다. 그리고 그곳에서 무려 14년을 근무했다. 내 인생에서 가장 오래 일한 직장이다. 일하는 곳이 공공영역이다 보니, 지역 커뮤니티는 말할 것도 없고, 한국인 커뮤니티를 지원하는 일도 간간이 업무 외적으로 했다. 해외에 나가면 모두 애국자가 된다고 하지 않던가. 태극기만 봐도 코끝이 찡해오고, 교민들이 서로 돕고 잘살았으면 좋겠다는 바람으로 지원 업무를 마다하지 않았다.

교민들을 접하다 보면 자연스레 영주권 취득에 대한 질문을 많이 받게 된다. 갓 이민 온 그들에게는 그것만큼 절실한 것이 없으니 이와 관련된 고민과 질문을 받는 것은 당연했다. 한국을 떠날 때야 부푼 기대를 안고 비행기에 올랐지만, 도착해서 생활하며 피부로 느끼는 현실은 막막할 뿐 아니라, 가장만 믿고 낯선 나라까지 따라온 가족이 있기에 심적 부담과 위기감은 하루하루 더해간다.

"영주권만 받을 수 있다면 무엇이든 할 수 있습니다." 열에 아홉 이상이 이런 다부진 결의를 보이며, 어떻게라도 취업하고 싶다는 열망을 드러낸다. 하지만 말처럼 쉽지 않다. 무슨 일이든 시작한다면 영주권은 받을 수 있을지 몰라도 끝에 가서는 실패한 이민이 될 수도 있다.

예를 들어, 급한 대로 청소일을 시작했다고 치자. 처음에는 아이들도 행복해하고, 월급도 꼬박꼬박 나오니 생활도 안정된다. 더구나 영주권 취득이라는 목표가 있으니, 힘든 청소일도 1~2년 꾹 참고 지낼 수 있다. 마음속으로는 '영주권만 받아봐라. 이거 바로 때려치운 다'라는 생각으로 버틴다.

사실 마음속으로만 그렇게 하는 게 아니다. 다른 교민들을 만나면, 당연히 영주권 취득용으로 청소일을 한다고 말하고, 꼭 영주권을 취득하면 그만둘 거라는 말도 잊지 않고 덧붙인다. 그래야 자신이 멀리 타국까지 와서 청소나 하는 하찮은 사람처럼 보이지 않기 때문이다.

그런데 막상 영주권을 받게 되더라도, 여권에 영주권 스티커 한 장 달랑 붙는 것 외에는 바뀌는 것은 아무것도 없다는 게 문제다. 생각대로라면, 급여도 낮고 자신의 경력과 어떤 관련도 없는 청소일을 당장이라도 때려치워야지만, 그러자니 이만한 일자리도 없다. 한국에서와 마찬가지로, 뉴질랜드 사회에서도 싫으나 좋으나 청소일이 내 경력이 되었기에 그것으로 다른 직종의 일을 찾기란 결코 만만하지 않기 때문이다.

이런 상황에 직면하면, 이제부터는 전혀 새로운 고달픔에 이민 생활이 힘겨워지고 어쩌면 지옥처럼 느껴지게 되기도 한다. 청소일을 계속하자니 앞으로 어떤 변화도, 성장도 기대할 수 없는 상황에 마음이 답답해진다. 희망이 없어서 사는 게 재미가 없다. 이제부터는 몸이 힘든 것이 아니라, 희망 없는 현실 때문에 마음이 지쳐 하루하루 힘들게 된다.

청소일을 예로 들었지만, 뉴질랜드는 1차 산업이 GDP의 제일 큰 비중을 차지하고 있어서 양이나 소를 도축하는 회사에서 일하는 교민분들도 꽤 있다. 그리고 이런 곳은 일이 험하고 힘든 만큼 일자리는 늘 있다.

이들의 실수라면, 이민 생활을 시작하면서 자신의 경력, 적성 그리고 희망 등을 접어두고 단기목표인 영주권 취득에만 목을 맨 것이라 생각한다. 새 인생을 꿈꾸며 도전한 이민 생활을 시작하면서 급한 마음에 전략을 잘못 세우고 첫발을 잘못 내디뎌 내내 행복하지 않은 삶을 살게 된 것이다.

나는 은퇴 후 재취업도 이와 다르지 않다고 생각한다. 은퇴가 다가온다고, 급한 마음에 이것저것 따지지도 않고 무작정 자격증 공부부터 하지 않기를 바란다. 취업을 못 할까 봐서 그러는 것이 아니다. 그 일을 하며 돈은 벌겠지만, 행복하지 않을까 봐 그런다.

50대는 앞으로의 30년을 준비하는 동시에 '자신의 의지대로 온전한 내 인생을 살 수 있는' 절호의 찬스다. 그러기에 이번만은 적성과 꿈도 무시한 채, 받아든 점수만으로 대학 학과를 골라잡듯 하는 어리석음을 또 저질러서는 안 된다.

적어도 50대에는 지금껏 회피만 해온 '나는 누구인가?'라는 질문과 한 번이라도 제대로 정면으로 마주해야 한다. 그리고 답을 찾아야 한다. 당연히 잠깐 생각하는 것으로 답을 찾을 수 없다. 머리가 복잡해지는 것도 당연하다. 하지만 계속 답을 구하려고 노력하다 보면, 답은 의외로 쉽게 그리고 가까운 곳에 있다는 것을 알 수 있다. 조언하자면, 답을 찾기 위해서는 철학적 질문으로만 여기고 무거운 마음으로 대하지 말라는 것이다. 동심과 어린이의 눈으로 자신을 들여다보려고 노력하면, '내가 누구인지' 보이기 시작한다. 때 묻지 않은 채로 가슴속 저 깊은 곳에 간직해두고 있었던 자신이 보인다. 그 소년 혹은 소녀에게 물어보라. '나는 누구인가?'

"자기의식이라는 말이 있습니다. 말 그대로 자기 자신을 이해하는 것이에요. 그리고 나를 잘 알수록 타인과 세상을 이해할 수 있어요. 그런데 우리는 대부분 내 '안'보다는 내 '밖'에 더 관심을 갖죠. 즉 내가 나를 소외시키는 거예요. 그 결과 갈수록 자기의식이 느슨해질 수밖에 없습니다.

나를 아는 것이 가장 중요합니다. 내 성격, 내 삶의 목표, 내가 추구하는 가치, 나에게 의미 있는 것들에 대해 제대로 아는지 하나씩 점검해보세요. 삶은 살게 되는 것이 아니라 살아가는 것입니다. 버려지는 시간이 아니라 스스로 만들어가는 시간이 필요해요. 내 삶의 주인은 바로 나여야 하니까요? 더 이상 외면하거나 회피하지 말고 스스로에게 질문하세요. 나는 누구인가? 나답게 살고 있는가? 어두운 밤 같은 인생에 마음의 등대가 필요합니다. 나의 설계도와 나침반을 하나씩 정리하는 시간을 가져보기 바랍니다. 자, 외면했던 자아의 문을 열어젖히세요"

박문근 작가의 책《마음의 일기》에 나오는 구절이다.

은퇴준비를 하면서 다시는 '돈만 벌 수 있다면 어떤 일도 괜찮다'는 마음은 먹지 않기 바란다. 그렇게 선택했다가는 남은 30년 내내 사는 게 지옥일지도 모른다.

싸이 춤추는
91세 동안 소녀

'노익장', 나이를 먹을수록 기력이 더 좋아지거나 혹은 그런 사람을 뜻하는 말이다. 우리 사회 각 분야에 노익장을 과시하며 현역으로 사시는 분들이 많다. 대표적인 분들을 꼽자면, 수필가이자 철학자인 김형석 명예교수, 연기자 이순재 씨와 신구 씨가 떠오른다. 이분들은 자신의 분야에서 여전히 현역으로 활동하고 계시지만 안타깝게도 얼굴에서 세월의 흔적을 감출 수는 없다.

하지만 시간을 거스르며 해를 거듭할수록 더 젊어지는 듯한 외모 때문에 인터넷상에서 영원히 젊음을 유지하며 살아가는 뱀파이어일지도 모른다는 설이 난무하는 사람이 있다. 바로 우주 최강 동안(童顔)을 가진 가천대학교 이길여 총장이다.

이길여 총장의 사진을 찾는 것은 어렵지 않다. 하지만 독사진을 본다면, 그녀가 얼마나 동안인지 현실감이 잘 와닿지 않는다. '독사진이다 보니 그저 그런가보다.' 혹은 '옛날 젊었을 때 사진인가보다.' 하는 생각이 들기 때문이다.

하지만 2012년 7월 자신의 모교인 군산 대야초등학교 총동문회가 주최한 그녀의 흉상제막식 사진을 보면 입이 벌어질 수밖에 없다. 그녀가 교실에서 함께 공부했던 동기동창들과 손을 맞잡으며 인사를 나누는 모집이 담긴 사진을 보면 왜들 그녀에게 열광하는지 그 이유를 알 수 있다.

동급생이었던 친구들은 모두 백발의 주름지고 구부정한 팔순의 할머니들, 손을 맞잡은 이길여 총장은 그들의 막내며느리쯤으로 보인다. 그녀는 세월을 전혀 가늠할 수 없는 동안과 균형 잡힌 몸매, 꼿꼿한 허리와 튼튼한 다리, 숱 많은 검정 머리까지 젊음을 드러내는 모든 것을 보여주고 있다.

얼핏 봐서는 50대 중후반의 모습이지만, 이길여 총장은 1932년생으로 올해 91세다. 일제강점기에 태어난 이길여 총장은 어려서부터 굶주리고 가난한 사람들이 제대로 된 치료 한번 못 받고 죽어가는 것을 보며 의사가 되기로 결심했다. 당시 '여자는 많이 배울 필요 없다'라는 사회 분위기 속에서도 오직 의사가 되겠다는 일념으로 공부에 매진한 끝에 의사가 되었다.[7]

그녀의 삶을 이야기할 때 빠뜨릴 수 없는 것이 형편이 어려운 이들을 위한 의료봉사 활동이다. 그녀는 자신의 이름을 내건 산부인과 병원을 개원하는 것과 동시에 의료 사각지대를 찾아다니며 무료진료를 시작했다.[8] 국민건강보험이 시작도 되기 전에 무료 자궁암 검진을 자신의 병원에서 시행했을 정도였다. 이런 공로를 인정받아 1985년 국민훈장 목련장과 2003년 국민훈장 무궁화장을 받았다.

이 총장의 동안을 두고 성형을 했을 거라고 의심하는 사람들도 있다. 성형한 연예인 얼굴이 나이가 들면서 변형이 오고, 제대로 웃지도 못하는 부자연스러운 모습으로 되어가는 것에 반해, 이 총장의 얼굴은 너무도 자연스럽다.

하루가 다르게 늘어가는 주름과 얼굴 처짐에 거울 보기가 싫어지는 요즘이다. 족히 10년은 어려 보인다는 말을 듣곤 했는데, 짙어지는 8자 주름을 보면 한숨이 절로 나온다. 그래서 자연스레 나 또한 그녀의 동안 비결이 궁금해졌다. 오래전 TV 프로그램에 나와 자신의 동안 비결을 직접 밝혔는데, 의사이니만큼 얼마나 잘했을까 싶어 그 비결들을 공부하고 열심히 따라 해본다.

동안 비결 1: 규칙적인 운동

팽팽한 얼굴 피부도 놀랍지만, 더 놀라운 것은 90대의 나이임에도 허리가 꼿꼿할 뿐만 아니라 균형 잡힌 몸매를 갖고 있다는 것인데 이는 근력을 유지하고 있음을 뜻한다. 2023년 5월 대학축제에서 싸이 춤을 춰 모두를 놀라게 한 그녀이기도 하다. 유튜브에서 그녀

의 춤추는 영상은 320만 조회를 기록하고 있는데 꼭
한 번 보시길 권한다. 그녀의 춤추는 모습을 보면, 그
녀의 무릎은 여전히 견고해 보인다.

그녀의 근력 유지 비밀은 스트레칭에 있다. 아침에 일어나 제일
먼저 스트레칭으로 굳은 몸을 풀어준다고 한다. 요가와 스트레칭은
근육의 피로도를 줄여주고, 유연하게 만들어줄 뿐만 아니라 근육의
수명도 늘려준다. 또한, 자세도 바로잡아준다. 아침에 일어나 해주
는 것도 좋지만, 잠들기 전 종일 긴장 상태에 있던 근육을 풀어주면
숙면에 도움이 된다. "미녀는 잠꾸러기"라는 광고 카피도 있지 않았
던가. 푹 자면 피부도 고와진다.

이와 더불어 이 총장은 하루 1시간 이상 산책을 한다. 날씨가 궂
은 날에는 실내에서 러닝머신이나 스텝퍼로 대신하는데 하루도 거
르지 않는 것이 그녀의 철칙이다. 이렇게 산책을 통해 하체 근육을
단련하고 유산소운동으로 심폐기능 개선과 다이어트 효과를 보고
있다.

**동안 비결 2: 물을 충분히 마시고 소식하며 절대 짜지 않게
먹는다**

우리 몸의 60~70%는 수분으로 구성되었다. 그런 만큼 수시로
물을 충분히 마셔줘야 한다. 물을 잘 마셔주면 놀라운 7가지 건강
효과를 얻을 수 있다.

① 물은 신진대사를 촉진하고 포만감을 줘 날씬한 몸매를 갖게 해준다.

② 물은 혈액이 산소와 다른 필수 영양소를 세포에 운반하는 데 도움을 줘 우리 몸의 활력을 준다. 진이 빠진 듯하고 힘들면 물부터 마셔보기 바란다.

③ 물은 근육의 경련을 막고 관절을 원활하게 해준다.

④ 뇌 조직의 70~80%는 수분으로 구성된다. 몸의 평균 수분량보다 많다. 그래서 목이 마르면 스트레스도 올라가고 두뇌 회전도 느려진다.

⑤ 물은 피부에 영양을 공급해준다. 물은 피부 세포에 수분을 공급해서 피부를 탱글탱글하게 하고 얼굴을 젊게 만들어준다. 또한, 노폐물을 씻어내고 혈액순환을 개선해 피부를 맑게 해준다.

⑥ 소화를 돕는다.

⑦ 신장결석을 예방한다.

물은 생명의 원천이다. 주름을 예방하고 윤기 나는 피부를 유지하고 싶다면 무엇보다 물을 충분히 마셔야 한다.

동안 비결 3: 외로움을 잊고 산다

외로움은 매일 담배 15개비를 피우는 것만큼이나 건강에 치명적이라는 연구결과가 있다. 외로움은 조기 사망 가능성을 최대 69% 가량 높이고, 심장병 위험도 29%, 뇌졸중 위험도 32% 증가시킬 뿐

아니라 우울증과 치매 그리고 면역력 약화를 불어오는 데 영향을 준다.[9]

이 총장은 미혼인데, 평생을 혼자 살면서 전혀 존재의 외로움이나 이성의 부재로 인한 외로움을 한 번도 느껴보지 못했다고 한다. 이를 통해 그녀의 높은 자존감과 독립심, 매 순간 행복하게 지내려는 의지를 알 수 있다.

동안 비결 4. 열정적으로 일하고 새로운 것을 배운다

이 총장은 90대인 지금도 은퇴는 생각지도 않는다. 다시 태어나도 이런 삶을 살 거라 말한다. 그녀는 "멈추면 죽는 것이다. 죽을 때까지 일해야 사는 것이다"라는 말을 철학으로 삼고 있으니 일에 대한 그녀의 열정을 짐작할 수 있다. 그래서 지금 91세 나이에도 대학 총장이자, 재단의 회장, 신문사 회장으로 현직에 있으면서 활발하게 활동하고 있다.

노화가 촉진되는 때는 사람들이 자기 일을 놓거나 새로운 것에 대해 흥미를 잃어가는 시점부터라는 말이 있다. 어린아이처럼 늘 호기심이 넘치고, 새로운 것에 관심을 기울이고 배우려는 자세를 잃지 않는다면, 노화는 늦춰질 수밖에 없다.

동안 비결 5. 스트레스 관리를 잘한다

이 총장은 평소 스트레스받는 일이 생기면 최대한 긍정적인 방향으로 생각하려 한다고 밝혔다. 긍정적인 사람과 부정적인 사람의 뚜렷한 차이는 얼굴에서부터 드러나는데, 바로 찡그린 습관이 만든 주름살 때문이다.

스트레스에 즉각적으로 반응해 화를 내면 얼굴에 짜증이 섞인 주름이 잡힌다. 많이 웃는 사람도 주름이 지긴 하지만 보기 좋다. 스트레스는 만병의 근원이니만큼 살살 다룰 줄 알아야 한다. 스트레스가 쌓이면 면역체계가 허물어지고 노화도 빨라진다.

적당한 스트레스는 생활의 활력소이자 성장의 밑거름이 된다. 하지만 과도한 스트레스는 피부로 가는 영양분을 빼앗는다. 스트레스를 받으면 스트레스 호르몬인 코르티솔이 생성되는데, 이에 대항하기 위해서 우리 몸은 마그네슘, 비타민C 등의 영양분을 차출해 투입한다.

이런 사태가 벌어지면 피부를 구성하는 단백질은 콜라겐을 합성하는 데 필요한 영양분인 마그네슘과 비타민C의 부족 현상이 일어나 결국 피부가 상할 수밖에 없다.

아침저녁으로 세수할 때 거울을 보며 표정을 밝게 지어본다. 그런 마음으로 하루를 잘 지내보자 다짐하고 또 오늘 하루 있었던 좋은 일만을 기억하며 "감사합니다"는 말을 되뇌어 본다. 이길여 총장으로부터 배운 원칙을 지키려 노력한 하루, 오늘 나는 하루 더 젊어졌다.

공자도 뜯어말린 인생에서
절대 하지 말아야 할 일

　스스로 인생을 괴롭게 만드는 경우를 많이 본다. 남들은 가만히 있는데, 혼자서 세상사 지지고 볶고 안달복달하니 마음이 불편한 것을 넘어 매일 지옥에서 살게 된다. 갈 길은 멀고, 날은 어두워지니까 마음이 급해져서 자신을 들볶는 거다. 나 또한 그랬다.

　누구에게도 시원한 답을 구할 수 없으니, 그때 찾는 것이 바로 고전이다. 그래서인지 서점에 나가보면, 옛 성현들의 말씀이나 고전을 쉽게 풀어서 묶은 '사십에 읽는 ~', '오십에 읽는 ~' 등의 책들이 많다.

　따스한 햇살 맞으며 소파에 누워 공자 말씀을 읽다가, 평안한 인생을 살기 위해 하지 말아야 할 것들에 너무도 공감이 가서 내가 소화한 공자 말씀을 정리해본다. "21세기에 고리타분하게 웬 공자님 말씀이냐?" 하실 분들도 계실지 모르겠다. 하지만 옛 성현의 말씀이 여전히 귀한 것은 그때나 지금이나 인간사 근본은 변하지 않았기 때문이다.

공자와 그 제자들의 대화를 기록한 책, 《논어》는 아시다시피, 모두 20편으로 구성되어있다. 그중 하나인 「자한편(子罕篇)」을 보면, 공자가 오랜 경험과 통찰을 통해 인생을 살면서 절대로 하지 말라고 강조한 네 가지가 나오는데 그게 바로 '자절사(自絶四)'이다.

함부로 억측하기

"아주 소설을 쓰고 계시네." 이런 말 들어보셨는지 모르겠다. 있지도 않은 사실을 바탕으로 혼자서 상상의 나래를 펼치며 난데없는 이야기를 늘어놓을 때 나오는 반응이다. 논어에서는 이를 '무의(毋意)'라 했다.

말도 되지 않는 이야기를 쏟아내는 사람을 마주한 상대방은 곤혹스럽기 짝이 없다. 억측으로 만들어진 이야기다 보니, 황당하기 그지없지만 일일이 해명해야 하는 것은 자기 몫이 되어버린다.

정치권에서 이런 일을 자주 본다. 있지도 않은 사실을 의혹이라고 주장하거나 작은 사실에 과장과 거짓을 버무려 황당무계한 의혹으로 만든다. 믿거나 말거나, 아니면 말고 식으로 툭 던지고 나면, 상대편은 그것을 해명하느라 진땀을 뺀다. 의혹 해소에 시간도 많이 걸린다. 그러는 사이, 사람들의 뇌리에는 상대는 못된 짓을 한 인물이나 정당으로 각인되어 버린다. 이런 짓이 조금씩 먹혀들자, 정치는 어느새 정책대결은 온데간데없어지고, 상대를 못된 이미지로 뒤집어씌우는 프레임 전쟁만 만연해졌다.

개인의 차원에서는 정당들이 하는 것과는 양상이 좀 달라진다. 억측을 받아든 상대방도 굉장히 곤혹스럽기는 하지만 결국 억측의 진짜 희생자는 억측하는 당사자가 된다. 꼬리에 꼬리를 물고 솟아나는 억측과 점점 커지는 의심에 자신부터 마음의 상처를 입고, 시간을 허비하고, 에너지가 빠져나가 두통과 불면증, 가슴팍을 조이는듯한 통증, 울화병에 시달리게 되기 때문이다.

예를 들어, 배우자의 불륜을 알게 된 순간, 배신감이 이루 말할 수 없긴 하지만 정말로 자신을 괴롭히는 것은 끝없이 샘솟는 억측이다. 지금 정말 회사에 있긴 한 건지, 다른 년놈과 지금 어디서 뒹굴고 있는 것은 아닌지, 상간자와 함께 무슨 일을 꾸미고 있지는 않은 건지 이루 말할 수 없는 억측이 자신을 괴롭힌다.

함부로 억측하지 말아야 한다. 그래서 자신의 직감과 육감에 너무 의존해 살기보다 세상을 바라보는 균형감각을 잃지 않도록 해야 한다.

함부로 단언하기
상대하기 제일 피곤한 사람이 자기 확신이 너무 강한 사람이 아닐까 싶다. 자신의 생각, 자신의 가치관, 자신의 라이프스타일, 자신의 정치적 지향, 자신의 종교 등 자신의 모든 것이 옳다고 생각하는 사람은 그만큼 자기주장이 강할 수밖에 없으니 말도 안 통하고 너무도 일방적이라 만나는 순간부터 피곤해진다.

설득과 이해까지는 바라지도 않지만, 아예 대화도 이뤄지지 않는다. 벽을 앞에 두고 앉아있는 기분이 든다. 대화라는 것이 주고받는 것인데, 자기가 진리라고 생각하니 남의 이야기에 귀를 기울이지도 않을뿐더러 공감을 표시하기보다는 대화 상대가 틀렸다고 타박하기 일쑤다. 자신이 옳고 완벽하다고 생각하니, 사소한 것에도 물러섬이 없이 목숨 걸듯 얼굴 붉히며 싸우자 달려든다.

세상에 한쪽만 완벽하게 옳은 것은 없다. 더구나 자신은 선이고, 상대를 악으로 보는 시각은 더욱 위험하다. 우리와 그들이 다르다고 그것을 틀렸다고 손가락질하고, 존재 자체를 부정하고 차별받아야 마땅하다고 여기는 마음은 자신을 편협하게 만들고, 날 선 사람으로 만들 뿐이다.

우리 자신이 모르는 세계도 있을 수 있음을 인정하고, 동의는 못하더라도 존재와 다름은 인정해줄 수 있는 유연한 자세가 세상을 평화롭고 안정되게 만든다. 공자는 이를 '무필(毋必)'이라고 했다.

고집을 끝까지 부리고 버티기

온 인생을 걸고 고집스레 지켜낸 장인들의 성공 이야기를 자주 접한다. 그들의 고집스러움, 추진력, 끈기, 일관성이 부럽다. 우리가 일상을 살면서 죽자 살자 목숨을 걸고 자기 주관을 내세우고 고집스레 지켜야 할 일은 그리 많지 않다. 한발 물러서 길을 내어준다고 내 인생에 큰일 나지도 않는다. 하지만 지나칠 수 있는 일, 사소한 일을 마치 큰일이라도 난 것처럼 호들갑을 떨고, 고집을 부리고, 양보하지 않으면서 에너지를 낭비하는 사람들이 꽤 많다. 이런 사람들의 특징 중 하나는 정작 중요한 일에는 자기 의견 하나 내지 못하거나 챙기지 못하는 경향이 있다는 것이다. 소탐대실의 전형적인 성격이다.

사소한 일에는 양보하고 져주어도 인생은 하나도 나쁘게 달라지지 않는다. 끼어드는 차와 서로 차 머리를 맞대고 다투지 말자. 시장에서 나물을 사면서 기껏해야 커피 가격도 되지 않는 가격을 놓고 옥신각신하지 말자. 중요한 것들만 꽉 움켜쥐고 웬만한 것은 적당히 넘어갈 줄 알면 사는 게 편해지고, 진짜로 중요한 일에 집중할 수 있다. 공자는 이것을 '무고(毋固)'라 일렀다.

자신을 돋보이게 내세우기

바야흐로 자기 홍보의 시대이다. 남들과 차별화를 해서 자신의 개성을 드러내야 하는 셀프 브랜딩의 시대를 살고 있다. 남 앞에 서는 직업인 연예인이 선망의 직업이 된 지도 오래다.

하지만 자신을 너무 앞세우고 드러내다 보면 자만하기에 십상이고, 또 '너무 나댄다'고 생각하는 사람도 생기고, 적도 생기기 마련이다. 앞에 나서는 사람을 자신감 있다고 좋게 생각해주기보다는, '잘난 체한다'거나 '자만심으로 가득찼다'고 생각하는 경향이 일반적이다 보니 공자는 자신을 너무 내세우지 말라고 가르쳤고, 이를 '무아(毋我)'라 했다.

모두가 자기 자랑하고 싶어 안달 난 세상처럼 느껴진다. 남들이 자연스레 알아주면 될 일이지만, 그게 되질 않으니 제 성에 못 이겨 제 입으로 남편 자랑, 아내 자랑, 자식 자랑, 가진 것 자랑을 해야 직성이 풀린다. 자기 자랑으로 그치면 좋을 텐데, 꼭 자랑질은 선을 넘어 남을 업신여기니 문제다.

자기 자랑을 입에 달고 사는 사람은 "나, 열등의식 있어요." 하고 선언하고 다니는 사람들이니 그냥 가엽게 생각해주고 넘어가면 된다. 잘난 사람은 자랑할 필요가 없다. 또한, 겸손하게 자신을 낮춰도 남들이 알아주기 마련이다. 뒷줄에 서겠다 해도 사람들이 끌어와 앞줄에 세운다. 그러니 남들이 알아주지 않는다고 조급해할 필요도 없다. 때가 되면 세상이 다 알아서 해준다.

《논어》「자한편」에 나오는 '자절사(自絶四)'의 핵심 키워드는 겸손이라고 한다. 겸손해서 해를 입은 사람은 없다. 인생에 겸손하고, 돈에 겸손하고, 사람에 겸손하면 만사가 평안해진다. 인생 후반전에는 우리 그렇게 살기로 하자.

나이 일흔에 인생을 밑바닥에서부터
새로 시작했습니다

우리는 인생을 바꿔보기 위해, 이른바 성공한 사람들의 이야기를 영상으로 보고, 또 책으로 읽는다. 그렇게 열심히 찾아보면서도 꼭 끝에는 늘 이 한마디로 자신의 발목을 잡는다. "저 사람들은 특별한 케이스잖아."

굉장히 모순적이다. 인생을 새롭게 살고 싶으면서도, 그들처럼 '용기 내어 해보자'고 마음먹기보다 언제나 변명으로 끝을 맺으니 처음과 끝이 어울리지 않는다.

하지만 이런 변명과 핑계를 물리치고, 70대에 새롭게 인생을 시작한 사람들이 있다. 그것도 인생 밑바닥까지 추락했다가 바닥을 박차고 수면 위로 떠오른 케이스는 우리 주변에 흔하다. 이런 분들의 이야기를 듣다 보면, 우리의 변명이 얼마나 궁색하기 이를 데 없는지 알게 되어 부끄러워진다.

평상시에는 "내가 남보다 못할 것이 뭐 있냐?", "나도 배울 만큼 배웠고 30여 년 직장생활하면서 나름의 경험과 전문지식을 갖췄다"라고 침 튀기며 자랑을 늘어놓으면서도, 새로운 시작 앞에서는 언제나 엉덩이를 뒤로 뺀다. "우리같이 평범한 사람은 해봐야 안 될 거"라며 성공 스토리는 그저 특별한 사람들의 전유물이라고 돌려버리는 패배자의 마인드가 깊이 새겨져 있다.

사실 사람의 마음은 갖가지 변명과 핑계를 지어내는 '변명 제조기'이다. 해도 안 되는 이유, 하고 싶지만 못 하는 핑계를 수만 가지 만들어낼 수 있는 것이 사람의 마음이다. 변명 제조기가 한번 작동되기 시작하면, '내 나이가 몇인데…', '너무 늦었어.', '유난 떨지 말자.', '달라진들 얼마나 달라지겠어?' '남들도 다 똑같잖아?' 온갖 궁색한 변명으로 자신을 주저앉힌다. 그래서 인생이 꿈쩍도 않는 것이다.

하지만 이 분의 인생 역정을 들으면 내가 그랬듯이 '아~ 인생에서 너무 늦은 때란 없구나' 하는 깨우침을 다시금 얻게 되고 부끄러워질 것이다. 아니 꼭 그렇게 되길 바란다.

번역작가로 그야말로 생의 마지막 20여 년을 불꽃처럼 살다간 김욱이라는 분이 있다. 출판계 쪽에서야 많이 알려진 분이지만, 그가 지은 책을 읽지 않았다면 독자들에게는 생소한 분일 가능성이 크다.

그분이 번역해서 출간된 책에 "생의 마지막 순간까지 문학과 번역에 대한 열정으로 치열한 삶을 살다간 김욱 번역가를 기린다"라는 글이 적혀 있는 것으로 보아, 2023년 상반기 어느 날쯤 94세를 일기로 돌아가신 것으로 추측된다. 그러니까 94세에 이르기까지 현역으로 활동하셨던 거다.

이 분이 평생 번역가로서 삶을 살았다고 생각하실 수도 있지만 그렇지 않다. 김욱 작가는 소설가의 꿈을 키우던 대학 재학 시절, 한국전쟁으로 북한 의용군에 강제로 끌려가게 된다. 천신만고 끝에 의용군에 탈출한 후 생업을 위해 작가의 꿈을 접고 기자가 되었다. 이후 서울신문, 경향신문, 조선일보, 중앙일보 등에서 30여 년간 기자 생활을 이어갔다.

어려서부터 꿈꿔온 문학에 대한 열정으로 은퇴 후 집필 활동에 전념하고자 경기도 화성에서 전원생활을 시작했지만, 잘못 선 보증으로 평생 모은 전 재산을 한순간에 날리고 남의 집 묘지를 돌보는 묘막 살이 신세로 전락했다.[10]

2013년 9월 한 일간지와의 인터뷰에 그 내막이 더 소상히 나온다.[11]

"일흔을 코앞에 둔 나이에 매형의 권유로 전원주택을 담보로 제주도 백화점에 투자했다가 망해버렸다. 경매로 집을 팔고 수중에 남은 돈은 300만 원. 쉰 살에 본 늦둥이 아들에게 기댈 수도 없었다.

수소문 끝에 경기도 안산시 대부도 근처의 남양 홍씨 묘막에서 1년에 한 번 시제를 올리고, 무덤을 관리하는 조건으로 농가 주택을 공짜로 얻었다. 교회 권사인 아내가 제삿밥을 차릴 수 없다고 반대했지만 강행했다. 하지만 그것도 시제를 딱 세 번 차리고는 쫓겨났다. 나이가 많아 더 이상 맡기기 어렵다는 것이 이유였다."

나이 일흔에 거의 무일푼이 되다시피 하여, 남의 집 묘나 돌보는 묘지기 신세가 되어 입에 풀칠하며 살게 된다면, 우리 대부분은 자포자기하며 살지 않을까?

하지만 김욱 작가는 벼랑 끝에서 누군가에게 떠밀려 떨어지느니 스스로 뛰어내려 운명을 개척하겠다는 각오로 출판사들을 찾아다니며 번역일을 할 수 있게 해달라 부탁했다. 일제강점기에 학교를 다녀 일본어를 할 줄 알았고, 30여 년간 기자 밥을 먹었으니 글을 쓸 줄 알았기 때문에 어느 정도 가능성이 있다고 생각했다.

하지만 일흔이 다 된 할아버지, 그것도 번역일을 한 번도 해보지 않은 초짜에게 비싼 저작권료를 지불하고 들여온 신규 도서의 번역을 맡길 출판사는 없었다.

그래서 김욱 작가는 다른 길을 택했다. 젊은 시절부터 좋아했던 일본 작가들의 좋은 작품 중 저자 사후 50년이 지나서 저작권이 소멸했고, 아직 국내에 출판되지 않은 작품들을 번역한 것이다.

출판사로부터 번역일을 받아서 하는 것이 아니라, 자신이 먼저 저작권 없는 작품을 찾아서 번역한 다음 출판사에 출간 제안을 하는 것으로 일의 순서를 바꾸었다.

저작권도 없고, 작품성도 뛰어난 책을 그것도 번역도 깔끔하게 해서 가져왔으니 출판사들은 반색하고 반겼다. 이렇게 하나하나 작품을 번역해나가다 보니, 어느덧 김욱 작가는 출판사들 사이에서 빠르게 그리고 완성도 높게 번역작업을 하는 사람으로 입소문을 타게 되었다. 또한, 그의 드라마 같은 인생 역정이 알려지면서 자신의 살아온 이야기가 담긴 책을 낼 기회도 갖게 되었다.

결국, 김욱 작가는 수렁에서 빠져나오기 위해 고육지책으로 생계형 번역가의 길로 들어선 이래, 고령의 몸으로 누구보다 열심히 현역으로 살면서 수백 권이 넘는 책을 번역했다.

아흔이 넘은 나이로 생을 마감하는 그 순간까지 번역에 혼신을 다 바쳤다는 사실이 놀랍다. 게다가 일흔의 나이로 새로운 분야에서 인생을 새로 시작했다는 것을 되새겨보면 엉덩이 무겁게 앉아있는 자신이 부끄러워진다.

"에이, 신문기자였으니까 번역일도 잘할 수 있었던 거지"라며 냉소적으로 반응하는 사람들도 있겠지만, 잘 생각해보자. 60대가 되기도 전에 눈이 침침해져 책 읽는 것도 그만두는 사람이 많은 현실에서, 90 넘어까지 번역일을 하는 것은 절대 쉽지 않았을 것이다.

김욱 작가가 자신의 인생 역정을 담은 저서, 《가슴이 뛰는 한 나이는 없다》에서 이런 말씀을 남겼다.

"나이가 들어 열정이 사라지는 게 아니라, 열정이 사라져서 나이가 든다. 야구 명언 중에 '끝나기 전에는 끝난 게 아니라'는 말이 있다. 인생과의 싸움은 끝이 없다. 그리고 패자도 없다. 내가 인생을 이 겨버린다면 나는 승리자가 된다. 내가 인생에게 패한다면 승리자는 나의 인생이 된다. 손해 볼 것 없는 이 싸움에서 꼬랑지를 말고 도망쳐 숨는다는 것은 말이 되지 않는다."

우리와 별반 다르지 않은 지극히 평범한 사람들이 간절한 마음으로 도전해서 성공한 이야기는 주변에 차고 넘친다. 성공한 결과 때문에 그들이 특별해 보이는 착시현상이 일어났을 뿐이지, 시작할 당시의 상황을 보면 우리와는 비교도 되지 않을 정도로 너무도 보잘것없었다. 그래서 "야, 이런 사람도 이렇게 성공을 했는데…"라는 말이 절로 나온다.

그들은 특별해서 성공한 것이 아니라, 변명과 핑계를 대지 않고 나이에 상관없이 도전했기 때문에 성공할 수 있었음을 가슴에 새겼으면 한다. 지금 상황이 좋지 않다고 한들, 묘막 살이 할 만큼 나쁠까? 나이를 먹었다고 한들, 일흔이나 되었을까? 이제 변명과 핑계는 그만 집어치우고 몸을 움직여 행동을 시작할 때다. 그래야 비로소 변화의 싹이 돋기 시작한다.

어릴 적 양아치는
결국 늙어서도 양아치가 된다

가끔 지하철과 같은 공공장소에서 많은 이들의 눈살을 찌푸리게 하는 노인들을 본다. 입 밖으로 말은 안 하지만 '나이 좀 곱게 처먹지. 왜 나이 들어 저 모양이 된 거야.' 하는 속마음이다. 또 한편으로는 '얼마나 각박하게 살았기에 저렇게 된 것일까?' 하는 안타깝고 가여운 마음이 들기도 한다. 철없거나 치기 넘치는 젊은이의 행동이 아니라, 굽이굽이 인생을 살아와 알 거 다 알 만한 사람의 행동이기 때문에 이런 복잡한 심경에 빠지는 게 아닐까 싶다.

반대로 이런 생각도 든다. "사람은 변하지 않는다"는 말이 있는데 이런 관점에서 보자면, 그 노인네는 젊어서부터 안하무인(眼下無人)의 양아치였을지도 모를 일이다. 그러니까 어릴 적 양아치는 나이 들어도 결국 똑같은 양아치 짓을 한다는 뜻이다.

내 유튜브 채널 〈원더풀 인생 후반전〉의 한 영상을 보고, 어느 시청자분께서 이런 글을 남기셨다.

"전에 횡단보도 교통사고를 당해 다리가 골절되어 병원에 입원한 적이 있었는데, 옆 침대에서 할아버지 한 분을 간병하는 간병인이 아주 지옥을 경험하더군요.

할아버지에게 지속적인 성희롱과 성추행, 절도 의심 모욕, 조선족 비하까지 당했죠. 이건 뭐 조선 시대 때 양반이 노비를 달고 사는 것도 아니면서 그것도 벼슬이라고 갑질을 해댑니다. 진짜 자식이 나이 든 부모를 모시는 것은 그나마 부모에 대한 애정이 있어 그런 거지. 남의 부모를 간병한다는 것은 집에 영혼을 두고 와야 가능한 일입니다.

내가 그 할아버지에게 '저분도 집에 가면 누군가의 아내이고 어머니인데 말씀이 너무 심하시다'라고 했더니, '뭐가 잘못됐냐? 내 돈 주고 내가 사람 부리는데. 그쪽이 참견할 일이 아니다'라며 소리를 지르길래 그냥 병실을 옮겼습니다.

어릴 적 양아치가 나이를 먹으면 어르신이 되는 게 아니라 늙은 양아치가 됩니다."

나는 이 글을 읽는 순간, 그의 결론에 동의하지 않을 수 없었다.

양아치라는 말은 원래 거지라는 뜻으로 '동냥하는 사람'이라는 뜻인 '동냥아치'에서 유래했다. 지금은 거지라는 뜻보다는 품행이 천박하며 못된 짓을 일삼는 사람을 속되게 말할 때 쓰인다.

젊었을 때부터 몸과 마음에 밴 천박하고 못된 습성과 사고방식은, 깨우침과 함께 부단한 노력이 없다면 나이 들어서까지 그대로 남아 우리를 지배하게 된다. 자신을 돌아보고, 잘못됐거나 나쁜 행동 혹은 남을 아프게 했던 행동들을 다시 반복하지 않겠다고 결단하고 노력하지 않으면 나이 들어서도 똑같은 '늙은 양아치'로 살아가게 된다.

우리는 하루에도 6만 가지 이상의 수많은 생각을 하며 살지만 그중 90%가 어제 했던 생각이며, 그중 80% 이상이 부정적인 생각이라고 한다. 의식적인 노력이 없다면 이런 생각의 쳇바퀴 속에 갇혀서, 마음을 어지럽히는 나쁜 생각을 하고 또 하고, 그 생각으로 입을 더럽히고 못된 행동으로 남을 괴롭히며 살게 된다.

생각의 쳇바퀴에서 빠져나오기 위해서는 무엇보다 자신을 성찰할 수 있는 능력을 키워나가야 한다. 자기성찰이란 자신을 돌아봄으로써 더 나은 사람이 되는 과정이자 마음 수련이다. '그때 그러지 말았어야 했는데'로 끝내는 것이 아니라, 다시 같은 상황을 맞이했을 때, 지난번과 똑같은 행동과 똑같은 말을 반복하지 않는 더 나은 사람이 되기 위한 준비가 자기성찰이다. 그러니까 성찰은 반드시 행동으로 변화하겠다는 다짐을 기본전제로 깔고 하는 되돌아봄이다.

잘못했다고 용서를 빌고 나서 같은 잘못을 또 저지른다면, 우리는 사과의 진정성을 의심한다. 비록 용서를 구할 당시에는 정말 잘못된 행동임을 진심으로 깨닫고 반성했더라도, 같은 짓을 반복한다면 사과했던 그 마음까지도 없던 게 되고 만다. 지금의 반복된 실수로 진심을 담았던 지난 사과까지 의심받는 것은 당사자로서는 억울해서 팔짝 뛸 노릇이겠으나, 변화를 담보하지 못한 사과는 거짓이나 마찬가지다. 그래서 사람들은 거짓 사과에 속아서 주었던 용서와 믿음을 거두게 된다. 자기성찰도 마찬가지다. 성찰을 통해 반성하고 원인을 알았다면 반드시 변해야 한다.

어렸을 적, 친구들 모임이나 운동회 때 이런 놀이를 한두 번쯤 해봤을 것이다. 두 눈을 가린 후, 제자리에서 한두 바퀴 돈 다음에 목표지점을 향해 걸어나가는 놀이다. 이때 방향을 잘 잡을 수 있도록 도착지점에서 같은 편이 손뼉을 치며 도와주기도 한다. 눈을 가린 자신은 온 감각을 동원해서 목표지점을 향해 일직선으로 걸어가려고 노력하지만, 눈가리개를 벗고 걸어온 길을 돌아보면, 지그재그 엉뚱한 방향을 향해 걸어왔다는 것을 알고 웃음보가 터진다. 자기성찰 없이 산다는 것은 어쩌면 이렇게 눈을 가리고 길을 걷는 것과 같다.

어떻게 하면 더 나은 사람이 되기 위한 자기성찰을 잘할 수 있을까?

1) 패턴을 파악한다

우리의 행동과 반응에는 패턴이 존재한다. 매번 같은 일로 화가 나 싸우고, 같은 조건이 되었을 때 이상행동을 하고, 같은 사람을 만났을 때 불쾌해진다.

나는 술을 과하게 마셨을 때, 내가 원치 않은 행동을 했다. 누구와 싸우고 쌍소리를 하고 그런 것이 아니라, 자세가 흐트러지고 굳이 안 해도 될 말을 했다. 돌아보면 20대 초반부터 그랬다. 뒤늦게라도 이것을 고치고 싶었다. 그래서 그런 조건이 만들어지지 않도록 웬만하면 술을 마시지 않는다. 이렇게 지낸 것이 25년 가까이 되었다.

술을 마시지 않으면 만남이 재미없을 거라는 편견은 버리는 게 좋다. 차 한잔을 놓고 맨정신으로도 얼마든지 재밌고 진솔하게 대화를 나눌 수 있다.

2) 다양한 분야의 책 읽기를 한다

자신을 파악하고 분석할 기준과 내용이 필요하다. 세상은 빠르게 변하고 가치관도 달라진다. 그러니 자신을 이해하는 데도 꾸준한 공부가 필요하다. "세상은 아는 만큼 보인다"는 말이 있듯이, 아는 게 많아지면 우리 내면을 여러 각도에서 볼 수 있다. 또한, 다양한 분야의 책 읽기를 통해 우리 마음속에 다양한 생태계가 살아 숨쉬는 건강한 숲을 이루게 되면, 여러 개의 다른 창으로 우리 내면과 세상을 바라볼 수 있다. 생각이 고리타분해지면 성찰도 고리타분해진다.

3) 글쓰기를 한다

'자전적 글쓰기'라는 것이 대학에서 교양과목으로 널리 채택되기도 하고 또 평생교육원처럼 중장년 성인을 대상으로도 교육과정에서도 찾아볼 수 있다. '자전적 글쓰기'란 자기 서사와 자기성찰을 통해 더 의미 있고 행복한 삶을 살도록 돕는 글쓰기인데, 자신에 관한 글쓰기, 자기 표현적 글쓰기, 성찰적 글쓰기 등 다양한 이름으로 불린다.[12]

글쓰기의 목적이 여럿이지만, 자전적 글쓰기에는 치유와 성찰이라는 놀라운 효능이 있다. 글을 쓰다 보면, 혼란스러운 마음이 균형을 잡게 되고, 자신을 보다 객관적으로 들여다볼 기회가 주어진다. 자기객관화를 통해 상황을 이해하게 되고, 자신의 행동에 대해 다른 사람들이 느꼈을 감정들도 역지사지할 수 있다.

글을 써보자고 하면 대부분의 사람이 부담스러워한다. 아마 학생 때 일기검사를 맡으면서 겪었던 불쾌한 경험 때문일 것이다. 이제는 내 글을 검사할 선생도, 은밀한 이야기를 염탐할 사람도 없다. 그러니 어떤 규칙이나 표현법 등에 얽매이거나 부담 갖지 말고 아무 글이라도 써보는 것이 중요하다. 쓰다 보면 내 마음을 표현하는 법도 늘고, 무엇보다 마음이 편해진다.

나이 먹는다고 이와 정비례해서 자동으로 지혜로워지지 않는다. 나잇값을 하는 좋은 어른이 되기 위해서는 성찰하고 공부해야 한다. 그래야 늙은 양아치로 살지 않는다.

3장

돈이 없으면,
돈이 인생의 전부가 된다

이 나이 먹도록
실패만 거듭했던 이유

우리 사회에 성공이 넘쳐난다. 예전 같으면 나이 지긋하고 머리 희끗희끗한 사회 명사들이나 "성공이란 이런 것이고, 이렇게 이룰 수 있다"라고 이야기했지만, 요즘은 30대 초중반의 젊은이들이 내놓은 거침없는 성공기를 어렵지 않게 만날 수 있다. 어느 청년은 우리가 사는 지금의 시기를 "단군 이래 가장 돈 벌기 쉬운 세상"이라고 하고, 또 다른 청년은 "운명에 순응하지 않는 역행자가 되어야 성공할 수 있다"라고 말한다. 어떻게 어린 나이에 크게 성공할 수 있었는지 부럽기도 하거니와, 자신의 성공이론을 논리정연하게 정리할 수 있다는 것에 또 한 번 놀라게 된다.

이들을 통해 역시 인생은 길이가 아니라 밀도라는 것을 새삼 깨닫는다. 누군가는 "인생을 논하려면 최소한 나이 육십은 먹어야 한다"고 말한다. 하지만 10대에는 10대의 인생이 있고, 20대는 20대의 인생이 있듯이, 꼭 나이 든 사람만이 인생을 논할 자격을 가진 게 아니다. 더구나 나이와 상관없이 인생을 밀도 있게 산 사람이 인생에 대해 할 이야기가 더 많고 그에게 배울 점도 많다. 그래서 오늘도 나는 그들의 글을 읽고, 행적을 따르며 배우고 행동으로 따라 하려고 노력한다.

성공이 넘쳐나는 만큼 성공의 색깔과 모양, 크기와 높이도 제각각이다. 사람마다 목표를 달리했으니 성공이란 것도 사람 수 만큼이나 별의별 모양과 색상으로 다양하게 존재한다. 그러니 성공을 이야기할 때, 굳이 단숨에 수백억 원을 벌어들였다는 대박과 팬덤의 환호성이 크게 들리는 명성과 인기 그리고 높은 지위만을 생각해서 지레 움츠러들 필요 없다.

잘하는 분야, 좋아하는 분야에서 탄탄하게 입지를 다진 것도 성공이고, 다이어트를 잘해서 근육도 붙이고 원했던 몸무게를 유지하며 사는 것도 성공이다. 온갖 다이어트 방법들이 유행가처럼 나왔다가 사라지기를 반복하는 것은 그만큼 다이어트가 어렵기 때문이다. 나도 운동과 식이요법을 병행해서 8kg을 줄이긴 했지만, 딱 그 지점에서 작은 진폭을 보이며 정체를 겪고 있다. 목표치에 닿기 위해서는 적어도 6kg 정도 더 줄여야 하는데 좀체 움직이질 않는다. 원인은 스스로가 잘 안다. 마음이 물러지고, 생활이 흐트러진 탓이다.

목표를 세우고 계획하고 행동으로 옮기는 것보다, 한번 풀어진 마음을 다잡아 다시 일어서기가 더 힘들다. 그래서 사람들이 끝을 보지 못하고 중도에서 포기하는 것이다.

오랜 중독을 떨쳐내고 마침내 금연하게 되었다면 이것도 무시 못 할 대성공이다. 오죽하면 금연한 사람은 독종이니까 상종도 말라는 농담이 있을까. 그만큼 어려운 게 금연이다. 그런 만큼 성공도 이런 성공이 없다.

크고 작은 실패를 거듭하면서 깨달은 것이 있다. 성공이란 것이 사람 수 만큼이나 색깔과 모양, 크기와 높이도 제각각이지만, 모든 성공을 관통하는 공통점이 있다는 것이다. 일생일대의 엄청난 대박을 친 성공에도, 눈앞의 유혹을 이겨내고 오늘 하루의 목표치를 달성한 성공에도 공통점이 있다는 뜻이다. 우리가 이 나이 먹도록 뭐하나 제대로 이뤄낸 것이 없어서 성공이란 단어 앞에서 주눅이 드는 이유는 이것들을 끝까지 지키지 못했기 때문일 것이다.

인생 후반전은 정말이지 다른 인생으로 살아야 한다. 하고 싶은일, 남보다 잘하는 분야에서 쫓겨날 걱정 없이 원하는 날까지 신나게 일하고 싶다. 돈은 좇는 게 아니라 따라오게 해야 하는 거라 했으니, 원하는 분야에서 신명 나게 일하다 보면 돈도 당연히 따라붙을 거라 믿는다. 그러기 위해서는 모든 성공자가 지킨 것들을 우리도 지켜야 한다.

나이 50 혹은 60이 되었다고 늦었다고 생각하지 말자. 우리 앞에는 아주 많은 시간이 있다. 지금 시작해도 늦지 않다. 오늘은 남은 인생의 첫날이다. 무엇인가를 시작하기에 딱 좋은 날이다.

간절함이 없었다

뭐 하나 제대로 이룬 것이 없는 인생이었다고 해서, 남들보다 잘하는 능력 하나 없었을 리 만무하다. 또 이루고 싶은 꿈도 당연히 있다. 하지만 결국 하고 싶은 일, 자기가 남보다 잘할 거라 믿었던 그 일을 하지 못하며 살고 있다. 같은 꿈을 가진 사람 중에 어떤 이는 꿈을 이뤘는데, 왜 나머지는 못 이룬 걸까? 그건 바로 간절함이 없었기 때문이다.

모든 사람이 부러워할 만한 성공을 거둔 이들은 대부분 실패할 수도 있다는 위험을 감수하고라도 초라해 보이는 일들도 기꺼이 해가며 한발씩 나아간 사람들이다. 내게도 20대 때 하고 싶은 일이 있었다. 그런데 뛰어들려고 하니 허드렛일부터 하는 완전 바닥부터 시작해야 했고, 자리도 성공도 장담할 수 없었다. 하고 싶은 분야에 들어가 모험을 할 것인가, 회사에 들어가 무난하게 월급 받으며 안정되게 살 것인가. 우리 대부분은 월급 받으며 안정되게 사는 길을 택했다. 그게 잘못되었다는 말이 아니다. 그런 선택이 있었기에 이만큼이라도 사는 거 아니겠는가.

일하고 싶은 분야에 들어가 밑바닥부터 기면서 자신을 단련시키고 배우며 힘든 과정을 거쳐 한 계단 한 계단 올라가야 하는 것이 인생의 법칙인데, 그 과정을 견뎌내고 돌파할 만큼의 간절함이 없었기에 시작하기도 전에 포기하거나, 시작했더라도 조금 하다 힘들면 희망이 안 보인다는 핑계를 대며 그만둔다. 거창한 꿈과 함께 시작도 잘하지만, 포기도 빠르다.

간절한 마음으로 위험을 감수하고 안전지대를 벗어나, 열정을 쏟아부은 사람들은 세월이 흘러 자신의 분야에서 우뚝 서 있는 것이고, 안전지대에서만 편안하게 뱅뱅 돌았던 사람들은 가지 못한 길을 아쉬워하며 오늘도 쭈뼛거리며 서성인다.

지금껏 뭐 하나 제대로 이룬 것이 없었다면 간절함이 없었음을 인정해야 한다. 인생 후반전을 새롭게 살고 싶다면, 간절한 마음으로 지금의 안락함에 미련을 두지 않을 단단함이 필요하다.

겁이 많았다

성공한 사람들이라고 해서, 어떻게 늘 성공만 하며 살았겠는가. 실패하고 또 일어나 다시 부닥쳐보고, 막아섰던 장벽을 돌파해내서 다음 단계로 올라서고, 또 실패하는 과정의 연속이었을 것이다. 성공한 사람들도 실패를 수도 없이 경험했을 게 분명하다.

도전해서 실패를 해봐야 자신의 최대능력치를 알 수 있다고 한다. 실패가 겁이 나서 도전하지 않으면 자신의 능력이 어느 정도인지조차 가늠할 수 없다.

나를 포함해서 뭐 하나 제대로 이룬 것이 없는 사람들은 겁이 많다. '이걸 해서 잘 안 되면 어쩌지?', '실패하면 어쩌지?' 그래서 '결국 이도 저도 아닌 사람이 되면 어떡하지?' '그걸 친구들이나 주변 사람들이 알면 어떡하지?' 뭔 쓸데없는 걱정은 그리 많았는지 모르겠다. 실패해봐야 잃을 것도 없는 인생이었는데 말이다. 제대로 하지도 않으면서 두려움에 겁부터 먹고 있었으니 어떻게 돌파할 힘이 났겠나.

자신을 던져야 할 때 머뭇거리니 기회는 기다려주지 않는다. 겁 많은 사람들은 쉽게 돌아서서 좀 더 안전한 길을 택한다. 그래서 이 나마라도 갖추고 사는 건지는 모르겠으나 하여간 겁이 아주 많았다는 것을 인정할 수밖에 없다.

인생 후반전에는 살아보고 싶은 인생 앞에서 제발 겁먹고 쫄지 말자. 화이팅!

두리번거렸다

'이건 내가 정말 하고 싶은 일이야!', '이 일을 하면서 돈도 많이 벌고 싶고, 성공하고 싶어!' 이런 마음이었다면 두리번거리지 말았어야 했다. 하고 싶은 일 앞에서, 기회 앞에서 불안한 마음에 좀 더 편한 길, 좀 더 안전한 길을 위해 늘 두리번거렸다.

돌아갈 다리를 불사르고, 하고 싶은 일에서 승부를 냈어야 했는데, 다리를 불사르기는커녕, '되돌아갈 다리라도 누가 치우면 어쩌나'라고 걱정하며, 안 되겠다 싶으면 언제라도 돌아설 요량으로 엉덩이를 뒤로 쭉 빼고 한발만 걸쳐놨었다. 온 힘을 쏟아도 될까 말까 한데 두리번거리면서 엉덩이마저 뒤로 빼고 있었으니 옆에서 도와준들 될 리가 만무했다.

원수는 외나무다리에서 만난다고 했다. 뭐 하나 제대로 이룬 것이 없는 사람들이 원수를 외나무다리에서 만난다면 어떻게 할까? 이길 수도 있지만, 원수가 생각보다 강해서 자신이 죽을 수도 있다. 이길 생각보다 겁이 먼저 난다. 싸워서 반드시 저 원수 놈을 죽여야 한다는 불타는 복수심은 온데간데없어지고, 죽을 수도 있다는 두려움이 앞을 가로막아 선다. 그래서 싸울 생각조차 하지 못하고 다리에서 뛰어내리는 것을 선택한다.

비겁한 선택인 걸 알지만 아직은 힘이 약하니 훗날을 기약하자는 자위를 하면서 물러선다. 뭐 하나 제대로 이룬 것이 없는 사람들이 꼭 이런 모습으로 원하는 인생을 앞에 두고, 실패가 겁이 나 두리번거리고 실력을 더 쌓고 여건이 되면 나중에 도전해보겠다며 물러섰다.

한번 사는 인생, 하고 싶은 일을 위해 후회 없이 모든 것을 던져봤어야 했는데 그러지 못했다. 그래서 늘 가지 못했던 길이 아쉽다. 그 길을 갔다고 해서, 성공했을 거라는 보장은 없지만 간절하지 못했고, 겁부터 먼저 집어먹었고, 안전한 길을 찾으려 두리번거리다 보니, 이 나이 이르도록 뭐 하나 제대로 이룬 것이 없이 늘 도피하는 인생을 살아왔다고 고백하지 않을 수 없다.

뭐 하나 제대로 이룬 것이 없는 내가 이렇게 말할 수 있는 이유는 인생 후반전을 제대로 살아보기 위해 지금은 달라졌기 때문이다. 간절함으로 지치지 않고 열정을 쏟아붓고 있고, '실패하면 어쩌지?' 하는 두려움에 뒷걸음치기보다는 성공할 수 있다는 확신으로 밀어붙이고 있다. 그리고 더 편안한 길이 있지 않을까 두리번거리지도, 여차하면 얼른 도망치기 위해 엉덩이를 뒤로 빼지도 않는다.

나는 달라졌고 인생 후반전은 하고 싶은 일에 도전하며 살기로 결심했다. 그래서 내일이 두렵기보다는 기대와 설렘으로 다가온다. 나는 더는 지질하거나 쪼다처럼 인생 후반전을 살지 않을 거다. 그렇게 살아온 60여 년으로 충분하다.

금융사기로 깡통 찬 사람들의
99% 공통점

"돈이 일하게 하라." 멋진 말이다. 컨베이어 벨트처럼 밤낮없이 돌아가는 자본주의 시스템에 돈을 얹어 내가 잠든 시간에도 소득이 들어오게 한다니 환상적인 이야기가 아닐 수 없다. 정말 그렇게 된다면, 이 지긋지긋한 월급쟁이 생활을 때려치울 수도 있고, 미래에 대한 불안감에서도 벗어날 수 있다. 전문가들은 은퇴 이후 재정적 어려움을 겪지 않기 위해서는 소득이 마르지 않는 샘물처럼 솟아나게 만들어 놓아야 한다고 강조한다.

주된 직장에서 물러난 이후에는 현실적으로 재취업하기도 힘들 뿐만 아니라, 수입도 쪼그라들기 마련이다. 그리고 나이 들면 체력이 떨어질 수밖에 없으니 언젠가는 손에서 일을 놓아야 한다. 그럴 때를 대비해서 일해서 돈을 벌어들이는 대신 돈이 돈을 벌어들이는 '현금흐름'을 갖추어놓을 필요가 있다.

그래서 서점가에는 늘 재테크와 관련된 도서들이 베스트셀러 상위를 차지한다. 사람들은 인문학 서적보다 당장 돈이 되는 책에 관심을 둔다. 차근차근 기초지식부터 쌓는 책은 성에 차지 않는다. 한시가 급한데 기초를 쌓을 시간이 어딨겠나. 족집게 과외처럼 오늘 당장이라도 투자를 하면 대박을 칠 종목을 콕콕 짚어 알려주는 책이나 강의에 사람들이 몰린다.

예전 같으면 주식은 투전판과 같다는 부정적인 인식이 많았지만, 요즘은 금융투자나 부동산투자를 하지 않으면 바보가 된다. 모두 뛰어가는 판국에 나만 걸어간다면 처참한 낙오만이 기다리고 있을 뿐이고, 인생에서 그것은 상대적 빈곤을 의미한다. 오죽하면 일정한 수입이 없는 대학생들이 영혼까지 끌어모아 대출을 받아가며 투자행렬에 뛰어들까. 은퇴를 코앞에 둔 사람들의 마음은 더 초조해지고 벼랑 끝에 내몰리는 심정이 된다.

그러다 보니 준비도 되지 않은 채 목돈을 금융상품에 투자한다. 그저 "어느 게 좋다더라"는 얘기만 듣고 투자를 결정하니 손해를 보거나, 금융사기의 피해자로 전락하는 경우가 아주 많다. 대형 금융사기가 아니라면, 보도도 되지 않으니 억울한 피해자의 수는 더 많을 거라 여겨진다. 오죽하면 대한민국을 '사기 공화국'이라고 할까.

무식하면 용감하다

금융사기꾼들은 모두 많이 배운 놈들이다. 해외 유학까지 갔다 왔으며, 휘황찬란한 자격증도 많고 또 여기에 전직 고위관료도 알게 모르게 엮여 있는 경우가 많다.

이들은 투자자를 홀리기 위해, 알아듣기도 힘든 용어를 써가며 기발한 신종 투자기법으로 수익을 극대화할 수 있다고 홍보한다. 사실 투자자들은 이게 예금성인지, 투자성인지, 보장성인지조차 명확하게 구분하지 못하는 상황인데, 배운 놈들이 기발하다니까, 새로운 투자기법이라니까 그 말만 믿고 이번 기회에 자신들도 큰돈 한번 벌어보자는 기대감으로 서슴없이 돈을 넣는다. '돈에 눈이 멀었다'는 것이 이런 경우다. 곁에서 아무리 위험하다고 말해도 꿈쩍도 안 한다. 아니, 반대가 거셀수록 확신은 더욱 굳어진다.

새롭고 혁신적이며 기발한 것이 좋지만 금융투자할 때만은 예외다. 더욱 조심해야 한다. 특히나 알지도 못하면서 사기꾼들이 힘주어 말하는 '고소득'에 현혹되어 마음을 빼앗기면 안 된다. 명확하게 모르면 쳐다보지도 않는 게 내 돈을 안전하게 지키는 길이다. 설사 그것이 사기가 아니더라도, 내가 알고 있는 범위 밖이라면 남의 떡이라 생각하고 군침을 흘리지 않아야 한다. 조금 적게 벌더라도, 아는 범위 내에서만 투자한다는 철칙을 세우고 이를 지켜나가야 한다.

대형금융사인데 거짓말을 하겠어?

예금성 상품이라면 돈을 넣어놓고 한동안 잊고 살아도 되지만, 투자성 상품은 돈을 넣기 전에 꼼꼼히 살펴봐야 한다. 간접투자 상품, 펀드, 변액보험, 변액연금 등을 요즘 많이들 하지만 금융상품을 판매하는 대형금융사만 믿고 투자하는 것이 대부분이다.

하지만 수익을 내게 하기도 하고, 말아먹게 하는 곳, 더 나아가 사기 치는 곳이 자산운용사이고, 이들의 얼굴마담 역할을 하는 것은 은행과 증권회사이다.

2020년에 일어났던 옵티머스 사모펀드 사기 사건이 좋은 예다. 2,900여 명의 투자자의 1조 2000억 원을 날려 먹었다. 이 펀드의 약 80%를 NH투자증권에서 판매했다. 아마도 투자하시는 분들은 대부분 NH투자증권을 믿고 사셨을 거라 추측된다. "아니 이렇게 큰 증권사가 거짓말을 하겠어?", "대형금융사를 믿지 않으면 누굴 믿어?" 하면서 말이다.

모든 투자상품에는 투자금을 운용하는 운용사가 있다. 옵티머스 사기 사건이라고 이름 붙인 것도 NH투자증권에서 팔았지만, '옵티머스자산운용'이 돈을 굴리는 주체였기 때문이다. 그래서 투자할 때는 상품을 판매하는 대형금융사 창구직원의 말만 믿을 것이 아니라, 운용사가 어딘지, 그동안 실적이 어떤지, 믿을만한지 자신이 직접 꼼꼼히 확인해봐야 한다.

금융사 직원은 고객을 위해 일하지 않는다. 상품을 판매해 실적을 올려야 하는 자신을 위해, 또 자신의 회사인 금융사를 위해 일할 뿐이다. 목소리가 상냥하다고 그 사람을 믿고 돈을 내어주면 안 된다. 이들은 나중에 무슨 일이 일어나도 책임지지 않는다. 쪽박 차는 것은 그들이 아니고 나라는 점을 한시도 잊으면 안 된다.

작은 글씨를 읽는 것은 골치 아파

"악마는 디테일에 있다"고들 한다. 금융투자에서도 이 말은 유효하다. 언제나 자신들에게 불리한 것은 숨기고 싶은 게 인지상정이다. 금융사도 마찬가지다. 고객이 투자 전에 알기라도 하면 투자를 하지 않을 법한 내용, 하지만 관련 법규에 따라 고객에게 꼭 알려야 하는 것들은 깨알같이 작게 적어놓거나, 다른 내용 속에 묻어서 눈에 띄지 않게 하는 수법을 쓴다. 그래서 서양에서도 글씨를 작게 써놓은 'fine print(주의사항, 세부사항)'를 간과하는 우를 범하면, 쓰디쓴 경험을 하게 될 것이라는 격언이 있다.

"Education is when you read the fine print. Experience is what you get if you don't."
"교육은 작은 글씨로 쓰인 주의사항을 읽는 것이다. 경험은 그것을 읽지 않을 때 얻게 되는 것이다."
−피트 시거(Pete Seeger)

금융상품 계약서에는 주의사항, 세부사항, 예외조항이 반드시 숨어 있다. 금융사들이 단서조항 만들 때, 만약에 일어날지도 모를 일에 대비해 고객을 보호하기 위해 만들었을까, 아니면 금융사 자신을 위해 만들었을까? 당연히 금융사가 면피하기 위해 만들었을 가능성이 크다. 그러니 작게 써놓아 읽기도 불편한 주의사항, 세부사항, 예외조항을 시간을 두고 찬찬히 살펴봐야 하고 무슨 뜻인지 이해가 가지 않으면 담당자에게 묻고 또 물어서라도 그 의미를 정확히 이해해야 한다. 모르면서도 아는 체하면서 흘려버리면 안 된다. 나중에 "뒤통수 맞았네.", "사기를 당했네." 해봐야 소용없다.

보험에도 이런 주의사항이나 예외조항이 있다. 보험계약서는 읽어보지 않고 보험설계사의 설명만으로 보험에 가입하는 경우가 대부분이다. 말로 한 설명이다 보니 몇 년이 흐르면 기억도 가물가물해진다. 암보험 들고 마음이 든든했는데, 막상 암 진단을 받고 나서 보험사에 문의하니 예외조항에 해당한다며 보험금을 예상보다 상당히 적게 주거나 아예 지급을 거절해서 분쟁이 일어나곤 한다.

"암 진단 시 3,000만 원을 준다"는 설계사의 설명을 듣고 보험에 가입했던 한 주부는 암 진단 이후 고작 200만 원을 받을 수 있다는 보험사의 어이없는 설명에 약관을 다시 읽어보니 계약서 한 구석에서 작게 써 있는 이런 구절을 찾았다. "단, 보험계약일로부터 180일 이내에 유방암에 대한 진단급여금 지급 사유가 발생하였을 때에는 해당 진단급여금의 25%를 지급합니다."

보험가입이나 금융상품투자를 할 때는, 예외조항을 꼼꼼히 챙겨
봐야 한다 안 그러면 당하고 산다. 눈 뜨고 코 베이는 세상은 할머
니, 할아버지 시절에만 존재했던 것이 아니다.

열심히 살았음에도
인생이 초라하고 불안하다

평생 게으르지 않았고, 몸도 사리지 않았다. 새벽별을 보며 집을 나서 저녁별을 보며 귀가하는 일상을 아무 불평도 없이 그러려니 하며 살아왔다. 그렇게 밤과 낮 구분 없이 직장과 집만 오가며 가정에 충실했고, 가족만을 생각했다. 돈을 허투루 쓴 것도 아니고, 무엇 하나 자신을 위해 사치를 하며 산 것도 아니다. 차라리 돈이라도 마음껏 써보기라도 하고 나서 이렇다면 이해라도 할 수 있겠다.

나를 포함한 대다수 중장년이 이런 마음이 아닐까 싶다. 몸이 부서져라 열심히 일하며 살아왔는데, 왜 이리도 인생은 초라하고 미래는 불안한지 모르겠다. 그래도 지금껏 잘 버티며 살아왔으니 남은 인생도 그럭저럭 버틸 수 있지 않을까 하는 막연한 자신감도 있지만 한 살 한 살 늘어가는 나이가 마음을 약하게 한다. 나이라도 그대로 멈춰있으면 조금 도움이 될 만도 한데 나이는 무섭게 먹어간다. 하루하루가 달라지는 피부를 바라보고 있노라면 그나마 억지로 추스르고 있던 자신감이 이내 불안감에 압도된다.

가진 재산이 많지도 않지만, 이 불안감은 꼭 돈을 많이 모아놨다고 해서 사라질 것 같지도 않다. 무엇하나 제대로 이뤄낸 것 없이 인생이 이렇게 허무하게 끝날지도 모른다는 생각에 초라해지고, 어디서부터 바로 잡아야 할지도 모르겠다. 그러다 보니 마음만 급해진다. 하나라도 제대로 붙잡고 끝을 봐야 하는데 그렇지 못하고 허둥대기 일쑤다. 귀동냥해서 남들이 좋다는 것을 시작해보지만, 이내 그만두기를 반복한다. 나이 들어갈수록 안정되기는커녕 반대로 왜 이렇게 마음만 조급하고 허둥대는 걸까?

목표가 불분명했다

중장년에 접어들면, 우선 무엇보다 '성공'에 대한 재정의를 내리는 것이 필요하다. 사격할 때마다 목표물을 정확히 조준하기 위해 원점조정을 해야 하듯이 인생 후반전에 들어서면 20~30대 내렸던 성공의 정의를 재정립해야 한다. 시대도 상황도 달라졌고, 삶의 우선순위도 바뀌었을 뿐만 아니라 무엇보다 인생을 바라보는 자신의 시각이 바뀌었기 때문이다.

인생 목표가 무엇이냐 질문해보면, 의외로 많은 사람이 "돈 많이 벌어 가족들과 편안하고 여유 있게 살고 싶다"라고 답한다. 그런 생활을 마다할 사람이 세상에 어디 있을까. 그렇다고 그것을 목표라고 할 수 없다. 그것은 목표라고 하기에 너무 불분명하기 때문이다. 이는 마치 학창시절 '공부 잘하는 학생'이 되는 게 목표라고 말하는 것과 같이 모호하다. '공부 잘한다'의 기준이 사람마다 제각각이니 정확한 선을 그을 수 없다. 누구는 학급에서 10등 안에 들면 공부 잘한다고 할 수 있고, 또 다른 누구는 최소한 전교 10등 안에는 들어야 공부를 잘한다고 생각할 만큼 기준이 들쑥날쑥하고 객관적이지 못하다.

더 큰 문제는 목표가 애매하고 막연하면 단계별 실행계획을 세우기 어렵고 자신이 얼마만큼 성장해서 목표 대비 어디쯤 와 있는지 알기도 힘들다는 것이다. 더구나 게으름을 피울 여지를 줄 수도 있다.

'경제적으로 여유롭고 싶다.', '가족들과 함께 행복하게 살고 싶다'는 바람은 목표를 이루면 성공한 사람에게 부상으로 주어지는 결과 중 하나일 뿐이다. 그러니 목표는 뚜렷하고 구체적이어야 하며, 도달할 기간이 정해져 있어야 한다. 그리고 그것을 달성하기 위한 세부적인 전략도 있어야 한다. 막연하게 행복하게 살고 싶다는 생각은 로또를 사고 1등 당첨되기만을 기다리는 것과 같다. 구체적이고, 내 능력과 현실에 맞는 목표와 그것을 이루기 위한 현실적인 전략이 필요하다.

갈 길이 정해진 사람은 불안하지 않다. 어느 방향으로 가야 하고, 지금 어디쯤 와있는지 알기 때문이다. 불안하다고 우왕좌왕하지 말고, 차분히 목표를 세우자. 일주일이 걸려도 좋고, 한 달이 걸려도 괜찮다. 목표도 없이 이리 갔다 저리 갔다 하는 것보다 차라리 정확한 목표를 세우고 한 달 뒤에 떠나는 것, 방향 잡고 떠나는 것이 앞서갈 수 있다.

나를 위해 시간을 쏟아붓지 못했다

열심히 살았다고 하지만, 우리는 대개 월급쟁이로서 주어진 일만 근면 성실하게 해온 것뿐이다. 회사의 목표를 위해 내 시간을 팔아 생계를 이어온 것일 뿐 정작 우리가 하고 싶은 일을 위해, 되고 싶은 사람이 되기 위해, 벌고 싶은 만큼의 수입을 올리기 위해 시간을 쏟아부으며 살아보지 못했다. 이게 월급쟁이의 비애다. 그러니 중장년에 들어서면서 허탈하고 공허해지는 것이다. 오늘 하루도 바쁘게 살았지만, 순전히 나 자신을 위해 쓴 시간이 과연 몇 분이나 되었는지 따져보면 답이 나온다. 건강 걱정만 했지 하다못해 팔굽혀펴기 한번 하지 않았다. 바쁘기는 너무 바빴는데 모두 남을 위해서 바빴던 것이니까 인생이 허무해질 수밖에 도리가 없다. 억울하더라도 인정하자.

이 와중에 기쁜 소식을 하나 전해드릴 수 있어 나 자신도 너무 기쁘다. 허무해지는 인생을 충만감 있게 만들기에 늦지 않았다는 것이다. 그러니 절대 '이번 생은 망쳤다'면서 좌절하지 않아도 된다. 더 일찍 깨닫고 시작했으면 좋았겠지만, 지금이라도 깨달았으니 천만다행이고 감사할 일이다. "늦었다고 생각할 때가 가장 이른 때"라는 말이 그냥 듣기 좋으라고 하는 소리가 아니다. '지금이라도 시작하면 얼마든지 따라잡을 수 있다'는 뜻이 담겼음을 놓치지 말자.

씨를 뿌리지 않으면 결실을 얻을 수 없듯이, 시간을 쏟아붓지 않으면 어떤 변화도 일어나지 않는다. 열심히 살아왔지만 인생이 초라하고 불안한 이유는 부모를 잘못 만나서도 아니고, 돈이 없어서도 아니고, 운이 나빠서도 아니다. 나 자신을 위해 시간을 쏟아붓지 못했기 때문이다.

안 되는 이유만 붙들고 있었다

무슨 일이든 마음속에 그리는 단계에서부터 안 될 이유만 수만 가지 떠올리고 그것에 설득되어 포기한다. 이것은 전형적인 루저들이 하는 짓인데 나도 이런 버릇이 있었음을 실토하지 않을 수 없다. 어쩌면 그렇게 안 될 이유가 많았는지 놀라울 정도다. 이 정도면 가히 불운의 인생이라고 해야 맞을 듯싶다. 별의별 것까지 끌어오다가 결국 '옛날 여자친구가 보면 어쩌나?' 하는 핑계까지 들먹거렸던 것이 나의 지질했던 20대였다.

다른 한편으로 자신은 돌다리도 두들겨 확인해서 건너는 굉장히 신중하고 확실한 사람이고, 분석력이 뛰어나다고 믿기까지 하지만 사실은 안전지대에 엉덩이 붙이고 앉아 아무것도 하지 못하는 겁쟁이일 뿐이다. 도전 없이 얻어지는 것은 세상에 하나도 없다. 인생에서 가장 끔찍한 일은 도전했다가 깨지는 것이 아니라, 아무것도 하지 않아서 어떤 변화와 희망도 기대할 수 없는 것이다. 희망 없는 인생은 그 자체가 지옥이다. 나이 80이 되고, 90이 되도 희망이 있어야 한다.

그러니 지금부터라도 안 되는 이유들은 생각하지 말고, '그럼에도 불구하고' 될 수밖에 없는 이유만 생각하자. 생각이 바뀌면 지금껏 보지 못했던 다른 세상이 보인다. 그렇게 우리 인생은 바뀌기 시작하는 거다.

머리로만 생각하고 몸으로 부딪히지 않았다

우리는 우리가 원하는 것을 이루기 위해 어떻게 해야 하는지 빠삭하게 알고 있다. 벌써 읽은 책들만 해도 몇 권이며, 강의를 찾아 들은 것만 해도 얼마나 많나? 요즘은 집 밖으로 나갈 필요도 없이 유튜브를 통해 '인생 강의'를 들을 수 있다. 그러니 아는 것으로만 따지자면, 우리가 박사고 전문가다.

꿈도 있고, 공부도 많이 했고, 인격적으로도 반듯하고, 어디 하나 모진 구석도 없이 인간성도 나무랄 데 없지만 그럼에도 여전히 인생이 불안하다면 그것은 아는 대로 실천하지 않았기 때문이다. 방구석에 누워 책만 읽어봐야 소용없다. 읽는 것으로만 끝나면 차라리 안 읽는 것만도 못하다. 꼭 이런 사람들이 좋은 내용의 책이나 영상을 보고 나서는 "'교과서적'이네, '이론적'이네 '특별한 것'도 없네." 하며 콧방귀를 뀐다. 실천하지 않고 책 읽는 것에서 끝냈고, 계속해서 쉽고 특별한 방법만을 찾았기 때문에 이런 한심한 소리나 하고 앉아 있다는 것을 자신만 모른다.

부딪혀 보지 않으면 자신의 능력치를 알 수 없다. 대보지 않고서는 긴지 짧은지 알 길이 없는 것처럼 목표 앞에서 깨져보기 전에는 자기 능력의 최고치를 알 길이 없다. 축구 국가대표팀이 평가전에서 월드클래스의 강팀을 골라 맞붙는 이유도 같은 이치다. 세계적인 수준의 팀과 붙어봐야 장단점과 한계가 드러나고, 그 경험을 교훈 삼아 부족한 점을 매울 수 있는 것처럼 말이다. 겁부터 내지 말고 몸으로 부딪히자. 그래야 인생이 바뀐다. 포기하지 않는 한 실패란 없다. 아직 성공하지 못했을 뿐이다.

이 몹쓸 성격,
돈도 못 벌고 치매도 걸린다

서로의 분야는 달라도 남들로부터 인정을 받으며 일가를 이룬 사람들에게는 공통점이 있다. 또 아직 성공했다고 말하기는 이르다 하더라도 어려운 환경 속에서도 성장을 거듭하며 꿋꿋하게 버텨가는 사람들에게도 이런 공통적인 기질이 보인다.

그래서 각 분야에서 성공한 사람들 혹은 자수성가해 부자 된 사람들을 직접 인터뷰해서 공통분모를 모아 정리한 책들이 많이 나와 있다. 성공한 사람들의 사고방식과 태도를 배워서 우리도 성공의 길로 접어들어 보자는 목표를 갖고 만든 책들이다.

젊어서 오만방자했을 때 나는 소위 이런 처세술과 관련된 책을 콧방귀를 끼고 거들떠보지도 않았다. 누구나 할 수 있는 뻔한 이야기를 돈 좀 벌고 유명해진 사람 말이라고 무슨 신줏단지 모시듯 하는 게 너무 우습고 속물적이라고 생각했기 때문이다. 모자라도 한참 모자란 생각이었음을 깊이 반성하고 있다.

지금 와서 생각하면 같은 이야기를 해도 일반인이 하면 귓등으로도 듣지 않다가 교수입네, 박사입네 하는 사람들이 얘기하면 "맞다, 맞다!" 해가면서 박수하며 듣는 눈꼴신 모습과 별반 다르지 않게 보였던 것 같다. 박사, 의사, 검사와 같이 소위 '사' 자가 붙은 타이틀 앞에서 움츠러들고 그들이 무슨 말을 하든 추켜세우는 듯한 모습을 여전히 수긍할 수는 없지만, 사람들이 성공자의 책을 꼼꼼히 읽는 데는 그럴 만한 이유가 있다는 것을 중년이 되어서야 깨달았다. 그들은 말뿐만 아니라 행동으로 직접 옮겼고, 대부분이 넘어간 온갖 유혹을 물리쳤으며, 남들이 무릎 꿇은 자신의 한계와 장벽을 넘어 목표를 이뤘다. 또한, 그 성취에 취하지 않고 초심을 지키며 지속적인 성장과 발전을 일궈가고 있기에 그들의 말과 글에 무게감이 실리는 것이다.

"쓰고 남은 것을 저축하지 말고 저축하고 남은 것을 쓰라." 부자가 되기 위한 첫걸음으로 저축의 중요성을 강조한 말이다. 이 말은 누구도 할 수 있다. 단칸방에서 사는 선배가 들려주는 이야기와 세계 최고 부자 중 한 명인 '투자의 귀재' 워런 버핏이 자신도 이렇게 저축으로 돈을 모으기 시작해서 지금에 이르게 되었다고 설명하는 것 중 무엇이 더 솔깃한가? '나도 그렇게 해야지' 하며 마음먹게 하는가? 굳이 대답할 필요도 없다.

같은 말도 하는 사람에 따라 그 무게감이 달라진다는 이 단순한 진리를 내가 중년이 될 때까지 몰랐다는 게 신기할 정도이지만, 아마도 내 마음속에 냉소가 자리 잡고 있어서 그랬을 거라 짐작해본다. 이런 미련한 나를 격려해주기 위해 아내가 곁에서 해주는 말이 있다. "지금이라도 깨달았으니 다행인 거야, 여보."

자고로 사람이 뜻한 바를 이루고 끝까지 잘살기 위해서는 마음을 잘 써야 한다. 우리는 무엇인가를 시작하려고 결정할 때 '마음먹었다'고 말한다. 세상만사 마음먹기에 달렸다지만 마음만 먹었다고 성공할 수는 없는 노릇이다. 앞에 놓은 역경을 헤치고 끝내 정상에 오르기 위해서는 마음을 잘 써야 한다. 진심을 다한다는 말은 마음을 쓴다는 것이다.

마음 씀을 곱고 바르게 하려고 노력하다 보면 성격도 바뀌고 행동도 달라진다. 성공한 사람치고 마음 씀을 삐뚤게 한 사람은 찾아볼 수 없다.

마음 씀을 함부로 멋대로 해놓고서는 "내 성격이 원래 이렇다"고 당당하게 말하는 사람이 있다. 나는 이런 사람이니 네가 이해하고 참으라는 뻔뻔함이 넘친다. 자신의 성격이 못된 것을 알기는 아는 모양이지만 성격이니 어쩌겠냐며 두 손 놓고 지낸다. 안타까운 일이지만 자신의 성격 때문에 좋은 기회들을 잃고 있다는 생각까지는 못하는 모양이다. 그러니 상대적으로 돈도 못 벌고 엎친 데 덮친 격으로 나이 들어서는 큰 병마저 걸릴 위험도 커진다.

냉소적인 사람들은 경제적으로만 손해를 보는 것이 아니다. 냉소적인 사람들은 긍정적인 사람들에 비해, 알츠하이머성 치매에 더 걸리기 쉽다는 연구결과도 있다. 이에 대한 언론 보도에 따르면, 이스턴핀란드대학 연구팀이 평균나이 71세 성인 1,449명을 대상으로 연구한 결과, 냉소적인 사람은 그렇지 않은 사람보다 치매에 걸릴 확률이 3배나 높았다고 한다. 이 결과는 고혈압, 콜레스테롤 수치, 흡연과 같이 치매에 영향을 미치는 다른 요인들을 다 고려하고 얻은 것이라고 하니까 냉소적인 성격이 돈뿐만 아니라 목숨까지 갉아먹는다는 것에 주목해야 하겠다.

사람을 믿지 못한다

사람을 신중히 살피고 조심해야 하지만 그렇다고 무턱대고 의심하고 나쁘게 보는 것은 옳지 않다. 영어 표현에 'give the benefit of the doubt'이라는 게 있다. 미심쩍은 점이 있더라도 일단 선의로 상대에게 유리한 쪽으로 믿어준다는 뜻이다. 부하직원이 병가를 냈다면, 회사를 나오지 못할 만큼 아프다고 믿거나 컨디션도 좋지 않은데 출근해봐야 같이 일하는 사람들에게 폐만 끼치고 병을 더 키우게 될 수도 있으니 하루 쉬기로 했을 것이라 좋게 생각하면 된다. 그러지 않고 '꾀병 부린다.', '정신상태가 글렀다.' '병가 내고 딴 데 놀러 갔을지도 모른다'고 생각하는 상사가 있다면, 종일 그 부하직원이 괘씸해 화가 차 있을 게 뻔하다.

냉소주의자들은 '모두 도둑놈들'이라는 강한 편견을 갖고 있다. 그래서 남이 하는 말은 일단 거짓말이라 믿는 경향이 있어서 상대방이 하는 말의 숨은 의도를 파악하거나 해석하려는 쓸데없는 짓을 한다. 근거가 없는 만큼 억측이 난무할 수밖에 없어 생사람을 잡는 경우가 허다하다.

의심을 품은 시선은 상대방을 감시하고, 잘한 일보다 잘못한 일을 찾는 데 더 집중하게 한다. 또한, 의심하며 경계하는 마음이 가득하니 겉으로 아무리 친절하고 매너 있게 행동한다 해도 따뜻한 인간미를 느끼게 하기에는 시선이 너무 차갑다.

남 잘되는 꼴을 못 본다

가까운 사람의 성공에 짐짓 쿨한 모습을 보이려 하지만 기어코 입 간질거리는 것을 참지 못하고 깎아내리기를 시작한다. "잘했다." "축하한다." 하면서도 말끝에 토를 단다. 배알이 꼬인 심사가 역력히 드러나고 그의 진심이 어디에 있는지도 드러난다. 냉소주의자들은 다른 사람이 흘린 땀과 노력, 열정과 헌신 그리고 그 자리에 오르기까지 인내하고 희생한 것들을 인정하지 않는다.

그저 그가 잘된 것은 어쩌다 운이 좋았거나, 로비를 잘했거나, 인맥이 좋았거나, 돈 많은 부모를 만났거나, 세상이 거꾸로 돌아가고 있기 때문이라고 치부해버린다. 남의 성공을 가볍게 무시할 때 잘

쓰이는 말이 '운칠기삼(運七技三)' 아닐까 싶다. 직역하자면 인생의 어떤 일에 있어 운이 7할이고 노력과 재능은 3할밖에 되지 않는다는 뜻이다. 그러니 다른 이의 성공을 그저 운이 좋았을 뿐이라고 이야기하고 싶을 때 이 용어를 많이 끌어다 쓴다. 하지만 빈정대는 사람들은 그나마 3할의 노력과 재능이 있어야 성공이 가능하다는 것과 잘나서 성공한 것이 아니라 하늘이 내려준 것이니 겸손하라는 속뜻이 있다는 것은 모르고 있다.

남의 성공을 대하는 마음 씀이 이러다 보니 다른 사람의 성공으로부터 배우는 것은 아무것도 없고 빈정거림만 남는다. "제기랄, 이놈의 더러운 세상 같으니라고!" 자신을 알아주지 않는 세상을 향해 불평불만이 입에서 떨어지지 않는다.

자신이 세상에서 가장 똑똑하다

머리는 좋은데 그 좋은 머리를 꼭 나쁜 것에 쓴다. 대체로 냉소주의자들은 머리가 좋다고 인정받는단다. 하지만 문제는 세상을 길게 보지 못한다는 점이다. 눈앞의 이익에 눈이 멀어 잘못된 결정을 내리고 순간순간 잔머리를 굴리는 데 강하다는 뜻이다. 좋은 머리가 그런 쪽으로만 발전한 것이다. 당장은 이익을 보거나 난처한 상황을 모면한 것 같기 때문에 자신이 순발력과 응용력을 갖췄다고 믿지만 그건 그냥 잔머리일 뿐이다.

'갈택이어(竭澤而漁)'라는 고사성어가 있는데, 연못의 물을 말려

물고기를 잡는다는 뜻이다. 눈앞의 이익을 위해 다가올 날을 생각하지 못하는 어리석음을 비유한 말인데, 우리가 초등학교에 들어가기도 전에 동화로 본 「황금알을 낳는 거위」와 일맥상통한다.

세상에서 가장 똑똑한 사람처럼 굴지만 모든 것을 지금 당장의 이해득실로만 판단하려 드는 경향이 강하다 보니 멀리 내다보지 못하고 결정하고 행동한다. 지금 당장은 손해 보는 것 같아 보여도 시간이 흐르면 큰 이득으로 돌아오는 것들이 세상에는 의외로 많다. 하지만 냉소주의자들은 똑똑한 척은 혼자 다 하지만 장기적인 관점으로 세상을 바라보지 못한다.

호기심은 많지만 통찰력은 없다

냉소주의자들은 지능 면에서 다른 이들보다 결코 못 하지 않다. 되레 앞서 말한 것처럼 자신이 남들보다 더 똑똑하다고 믿는 경향이 강하다. 이것저것 알고 싶어 하는 호기심도 풍부한 편이다.

하지만 문제는 무엇인가를 알아보려 할 때도 마음을 열고 좀 더 객관적인 태도로 깊숙이 진득하게 들여다보기보다는, 수박 겉핥기식으로 얕게 그리고 처음부터 선입견을 갖고 접근한다. 그리고 끝에는 "다 아는 뻔한 이야기네." 하며 치워버린다. 그러다 보니 자기 마음에 드는 내용만 자기식대로 해석해 받아들여서 이것저것 주워들은 것은 많지만 제대로 아는 것은 적고, 그나마 조각조각 이해하고 있는 것도 편향적이다. 하지만 깊은 통찰력을 얻기에는 아무래도 역

부족이다.

《성격과 사회심리학 저널》에 냉소적인 성격과 금전적 수입의 상관관계를 알아보는 흥미로운 연구결과가 실렸다. 독일에서 9년 동안 추적 조사한 연구를 통해 냉소적인 성격적 특성을 지닌 사람들을 관찰했더니 다른 성격을 지닌 사람들과 비교해서 소득이 더 낮았다는 결과를 얻었다고 한다.

이 연구를 이끈 독일 쾰른대학의 심리학자 올가 스타브로바(Olga Stavrova) 교수는 냉소적인 사람들은 사람을 믿지 못하고, 협력을 반기지 않을 뿐만 아니라 남들이 자신을 이용해 자기 몫을 빼앗아간다고 믿는 경향이 있다고 했다. 또한, 자기 자신과 재산을 신뢰할 수 없는 사람들의 빼앗음으로부터 지키기 위해 과도하리만치 예민해서 쓸데없이 에너지를 낭비할 뿐만 아니라, 협력을 통해 돈을 벌거나 자산을 불릴 기회를 놓치게 된다고 밝혔다.

냉소주의는 다른 사람의 에너지만 갉아먹는 것이 아니라, 자신의 건강과 금전적 소득에도 악영향을 미친다. 그러니 나이 들어서도, 사는 날까지 건강하게 그리고 경제적으로도 풍족하게 살고 싶다면 냉소적인 성격부터 고쳐야 한다.

말 한마디 없어도
한눈에 드러나는 인간의 밑바닥

사람은 누군가를 만나면 마주 앉은 그가 어떤 사람인지 빨리 알고 싶어 한다. 그래서 그런지 어느 시대나 사람 성격을 파악하는 나름의 방법이 존재했다.

우리 어렸을 때는 혈액형에 따라 사람의 성격이 다르다고 했다. 문방구에서 파는 수첩 뒤에는 별자리로 자신의 운세를 알아보는 방법이 적혀 있었고, 혈액형마다 제각각인 사람의 성격유형도 정리되어 있었다. 친구들과 옹기종기 모여앉아 그 수첩을 펴들고 서로의 혈액형과 성격을 맞춰가며 깔깔거리던 기억이 누구에게나 있을 거다. "너 혈액형 뭐야?"라고 묻고서는 "아, 혈액형이 그래서 네가 그랬구나?" 하는 식으로 사람 성격을 특징지었다.

그 혈액형별 성격 분류를 초간단 정리하면 이런 식이다. A형은 소심하고, O형은 화끈하며, B형은 다혈질에, AB형은 유별난 성격으로 또라이가 많다고 했다. AB형인 사람들은 많이 억울했겠다. 한발 더 나아가 혈액형에 따른 커플들의 궁합도 적혀 있었다. 독자들의 추억을 되살려 보기 위해 한가지 예를 적어보자면 이런 식이다.

B형 여자 + A형 남자 = 다툼이 잦다.

우리 부부의 혈액형을 대입해 본 것인데, 당연히 틀리다. 우리 부부는 좀처럼 다투지 않을 뿐만 아니라 무엇이든 같이하면서 낄낄대는 것을 좋아한다. 하여간 아무런 과학적 근거도 없이 이런 식이었다.

요즘엔 혈액형 대신 서로의 MBTI를 묻는다. 잘은 모르겠지만 혈액형보다는 과학적인 분석기법인 듯싶다. 그도 그럴 것이 MBTI에는 적어도 16개의 다른 성격유형이 있기 때문이다. 이 분석법에 기초한 검사를 해보니, 나는 ENFJ 선도자 유형이라고 나온다. 도출된 성격유형의 설명을 읽다 보면, 꼭 이렇게 살아야 할 것만 같은 생각이 든다.

우리 조상들이 즐겨 사용했던 방법은 아마도 관상이었을 것이다. 관상에 대해 지식이 없더라도, 우리 또한 자신의 경험치에 따라 얼굴을 보고 사람의 성격을 짚어보는 경향이 있다. '고집스럽겠는데…', '지독해서 찔러도 피 한 방울 안 나오겠는데.' 하면서 말이다. 하지만 이런 짐작은 틀리는 게 대부분이다.

그래서 처음 인상과는 달리, 어떤 사람은 시간이 지날수록 더 신뢰가 가고 끌리는 경우도 있고, 어떤 이는 처음에는 좋게 봤는데, 나중에 아주 쓰레기만도 못한 인간임을 알게 되는 일도 왕왕 있다. 이런 변수를 감안하더라도, 우리가 한 사람의 행동과 태도를 보면, 한 순간에 딱 견적이 나온다. 철저히 숨기려 해도 몸에 익은 행동과 습관이라 언제건 부지불식간에 튀어나오기 마련이고, 속내와 진실이 드러난다.

우리가 품격 있는 인생 후반전을 살기 위해 낡은 습관들을 뜯어고치려고 노력하지만, 이놈들도 생명력이 워낙 질겨서 몸 밖으로 빼내기도 어렵다. 또 빼냈다고 믿고 마음을 놓으면 부지불식간에 툭툭 튀어나와 사람을 놀라게 한다.

우리가 마주치는 그 고약한 인간들이라고 하루아침에 그렇게 되었을까? 반대로도 마찬가지다. 선하고 품격 있는 사람이 되고자 마음먹었던들 그게 뜻대로 하루아침에 이뤄진다면 아마 세상 사람 모두가 성인반열에 올랐을 거다. 그만큼 인성을 가다듬는다는 것은 참으로 힘든 일이다. 뭐 하나 거저 얻어걸리는 게 없는 것이 세상 이치라는 것을 오늘도 깨닫는다.

사람들이 우리와 말 한마디 나눠보지 않고도 우리가 어떤 사람인지 어떻게 생활하고 있는지 알 방법이 있다. 이 방법은 관상, 혈액형, MBTI보다 적중률이 훨씬 높다.

생활은 '체형'에서 나타난다

페이스북에 뜬 기사성 포스팅에서 봤던 내용인데 배우 전지현이 몸매를 유지하는 비결은 숨 쉬듯 운동하는 것이란다. 아무것도 하지 않고 퍼질러 앉아 숨만 쉰다는 '숨쉬기 운동'과 혼동하지 마시라. 숨 쉬듯 운동한다는 것은 한시도 가만있지 앉아 있지 않고 몸을 움직인다는 뜻이다. 체중관리를 잘하는 사람들은 TV도 소파에 편안히 앉아서 보지 않고 실내 자전거를 타던가 하다못해 스쿼트나 맨손체조를 하면서 본다고 한다. 칼로리를 소비하기 위해 잠깐이라도 몸을 편하게 두지 않는다는 이들의 노력이 대단하다.

유튜브에서 노후준비를 위해 재테크의 필요성을 강조하는 이른바 노후설계 전문가들을 많이 본다. 그들은 은퇴 후 안정적인 노후 생활을 위해 돈을 어떻게 모으고, 투자를 어떻게 해야 하는지 설파한다. 그래야 잘살 수 있단다. 그런데 그들의 몸을 보면, 근육은 하나 없어 앙상하기 그지없다. 운동하는 몸인지 아닌지는 가슴과 어깨만 봐도 알 수 있는데 그들의 가슴은 절벽이고, 어깨는 좁으며 팔뚝은 앙상하다. 어떤 이는 배까지 불룩 나왔다. 남성 노후설계 전문가들을 보고 하는 이야기이니까 부디 오해는 없기 바란다. 또 그분들을 폄훼할 생각도 없다. 다만 노후설계는 돈만 준비한다고 되는 것이 아니다. 그러니 너무 돈만 강조하지 말고, 보다 균형 잡힌 의견을 전해주는 것은 어떨까 하는 안타까운 마음에서 하는 말이다. 수십억 원, 수백억 원이 있다 한들 건강을 잃으면 말짱 도루묵이다. 그러니 재정적 안정만큼이나 나이 들수록 운동해서 근육을 키워야 한다. 그래야 어렵게 벌어서 모은 돈을 병원비로 날리지 않고 제대로 쓸 수 있다.

몸매와 체형을 보면 그 사람이 어떻게 생활하는지 보인다. 게으른 사람에게는 체형에 게으름이 묻어있고, 부지런한 사람에게는 탄탄하고 탄력 있어 보이는 체형이 드러난다. "열심히 살자, 부지런히 살자"는 말에는 돈뿐만 아니라 건강도 열심히 챙기자는 뜻이 포함되어 있다는 것을 잊지 말자.

인간성은 '약자에 대한 태도'에서 나타난다

몇 해 전 오랜 친구와 단교했다. 요즘도 간혹 그 친구는 인스타그램을 통해 나의 포스팅에 댓글을 쓰기도 하지만 나는 아무런 답글을 달지 않는 것으로 단교의 굳은 마음을 지키고 있다. 고등학교 친구로 한때는 죽이 맞아 붙어 다녔기도 했고 그 친구가 30대 후반에 태평양을 건너 이민하기 전까지도 서로 얼굴을 대하며 지냈다.

그 후로는 페이스북이나 인스타그램으로 서로의 근황과 의견을 나누며 지냈는데, 어느 해부터인가 그의 혐오성 발언이 하나씩 늘어가기 시작했다. 잘 모른다며 한 발을 빼면서도 힘없는 약자에 대한 적나라한 적대감을 드러냈다. 아마도 현지에서 지독히 편향적인 교회를 다니고 있는 것으로 추측되는데, 늘 하느님의 사랑과 가족의 소중함을 이야기하면서 약자들에게는 무자비하리만치 냉혹

한 글을 썼다. 죽어도 좋다, 아니 죽여야 한다는 뜻이 숨어 있는 글로 자신의 잔인성을 숨기지 않았다. 우리 자식이 귀하면 남의 자식도 귀한 법이고, 우리 가정이 소중하면 남의 가정도 소중한 게 당연한데 그는 남의 가정은 파괴해도 좋다는 식으로 이야기했다. 처음에는 글로 설득도 해보고, 논쟁도 벌여봤지만 무망한 일이었다. 결국, 나는 단교를 선택했다. 그의 온화한 미소 뒤에 숨겨진 잔인함과 이중성 때문에 도저히 그의 사진도, 그의 글도 마주할 수 없기 때문이었다.

태평양 건너에 사는 옛친구까지 갈 것도 없이 우리 주변에 약자를 함부로 대해 일어난 가슴 아픈 사고 소식을 자주 접한다. 어떤 이는 인간으로서의 치욕스러움을 견디다 못해 극단적인 행동을 하기도 하고, 또 다른 어떤 이는 마음의 깊은 병을 앓기도 한다. 콜센터, 편의점, 백화점, 버스, 택시, 아파트 경비실에서 서비스를 해야 하는 처지이기 때문에 지금도 욕설과 수모를 감내하는 분들이 있다.

우리의 인간성은 나보다 약한 사람을 어떻게 대하느냐를 기준으로 드러난다. 평상시 좋은 말, 온화한 표정, 나지막한 목소리가 진짜인지 가짜인지 그때 본모습을 드러낸다.

성격은 '얼굴'에서 나타난다

얼굴에 주름살이 많다 하더라도 많이 웃어서 생긴 주름살과 화내고 고약하게 굴어서 생긴 주름살은 천지 차이다. 많이 웃어서 생긴 주름살을 가진 사람은 여유롭고 후덕해 보일 뿐만 아니라 평화로워 보이기까지 한다. 반면 온갖 짜증으로 생긴 주름살은 보기만 해도 불쾌감이 일고 저런 사람은 피하는 게 상책이란 생각이 들게 한다. 괜히 말을 걸어봐야 쌍소리만 들을 것이 뻔하기 때문이다.

내 친구 중에 유달리 어렸을 적부터, 눈가에 주름이 짙었던 친구가 있었다. 그는 부모님을 일찍 잃어 혼자 사는 외롭고 어려운 처지였지만 꾸밈이 없었고 친구들에게도 너그러웠다. 낙천적이어서 웃음도 많았을 뿐만 아니라 자신의 어려움을 굳이 숨기려고 하지도 않았다. 20대 초반이었음에도 나는 그 친구의 얼굴과 그의 성격이 부러웠다. 나에게도 주름이 생긴다면 저렇게 꾸밈없이 밝고 자연스러웠으면 좋겠다는 생각을 해왔다.

너무 흔하게 들어 왔지만, 가슴팍에 깊이 박히는 말이 있다. "나이 40이 넘으면 자기 얼굴에 책임을 져야 한다." 다들 알다시피 미국의 링컨 대통령이 했다는 말이다. 젊었을 때야 그런가 보다 했지만 이제 얼굴에 모든 것이 숨김없이 드러나는 나이가 되었다. 책임을 져야 하는 때라는 뜻이다. 얼굴에서 드러나는 선하고 맑은 기운은 화장품을 찍어 바르고, 피부과를 정기적으로 다니며 관리를 받는다고 생기는 게 아니다. 곱게 나이 드는 비결은 마음부터 순하게 먹어버릇하는 것이다.

가난을
불러들이는 사람들

　몸속 나쁜 균들은 평상시 있는 듯 없는 듯 숨죽이며 지내다가, 숙주인 사람이 면역력이 떨어지면 그 틈을 이용해 병을 일으킨다. 그래서 '양성 보균자'는 면역력이 떨어지지 않도록 컨디션을 일정하게 유지하는 것이 중요하다. 조금이라도 컨디션이 떨어지면 균들이 활개를 쳐서 병원 신세를 져야 하기 때문이다.

　일본 작가 사쿠라가와 신이치의 책《부의 시작》에서는 나쁜 생각습관과 행동습관을 갖고 자기관리와 마음관리에 게으른 사람을 일컬어 '가난 보균자'라고 정의한다. '가난 보균자'는 지금 당장 가난해지지 않더라도 습관을 고치지 않는 한 언제고 반드시 가난에 빠질 가능성이 크다.

나이 들어 갖게 되는 이런저런 심각한 병의 대부분이 우리의 잘못된 생활습관에서 비롯되는 것처럼 우리의 가난도 상당 부분 잘못된 생활습관 때문에 일어난다. 그래서 작가는 "가난은 생활습관 질병이다. 식사습관을 바꾸고, 생활 리듬을 정돈하고, 운동하는 것으로도 컨디션이 크게 개선되는 것처럼 가난도 생활습관을 바꾸면 반드시 고칠 수 있다"[13]고 강조한다.

사람들은 자신들이 풍요롭게 살지 못하는 것에 대한 원인을 여러 곳에서 찾는다. 흙수저 논란처럼 부모에게 물려받은 것이 없어서, 좋은 학교를 나오지 못해서, 많이 배우지 못해 가방끈이 짧아서, 좋은 직장을 구하지 못해서, 지독히도 운이 없어서, 나쁜 사기꾼을 만나서 등 가난의 탓을 나 아닌 다른 것에 돌린다. 하지만 가난의 진짜 이유는 가난을 불러들이는 습관을 갖고 있는 '가난 보균자'이기 때문이다.

열심히 일하며 사는데도 경제적으로 풍요롭게 살지 못하고 미래가 불안하다면 혹시라도 '가난 보균자'는 아닌지 진지하게 살펴볼 일이다.

욕망에 눈이 멀면 패가망신한다

평생 알뜰살뜰 검소하게 살아온 분들이 말년에 한 방 노렸다가 회복할 수 없는 피해를 보고 나락으로 떨어지는 일이 있다. 이런 일을 겪은 후 남은 인생을 그야말로 지옥과도 같은 쪼들림 속에서 살아야 한다.

　사기범들 특히 수백억, 수천억 원의 막대한 피해를 일으키는 금융사기범들은 피해자의 돈을 보고 타깃으로 삼지 않는다. 그들이 힘을 쏟는 일은 사람들의 욕망을 자극하는 것이다. 멋지게 차려진 사무실로 데리고 와 빛나는 상패들을 보여주고, 명품 옷과 비싼 외제 자동차로 마음을 흔든다. 또 자신의 계좌에 입금된 돈의 액수를 보여주며 내면에 잠자고 있던 욕망에 불을 지른다. 욕망에 불이 붙으면 집을 팔아서라도 스스로 돈을 갖고 와 "제발 투자하게 해달라"고 애원하게 된다. 돈에 눈이 먼 상태가 되어 이성이 마비된 것이다.

　그래서 사기꾼들은 언제나 나이 든 사람들의 약한 고리를 건드리는 것으로 시작한다. "어휴, 아버님, 이번에 투자하시면 여생 돈 걱정 없이 편하게 사시는 것은 말할 것도 없고, 자녀분들에게도 필요할 때 목돈 척척 보태주실 수 있거든요. 자녀분들이 아버님을 얼마나 멋지게 생각할까요? 이런 기회 흔치 않습니다. 놓치면 후회하세요."

　"한 번에 크게 벌어보자, 쉽게 돈 벌 수 있다"고 욕망을 들쑤시는 사람이 있다면, 그가 바로 사기꾼이니 오랜 친구든 자식이든 친척이든 귀를 닫고 멀리해야 한다.

늘 바쁘고 시간이 없다

　우리 주변에는 역설적인 조크가 많다. "가난한 사람은 쉴 틈이 없다"는 말도 그중 하나다. 일반적으로 가난을 떠올리면 나태하고 게을러서 가난에 이르렀다고 생각하는 게 일반적이지만 사실 가난한 사람은 누구보다 부지런하고 바쁘게 살아온 사람일 수 있다. 회사생활이 너무 바빠서 운동할 틈도 없고, 책 읽을 시간도 없고, 자기계발할 시간도 없고, 자녀들과 놀아줄 시간도 없으며 자신의 미래를 돌볼 여유도 없다. 그러면서 걱정은 입에 달고 산다.

퇴직이 불과 1~2년 앞으로 다가왔고, 회사를 나와 무엇을 할지 아무런 계획이 없어 막막하다는 친구가 있다. 불안해서 잠도 잘 못잘 정도란다. 그래서 남은 1~2년 동안 퇴근 이후 시간이나 주말을 이용해서 은퇴 이후 하고 싶은 일을 배워본다던가 직접 체험해보라고 조언해주었다. 그러나 돌아온 대답은 "회사 일이 너무 바빠서 시간이 나질 않는다"는 거였다.

하지만 그의 생활을 들여다보면 은퇴 이후를 준비하는 일을 빼고는 다 하면서 지낸다. 초등학교부터 대학은 물론 입사 동기들의 모임은 빠짐없이 참석한다. 주말이면 드론이나 사진동호회 활동을 한다. 시간이 없다는 것은 핑계에 불과할 뿐 여가를 재미를 얻는 것에 쓰고 있다. 정말 걱정하고 있는 것은 맞나?

바쁘다는 게 자랑인 줄 착각하면 안 된다. 바쁘다는 것은 이제 잘살고 있다는 뜻이 아니라 일의 중요성에 따라 우선순위를 배치하지 못하고, 시간관리 능력이 부족하다는 것을 자인하는 것과 같다. 실속 없이 바쁘기만 하면 점점 더 가난해진다.

월급에 취해 산다

힘든 직장생활을 때려치우지 못하는 것은 매달 꼬박꼬박 나오는 그놈의 월급 때문이다. 그래서 혹자는 월급은 마약과도 같다고 한다. 월급 받는 맛에 취하면, 자존심 상하는 일들을 경험할 때마다 '이놈의 직장 때려치워야지.' 생각하면서도 월급쟁이 생활을 벗어날 수가 없다. 약발이 보통 센 것이 아니다.

문제 중에 가장 큰 문제는 나이 들어서 퇴출이 눈앞까지 닥쳤다는 것을 직감할 정도로 고용불안에 시달리면서도 월급 받아먹는 맛에 취해서 '나는 그래도 괜찮겠거니…', '이번에도 무사히 넘어가겠지.' 혹은 '무슨 수가 나겠지.' 하면서 혼자서 주술을 되뇌기만 할 뿐 아무런 실질적인 대책을 마련하지 않는 것이다.

"회사 안은 전쟁터이고, 회사 밖은 지옥"이라는 말이 있으니 가능하면 조금이라도 안전한, 더구나 매달 약속된 날짜에 꼬박꼬박 돈이 나오는 회사에서 밀어낼 때까지 그만두지 말고 딱 붙어있는 것이 최선일 수 있다. 그렇게 붙어 있는 동안 회사 밖 지옥 생활을 대비할 준비를 해야 하는데 직장생활에 취해버린 몸이 꿈쩍도 안 한다.

미국 남북전쟁 결과로 흑인 노예들을 풀어줘야 했다. "오늘부터 너희들이 그렇게 꿈에 그리던 자유다. 농장 밖으로 나가도 이제부터 우리는 총을 쏘지도 않고 너희들을 뒤쫓지도 않을 거야. 마음대로 가고 싶은 곳에 가서 살아라." 농장주가 노예들에게 말했다. 그런데 하루가 가고, 일주일이 가고, 한 달이 흘러도 떠나는 사람들이 거의 없었다. "밤낮으로 호시탐탐 탈출하려고 했으면서 정작 해방이 되었는데 왜 안 떠나는 거야?" 농장주가 물어봤다. "저희가 이곳을 떠난들 무엇을 하며 살겠어요. 부디 내쫓지 마시고 여기서 살게 해주세요, 주인님. 부탁드립니다." 농장주는 그 노예 시절보다 더 저렴한 비용으로 흑인들을 고용할 수 있었다.

월급 받는 맛에 취해 살면 우리는 자유를 얻고도 떠나지 못하는 '정신적 노예 상태'로 살아가는 거나 진배없다. 노예 생활을 하며 경제적으로 여유롭게 살 방법은 없다. 은퇴를 앞두고 가장 무섭고 무책임한 말은 "어떻게든 되겠지, 산 입에 거미줄 치겠어?"가 아닐까 싶다.

남들처럼 쓰고 산다

부자로 살기 싫은 사람은 이 세상에 한 명도 없을 거다. "부자들은 모두 투기, 탈세, 탈법을 일삼는 것을 밥 먹듯 하는 사람들이야. 명품을 사느라 낭비도 심하고."라며 부자를 욕하는 사람들마저도 "부자로 살게 해줄 수 있는데 부자로 살고 싶냐?"는 말을 들으면 순간의 망설임도 없이 그렇다고 대답할 게 뻔하다. 부자를 욕하는 사람들은 부를 이루기까지 부자들이 겪었던 절제, 인내, 고통에는 눈을 감는다. "부모 재산 물려받으면 누군들 부자로 못 살겠냐?"고 비아냥대기까지 한다. 그러나 금수저라 하더라도 물려받은 재산을 유지하고 더 크게 불리기 위한 노력이 있었음을 간과해서는 안 된다.

나이 들어서까지 돈에 쪼들리며 사는 사람 중에 돈 모으는 고통보다 돈 쓰는 재미가 우선인 이들이 많다. 남들처럼 쓰고 살아야 한다는 사람들이다. 반지하 월세방에 살아도 수백만 원 하는 안마의자는 갖추고 살아야 한다. 남들 다 가는 동남아 여행, 일본 여행도 정기적으로 다녀와야 한다. 임영웅 콘서트도 가봐야 한다. 취미는 골프다.

남들처럼 사고 싶은 옷 다 사 입고, 먹고 싶은 것 다 먹고, 가고 싶은 곳 다 다니면서 돈까지 모으고 싶다는 생각이야말로 욕심이다. 부자가 명품 사는 게 낭비가 아니라, 능력도 안 되는 사람이 남들처럼 다 쓰고 사는 게 과소비이고 낭비이다. 남들처럼 다 쓰고 살면 돈에 쪼들리는 게 당연하다. 부자가 되는 제1원칙은 쓰지 않고 모으는 것임을 잊어서는 안 된다. 부동산투자, 주식투자로 돈을 많이 벌었다고들 하지만 모은 돈이 없었다면 투자는 불가능한 일이다.

그때 그랬어야 했는데 후회만 남발한다

"압구정이 배밭이었을 때 땅을 사뒀어야 했는데.", "처음에 비트코인 하나에 1달러도 안 됐다는데, 아이참 그때 샀어야 했는데.", "정말 그때 그 회사로 이직했어야 했어. 누가 이렇게 될 줄 알았나." "아이참, 친구들 자격증 공부할 때 나도 같이 해서 그 자격증 땄어야 했는데 말이야."

돈에 쪼들리며 사는 사람들은 희한하게도 늘 과거형으로 말한다. 그런 말은 세상에 누가 못할까? 1970년도 테헤란로 대로변에 땅을 샀으면 지금쯤 떵떵거리며 살 게 분명하다. 말해 무엇하겠는가? 그런데 "그랬어야 했다"고 말하기를 좋아하는 사람들은 미래를 위해 지금 무엇을 하고 있는지는 이야기하지 않는다. 솔직히 하는 게 아무것도 없으면서 걱정만 많은 것이 이런 유형 사람들의 또 다른 특징이기도 하다. 또 그러다 시간 지나면 "그때 그랬어야 했다"라며 후회를 반복한다.

괜히 허무맹랑한 후회만 늘어놓을 것이 아니라 다시는 같은 후회를 하지 않도록 계획을 세우고 오늘을 열심히 살겠다고 다짐하자. 그래야 쪼들리는 생활의 악순환에서 벗어날 수 있다.

충동구매를 한다

TV로 홈쇼핑을 보고 있다가, "몇 개 남지 않았다.""대폭적인 할인이다.""이번 기회 놓치면 다음은 없다"는 식의 자극적인 호스트의 말에 벌떡 일어나 사야 할 구실을 쥐어 짜내는 사람들이 있다. 집안에서 그 이유를 찾지 못한다면 결국에는 아들딸 그것도 아니면 손주들이 좋아할 거라며 기어이 사고 만다.

그렇게 산 물건들 건네주어 봐야 "제발 이런 거 사지 말라"고 타박받지만, 다음에 또 산다.

'50% 폭탄세일', '특가이벤트', '파격세일', '반값', '무이자할부',

'1+1'… 이런 광고문구에 유독 마음이 흔들리는 분들이 많다. 이런 분들 집에 가보면 이런저런 물건은 많은데 제대로 된 쓸 만한 것은 찾아보기 힘들다.

충동구매는 실속 없는 지출을 유발해 결국 가난에 이르게 함을 명심하자.

쪼들리는 은퇴자들이
땅을 치고 후회하는 것들

은퇴 이후를 위해서는 뭐니 뭐니 해도 경제적 안정을 갖추는 것이 기본 중 기본이다. 100세 시대에 돌입했다고 언론들이 한창 기사를 쏟아낼 때, 그 화두 하나가 "100세 시대가 진정 모두에게 축복이 될 것인가?"였다. 조사결과 "10명 중 3명만이 축복을 누릴 것이고 4명은 재앙이 될 것"이라고 했다. 축복받은 30% 안에 들지 못한다면, 우리는 재앙까지는 아니더라도 생각보다 고되고 힘들게 긴긴 노후를 보내게 될 가능성이 크다.

직장생활에만 안주했다

"한 우물만 파라, 한눈팔지 말라"는 말은 성실함으로 성공에 이를 수 있다는 뜻의 금언이다. 학교 다닐 때 다른 것에 눈 돌리지 않고 공부에만 집중해야 했듯이, 사회에 나와서도 다른 것에 관심 두지 않고 오로지 회사생활만 성실하게 해야 한다고 믿는 사람이 많다. 이들은 회사가 가정인 것처럼 몰입하며 사는 산다.

그런데 이들이 50대에 이르면 회사로부터 나가라는 말을 듣는다. 정년퇴직 연령이 60세라지만 직장인의 52.9%가 50대에 쫓겨나고, 21.4%는 40대에 쫓겨나는 것이 현실이다. 무려 직장인의 74.3%가 정년 이전에 회사에서 쫓겨나고 있다. 그러니 "가족같이 생각한다"는 말은 등골까지 빼먹으면서 일 시키기 위한 입에 발린 소리다.

철석같이 믿었던 회사에서 쫓겨날 때쯤에야 비로소 자신이 성실하게 산 것이 아니라 미래에 대한 준비도 없이 안일하고 게으르게 그리고 미련하게 살았음을 깨닫는다. 하지만 늦지 않았다. 이제부터라도 다부지게 마음을 먹자. 남보다 무엇을 잘하는지, 무엇을 하며 살고 싶은지를 진지하게 고민하자. 몸으로 부딪히며 배워가면 길이 열릴 것이다.

금융공부를 전혀 하지 않았다

열렬하게 공산주의를 배격하고 멸공을 외치며 자본주의를 신봉하고 살면서도 정작 자본주의 세상이 어떻게 돌아가고 있는지를 잘 모르는 사람이 많다. 이들은 돈이 최고인 자본주의 나라에서 살기 위해 필요한 기초지식인 금융에 대한 공부를 하지 않는다. 금융문

맹인 상태로 살아간다.

이들이 주식이나 펀드, 경매 그리고 부동산투자에 열정적인 친구들과 우연히라도 합석하게 되면, 그들이 나누는 대화를 전혀 알아듣지 못한다.

합성선물이 어떻고, 해외선물이 어떻고, 요즘은 ETF가 좋네, 혼합자산펀드는 개방형으로 하면 위험하네, 퇴직연금은 DB보다 DC로 가려고 한다.

우리 말로 하는 대화인데도 낯선 금융용어가 섞여 있어 전혀 알아듣지 못한다. 무식한 티를 내기 싫어서 미소를 머금고 있거나, 짐짓 무심한 척, 이미 다 아는 척하며 핸드폰을 들여다보지만, 대화에 끼지도 못하는 자신이 한심스럽고 또 한편으로 부수입을 올리는 친구들이 부럽고 얄밉기도 하다.

전에는 이런 친구들을 보면, '돈독이 올랐다.', '별것 아닌 얄팍한 지식을 자랑하기 바쁘다'고 속으로 비아냥거렸는데 이제야 이들이 왜 그렇게 열심히 공부하고, 회사뿐만 아니라 다른 것들에도 관심을 두었는지 알고 무릎을 치게 된다.

현금흐름을 만들어 놓지 못했다

한 경제신문사가 보도한 내용에 따르면, 보통사람들이 희망하는 부부 기준 노후생활비는 평균적으로 월 300만 원 수준인데, 월급과 같이 매월 300만 원을 받을 수 있게 현금흐름을 갖추려면 자산이

유지되는 조건으로 연 4% 수익률을 기준으로 9억 원이 필요하다고 한다.

이 글을 쓰면서 하나은행 예금금리를 살펴보니, 가장 금리가 높은 정기예금이 연 3.7%(세전, 1년)이다. 현금자산을 이 예금에 넣고 매월 300만 원을 만든다고 가정하면 대략 10억 원은 있어야 한다는 계산이 나온다.

기가 찰 노릇이다. 노후생활을 위해 많지도 않은 돈, 회사 다닐 때라면 우습게 알았을 300만 원의 흐름을 만드는 데도 거액이 필요하다는 말이다. 거주하는 아파트 대출금도 못 갚았는데, 현금으로 10억 원을 손에 쥐고 있는 사람이 대체 몇 명이나 될까? 하지만 10억 원이 없다고 기죽거나 겁먹을 필요 없다.

은퇴 전문가들은 은퇴생활을 위한 재정설계를 할 때 갖고 있는 자산규모보다 매월 꼬박꼬박 들어올 수 있는 현금흐름을 만드는 게 중요하다고 말한다. 일반인들로서는 그런 재정적 흐름을 만드는 데 연금만큼 적합한 것이 없으니 국민연금과 퇴직연금 그리고 개인연금으로 3층 탑을 쌓아야 한다고 조언한다. 너무 늦었다고 포기하지 말고 지금부터 단 몇 푼이라도 현금흐름을 만들어 놓으면 그만큼 고된 생활을 덜어낼 수 있다.

건강관리에 소홀했다

"나이 들면 건강이 제일"이라는 말을 듣기도 하고 하기도 한다.

하지만 운동을 열심히 정성껏 하며 사는 사람이 생각보다 많지 않다. 거리에서 거북목으로 꾸부정하게 걷는 어른들을 너무도 흔하게 볼 수 있다.

운동만큼 중요한 것이 식습관과 생활습관을 올바르게 해나가는 것이다. 하지만 이것이 쉽지 않다. 친구 만나면 여전히 술 한잔하기 바쁘고, 젊어서부터 피운 담배는 끝내 끊지 못하고 입에 달고 산다. 그러면서 건강관리 한다며 등산을 시작으로 이런저런 운동모임에 가입하지만, 흉내 내기에 그친다. 건강에 가장 나쁜 술, 담배를 끊지 않고 건강을 강조하는 건 허튼소리에 불과하다.

일생 들어가는 이런저런 의료비의 50%가 은퇴 이후에 집중적으로 발생한다는 보고서가 있었다. 그래서 건강을 유지하는 것은 삶의 질을 높이는 것뿐만 아니라, 어렵사리 모은 은퇴자금에서 뭉텅이 돈이 빠져나가는 것을 예방하는 일이기도 하다.

자녀들에게 너무 많이 몰아줬다

한 설문조사에 의하면, 은퇴예정자 중 "노후준비를 못 하고 있다"고 답한 사람들이 40.6%, "모르겠다"라고 답한 응답자의 비율은 11.4%였다. 그리고 은퇴 이후 자신의 경제적 계층을 어떻게 예상하느냐는 질문에 무려 54%가 하위층이 될 것이라고 답했다. 은퇴예정자들의 절반 이상이 은퇴준비를 하지 못하는 상황에서 은퇴 이후 하위층 생활을 하게 될 것이라는 암담한 전망에 빠져 있다.

노후준비를 못 하는 가장 큰 이유는 젊어서는 자녀교육비로 많은 돈을 쓰고 50~60대 이르러서는 자녀 결혼자금으로 뭉칫돈을 지출하기 때문이다. 2023년 7월 말, 정부는 결혼자금에 대한 증여세 공제 한도를 현행 5,000만 원에서 1억 5,000만 원으로 높인다는 세법개정안을 발표했다. 자녀 결혼할 때 이 정도는 내놓아야 최소한의 부모 노릇을 하는 거라고 정부가 하한선을 그어놓은 것 같아 씁쓸한 부모들이 많을 듯하다.

제일 안타까운 모습은 어렵게 마련한 집 한 채가 있어 노후의 불안함을 그나마 달랠 수 있었는데, 결혼하는 자식들 집 마련해주기 위해서 그 최후의 보루를 내놓고 전세나 월세로 옮기는 부모들이다. 자식에게 미안해도 할 수 없다. 살고 있는 집만은 지키자. 인생 선배들의 후회를 반면교사 삼아 같은 실수를 반복하지 않도록 하자.

마지막 날까지
경제적 안정을 유지하는 대원칙

100세 시대, 재수 없으면 120세까지 살 수도 있다는 세상에서 인간의 품격을 유지하며 살아가기 위해서는 무엇보다 건강과 돈이 기본으로 마련되어야 한다. 둘 중 어느 것 하나 빠져도 안 된다.

당뇨, 고혈압, 심장병 등 만성병을 줄줄이 달고 병치레로 고생하거나, 가난으로 인해 겨울에 냉동고 같고, 여름에 찜통 같은 공간에 살며 최저생계비에도 미치지 못하는 돈으로 연명하는 생활을 하면서 인간으로서의 고귀함을 유지하기란 불가능하다.

사는 마지막 날까지 궁핍하게 살지 않기 위해서는 은퇴와 일에 대한 기존 생각들을 갈아엎어야 한다. 건강에 대해서는 오래 사는 것이 목표가 아니라 사는 날까지 건강하게 사는 것이 목표여야 한다. 위기를 끊임없는 변화를 통해 기회로 만들어보고자 했던 삼성 이건희 회장의 "마누라 자식 빼고 다 바꿔라"는 절박함을 지녀야 한다. 인식의 전환으로 50 이후 인생의 길을 터 나가야 하겠다.

이제 겨우 인생의 절반인 50대 언저리에 있을 뿐이다. 늙지 않았고 늦지도 않았다. 낯선 곳에 이르러 잠시 방향이 헷갈렸을 뿐 다시 헤쳐나갈 수 있다. 불길한 생각에 애태울 필요 없다.

까짓거 계속 벌면 된다

은퇴자금으로 마련한 돈이 얼마 가지도 않아 말라붙지 않을까 하는 생각은 우리를 불안하게 한다. "가난한 집 제삿날 돌아온다"라는 속담이 있듯이 갖고 있는 돈은 뻔한데 꼭 뭉칫돈 빠져나갈 일이 생기게 마련이다.

곶감 빼먹듯이 원금이 줄어드는 것을 보면 입안이 바짝바짝 타들어간다. 계획을 꼼꼼히 세우고 퇴직했다고 하지만 앞날에 어떤 일이 일어날지는 아무도 모르니 목 위로 물이 차오르는 위협감마저 느낀다.

지방에 부모님으로부터 물려받은 작은 건물과 서울에 중형 아파트를 갖고 있는 친구가 있다. 집도 있겠다, 건물주인 만큼 여유를 갖고 살아도 될 만하지 않냐는 질문에 "작은 건물은 어차피 아이들 몫으로 떼어줄 생각이라 없는 셈 친다"고 했다. "그러면 불안하지 않아?" 하고 물었는데, "까짓거 계속 벌면 되지, 뭐가 걱정이야"라고 답했다.

그는 새로운 진로를 찾는 데 진심을 바쳤다. 나라면 엄두도 내지 못했을 이른바 3D 직종의 일들에 아무 거리낌 없이 도전했다. "계속해서 버는 것도 좋지만 굳이 이렇게 험한 일까지 할 필요 있냐?"는 말에 친구는 "새로운 세계로 들어가기 위해 자신을 단련하는 중"이라며 웃어 보였다. 그는 시간을 갖고 두루두루 여러 일을 경험해본 뒤 자신에게 맞고 취업도 잘되는 직종과 관련된 자격증을 세 개 정도 취득하여 직장을 잡았다.

손에 쥐고 있는 자산만 보면 불안하지 않을 사람이 없다. '이것으로 어떡해 40~50년을 버티나?' 한심한 생각 반, 불안감 반으로 뒤섞여 만감이 교차한다. 은퇴자금은 얼마가 되었든 70 이후 꺼내쓸 요량으로 안전한 상품에 분산투자해 묻어두고 '까짓거 더 벌어 생활하면 된다'라고 담대하게 마음먹자 그러면 길이 보인다.

적게 번다고 적은 게 아니다

퇴직 이후 새로운 직장에서 받는 월급은 한창때에 비교하기 무색하게 적은 금액인 경우가 대부분이다. 가뜩이나 나이 어린 상사 밑에서 일하는 것도 속이 상하는데 월급마저 전에 받던 것에 반의반도 되질 않으니 자존감은 바닥에 떨어진다. 일자리를 찾았다는 반가움도 잠시, 바닥난 자존감에 직장생활이 재미가 없어진다. 죽지 못해 산다는 비참한 생각이 들기도 하고, 노후준비 잘해서 여유롭게 지내는 친구들을 만날 때면 자신이 너무 초라하게 느껴진다. 평생 쌓아올린 내 커리어와 학력 모든 것을 깡그리 무시해버리고, 나이를 들먹이며 사람의 가치를 반의반 토막을 쳐버리는 세상에서 살맛이 나지 않을 수도 있다.

하지만 그렇게 생각하면 안 된다. 예를 들어, 월 200만 원을 번다고 할 때 이 금액은 현금 8억 원을 은행에 놓고 3% 이자를 받으며 현금흐름을 만든 것과 같다. 이렇게 생각하면, 새 직장은 내게 200만 원이라는 쥐꼬리 만한 월급을 주는 것이 아니라 내 통장에 8억 원을 꽂아준 것과 같다. 절대 마음 상하고, 자존심 구길 금액이 아니다.

나가봐야 몇 푼 벌지도 못하는데 자존심 상해가며 일하느니 차라리 노는 게 낫다고 생각할 수도 있지만, 직장 그만두면 꼭 무엇을 하겠다는 뚜렷한 목표도 없지 않나? 밖에 나가 일하면 직장동료와 한마디라도 나눌 수 있어 좋고, 작은 것 하나라도 배워오는 게 있다. 집안에 틀어박혀 엄한 사람에게 짜증 낼 필요도 없고, 운동도 되고, 돈도 벌고, 더 나아가 새로운 기회를 만날 수도 있다. 적게 번다고 의기소침해질 필요 없다. 결코 적게 버는 게 아니다.

무슨 수를 써서라도 주담대를 털어내라

우리나라는 가계 빚이 세계 최고 수준이다. 오래전부터 위험 수준을 알리는 비상등이 켜졌지만 2023년 8월 한 달에만 5조

4,000억 원이 늘었다고 한다. 그도 그럴 것이 정부가 주택담보대출을 권장하고 있기 때문이다. 이에 호응하기 위해 주요 은행에서는 50년 만기 주택담보대출상품까지 내놓았다. 30세에 빌려도 80세 되어야 상환이 끝난다. 한번 대출을 받으면 평생 빚의 멍에를 지고 살아야 한다. 그 속박이 얼마나 무서운 건지 생각할 겨를도 없이 돈을 벌 수 있다는 기대와 환상에 젖어 대출을 받는다.

은퇴하면 월급이 사라지는 만큼 고정비용을 줄여야 한다. 그래야 월 생활비의 부담감을 덜어낼 수 있다. 그런데 주택담보대출의 원금과 이자까지 계속 갚아나가야 하는 상황이라면 그야말로 엎친 데 덮친 격이라 할 수 있다. 부동산 불패신화에 취해서 빚을 갚아가며 다시 아파트 가격이 오를 때만 기다리고 있으면 안 된다. 은퇴 전까지는 아파트 평수를 줄여서라도 빚을 털어내고 가정경제에 돈이 돌게 해야 한다. 깔고 앉아 있는 돈이 많아 봐야 소용없다. 돈이 돌지 않으면 계속 가난하게 살 수밖에 없다. 계속 돈에 쫓기면서 행복으로 충만한 노후를 꿈꾸는 것은 무망한 일이다. 조금이라도 숨통을 틔우고 여유를 누리면서 살고 싶다면 무슨 수를 써서라도 은퇴 전에는 반드시 '빚 제로(Zero)' 상태를 만들어 놓아야 한다. 그래야 인생을 성찰하며 나를 위한 삶을 살 수 있다.

배우자의 잠재성을 가볍게 여기지 마라
평생 직장생활하는 동안 숫자와 씨름만 하던 남편에게 글 쓰는 솜씨가 숨겨줘 있을 수 있다. 또 아이들 키우느라 집에서 일만 했던 아내에게 조리 있게 설명을 잘하는 재능이 있을 수도 있다. 배우자의 숨겨진 잠재성을 깎아내리고 꺾지 말고 눈여겨보고 발현할 수 있도록 기회를 만들어주고 적극적인 후원자가 되어보자.

특히 요즘같이 많은 일이 인터넷을 통해 이뤄지는 세상에서는 여성의 감성과 공감 능력이 힘을 발휘한다. 자신과 배우자의 감춰진 재능을 가볍게 여겨 가능성의 싹을 잘라내는 바보 같은 실수는 절대 하지 말아야 한다.

유튜브에서 건강 관련 정보를 제공하는 채널 〈조여사 전성시대〉를 운영하는 조재순 씨는 60대 중반의 나이다. 여기저기 병든 몸을 다독이며 10년간 일하던 마트에서 권고사직을 당한 뒤 62세이던 2018년 8월부터 유튜브 채널을 개설했다. 그리고 5년이 지난 2023년 9월 현재 그녀의 채널은 구독자 100만 명이 넘어섰다. 무직자로서 지푸라기라도 잡는 심정으로 시작한 유튜브가 그녀의 인생을 180도 바꿔놓았다. 그녀의 유튜브 채널이 처음부터 히트를 치며 승승장구했던 것이 아니다. 그녀도 자신의 채널을 어떤 주제로 특화할지 뚜렷한 계획이 없어서 별의별 주제를 다 선택해서 영상을 만들었다.

그렇게 처음 1년을 포기하지 않고 꾸준하게 영상을 만들었다. 시청률은 영상 주제에 따라 들쑥날쑥 오르락내리락했다. 하지만 간간이 올리던 건강 관련 정보 영상들이 다른 주제의 영상보다 반응이 좋다는 것을 알아차린 후부터 건강을 주제로 한 채널로 자리 잡게 되었다. 성공한 사람들이라고 해서 시작부터 완벽한 계획이 있었던 것은 아니다. 하나하나 도전하고 실패하고 수정하고 다시 도전하며 한발 한발 올라서는 것이다. 조 여사조차도 그녀 자신에게 이런 잠재력이 있는지 몰랐을 것이며, 이런 대단한 성공이 60대 후반을 바라보는 나이인 자신 앞에 펼쳐질지는 더더욱 몰랐을 것이다.

53세에 나도 한번 남들처럼 부자가 되겠다고 결심한 후 1년 6개월 만에 25억 원의 자산가로 거듭나 제2의 인생을 살고 있는《50대에 도전해서 부자되는 법》의 저자 서미숙 씨 또한 뒤늦게 자신의 잠재력을 발현한 케이스이다. 25년간 미술학원을 운영하다가 나이 든 선생님을 찾는 학생이 없어서 어쩔 수 없이 학원 문을 닫았다. 학원 사업을 접은 다음 날부터 자녀들의 대학 등록금과 생활비를 위해 찜질방 매점으로 출근하기 시작했다.[14] 그렇게 매점 아줌마로 3년간 일하는 동안 잠시의 짬을 흘려보내지 않고 재테크 책들을 독한 마음으로 섭렵했다. 손님들이 "찜질방 매점 아줌마가 무슨 책을 그렇게 열심히 읽느냐"고 냉소를 보내기도 했단다.

코로나 19로 찜질방에서조차 일할 수 없게 되자 책에서 읽은 그대로 무작정 부자들의 습관부터 재테크 방법까지 따라 하기 시작했다. 무자본 창업, 1인 기업을 시작한 것이다. 초심을 잃지 않고 꾸준히 실천해나가자 서서히 인생의 변화가 따르고 수입도 생겨났다. 생활에 활력이 되살아난 것은 말할 필요도 없다. 이런 경험을 여러 사람과 나누고 싶어 커뮤니티를 만들고, 온라인 강의도 하고, 전자책을 만들어 판매했다. 그러다 결국 본인 말대로 25억 원의 자산을 일구고 책까지 쓰는 작가가 되기에 이르렀다.

이 두 사람의 이야기를 듣다 보면 "사람 팔자 시간문제"라는 탄성이 입에서 절로 나온다. 하지만 이들의 시작은 벼랑 끝에 내몰린 상황 속에서 미약했고 순탄치 않았으며 누구도 성공을 장담할 수 없었다. 그렇기에 그녀들이 이룬 성취가 더욱 값지게 보인다. 더 놀라운 것은 이들의 성장발전은 계속 진행 중이라는 점이다.

"아니 당신이 그걸 어떻게 해? 그걸 지금 배워서 뭐에 써. 하지 마, 하지 마!" 세상 제일 바보 같은 사람이 배우자에게 하는 말이다.

선택과 집중이 필요하다

2년 전 50대 중반의 남성이 자신의 은퇴준비 이야기를 여러 사람과 공유하고 싶다며 내게 이메일을 보낸 적이 있다. 이 분은 곧 닥칠 퇴직을 대비해서 자격증 공부에 꽂혀 있었다. 자신의 표현을 그대로 옮기자면 "누구나 하는, 별 소용도 없을 듯한" 공인중개사, 주택관리사보 자격증은 이미 취득했으며, 전기기능사, 소방설비전기기사, 승강기기능사 자격증도 땄다.

이메일을 보낼 당시에는 소방설비기계기사, 산업위생관리기사, 인간공학기사, 가스기능사, 에너지관리기능사 이렇게 5종목을 연말까지 따는 것을 목표로 공부 중이라고 했다. 다른 것은 몰라도 정말로 열심히 살고 있다는 점만은 인정할 수밖에 없다. 웬만한 자제력이 없다면 퇴근 후 책상 앞에 앉아 공부하는 게 말처럼 쉽지 않다. 친구들과의 약속, 직장동료들과의 한잔, 흥미진진한 TV 드라마 등 많은 유혹을 참아내야 가능한 일이다. 자격증이 서너 개 있다고 정신상태가 해이해질까 봐 자신을 채찍질하는 글을 책상 앞에 붙이고 수험생활을 이어가고 있다니 가히 일류대를 목표로 하는 고3 수험생의 각오와 다를 바 없었다.

내친김에 기술사 자격취득도 고려 중이라는 말도 하던데 기술사 자격증은 해당 업무에 실무경험이 오래 있어야 취득이 가능한 최상위 자격증으로 실무경험이 없다면 따기도 불가능할 뿐만 아니라 땄다고 해도 써먹을 수도 없는 자격증이 되고 말 테니 잘 알아보시라고 조언해드렸다.

이 분과 대화를 이어가던 중 한 가지 의문이 생겼다. 정말 자격증을 활용해서 취업할 계획은 있는 건지 궁금했다. 퇴직 이후를 준비한다고 하지만 자신의 적성도 고려하지 않고, 취득한 자격증들이 지금 하는 일과 연계성도 전혀 없을 뿐만 아니라 구체적인 방향도 세우지 않았기 때문이다.

취득한 자격증들만 봐도 훗날을 도모하기 위해 전략적으로 취득하는 것이 아니라 그냥 '자격증 따기'가 목표가 된 것은 아닌지 의심되었다.

이 분은 '선택과 집중'을 하라는 제 조언에도 불구하고, 계속 자격증 수를 늘려가는 노력을 멈추지 않을 게 분명해 보인다. 불안한 마음을 자격증 공부로 달래고 위안하는 것이다. 그리고 이 분이 알고 있는 공부란 이렇게 점수가 매겨지는 것이다. 또 자신이 열심히 살아왔다는 증거로 자격증을 내보이고 싶을 뿐이었다.

나는 세월이 흐른 뒤 찾아오는 지인들에게 서랍을 열어 수두룩하게 쌓여있는 자격증들을 꺼내 보이며 자랑하는 그의 모습이 눈에 선하다. "나 이런 사람이야. 이렇게 열심히 살았어. 이렇게 박학다식해." 이런 것을 지적 허영심이라고 하던가.

이 분의 성실한 자세를 폄훼할 생각은 전혀 없다. 다만 취업을 목표로 한다면 자격증 취득에도 전략과 선택이 중요하다는 말씀을 드리고 싶을 뿐이다.

거지 근성으로
연명하는 사람들

　예부터 공짜라면 사족을 못 쓰고 양잿물도 서슴없이 마셔대는 사람들이 많다 보니 "공짜 좋아하면 머리가 벗겨진다"는 무시무시한 협박성 말까지 만들어졌다. 옛날이야 먹을 게 풍족하지 않던 시절이니 그렇다 치더라도 선진국 문턱을 오르락내리락하는 요즘에도 거지 근성으로 똘똘 뭉쳐 사는 이들이 있는 것을 보면 거지 근성은 꼭 가진 게 없어서 생겨나는 성품이 아닌가 보다. 거지도 아니면서 심성이 헐벗고 굶주린 사람들이 우리 주변을 배회한다. 게다가 더 큰 문제는 거지 근성이 우리 내면에도 조금씩 있다는 사실이다.

　거지 근성을 얘기할 때 가장 먼저 떠오르는 것이 얻어먹기 좋아하는 사람일 거다. 친구들 사이에는 이런 이들이 어김없이 꼭 한두 명씩 섞여 있어 고민스럽다. 거지 근성을 지닌 사람은 지근거리에서 흔히 볼 수 있는 유형이니 무엇보다 먼저 언급하고 넘어가야겠다.

사람들은 친구나 선후배 그리고 지인을 평가할 때 생각보다 작은 일로 그 사람의 됨됨이를 판단한다. 그가 차지하고 있는 사회에서의 위상, 얼마나 의미 있는 일을 하고 사는지, 연구 성과 같은 것들보다는 약속시간을 잘 지키는지, 솔직담백한지, 겸손한지, 정겹게 구는지 등 작으면 작다고 할 수 있는 것으로 그 사람을 판단하고 친소관계를 구분 짓는다. 이런 판단 기준에 들어가는 것이 또 하나 있다. 바로 밥값을 잘 내느냐 하는 거다. 밥값 잘 내는 호구를 좋아한다는 뜻이 아니다. 자기 돈 만큼이나 남의 돈도 귀하게 여길 줄 아는 사람인가가 중요하다는 말이나.

친구나 선후배 만나서 누가 돈을 얼마 냈고, 몇 번 빼먹었는지 계산하는 것은 삭막하다고 할지 모르겠다. 하지만 그게 횟수를 세고 계산하려고 해서 계산이 되는 게 아니다. 일방적으로 한 사람은 계속 밥을 사고, 상대방은 계속 얻어먹는 게 당연한 것처럼 되어버리면 자연스레 알게 된다. '이 관계가 뭐지?', '왜 나는 계속 밥값을 내고 저 친구는 왜 늘 밥을 얻어먹지?', '내가 돈을 그렇게 많이 버나?', '나를 호구로 보는 건가?' 이런 생각이 언뜻언뜻 든다.

사람이 모이면 돈이 든다. 친구들도 만나면 커피값도 들고 밥값, 술값이 당연히 든다. 좋은 일이 있어 기분 좋은 한 친구가 한턱낼 때도 있지만, 얼마가 됐든 돌아가면서 비용을 치르기도 한다. 굳이 순서를 정하지 않아도 자기 차례가 남은 것쯤은 기억하고 준비한다. 또 어떤 모임은 십시일반 돈을 거둬 비용을 치르기도 한다.

내가 아는 한 인색한 친구는 절대 자기가 쏘는 일이 없을 뿐만 아니라 십시일반 돈을 걷는 경우에도 돈을 내지 않는다. 아니 최소한 자기가 먹은 밥값 정도는 내야 하는 거 아닌가? 누가 얼마 내나 들여다보지는 않지만, 그는 학창시절부터 늘 그랬기 때문에 다들 그가 이번에도 회비조차 내지 않는다는 것을 알고 있다.

동창들 20여 명이 만나 중국집에서 탕수육, 라조기. 깐풍기 같은 요리를 먹을 때, 그는 주문한 요리가 나올 때 즈음 모임에 도착해 "저녁밥을 먹지 않았다"며 자신만 따로 삼선짜장밥이나 잡탕밥을 시켜먹는다. 모임이 2/3 정도 경과되고 음식도 바닥이 날 때 즈음 "다른 약속 있다"며 자리를 뜬다. 매번 이런 식이다. 물론 돈은 안 낸다. 이건 그래도 20여 명이나 모인 자리니 그냥 지나갈 수도 있다.

자기가 연락해서 친구 두세 명 불러내 저녁식사 자리를 마련한 때도 마찬가지다. 후다닥 자기 먹을 밥 다 먹고 나서는 다른 약속 있다며 자신이 불러낸 사람들을 남겨놓고 자리를 뜬다. 남은 사람은 어이가 없어 허탈하게 웃고 만다. 뒷담화하기도 좀스럽다. 어제오늘 그런 것도 아니고 거슬러 올라가 보면 학교 다닐 때도 그랬다. 낄 때 안 낄 때 다 꼈지만, 밥을 샀던 기억이 없다. 이 친구가 돈이 없어 이랬다면 친구들도 모두 이해했을 거다. 하지만 그와 정반대였다.

이 친구가 우리 중에서 가정형편이 제일 나은 편이었다. 무려 서울 강남하고도 청담동에 살았다. 그는 자기 옷 사는 데는 아낌없이 돈을 쓰고, 여자들에게도 맛있는 음식을 사줬으면서도 유독 친구에게 야박했다. 친하게 지내는 친구들에게조차도 인색하다 못해 눈 밖에 날 정도로 돈을 쓰지 않았다.

이렇게 40여 년이 흐른 지금, 아무도 그 친구를 욕하지는 않지만, 그 누구도 그를 모임에 부르지 않는다. 아무도 겉으로 말하지 않지만 '해도 해도 너무한다'는 생각을 모두 하고 있는 게 분명했다. 내가 지난봄 10년 만에 한국을 방문했을 때 그를 모임에 초대했지만 결국 참석하지 못했다. 이젠 친구들에게 미안해 나타나지도 못하는 신세가 된 것이다. 그렇게 사방에서 얻어먹고 다녔어도 부자가된 것도 아니다.

거지 근성을 말할 때 그 개념을 좀 더 확장하는 것이 필요하다. 나무위키를 통해 집단지성이 정리한 '거지 근성'의 의미는 다음과 같다.

의미 1: 남에게 얻어먹거나 공짜로 뭔가 받는 것을 좋아하는 기질

의미 2: 자신의 노력보다 더 큰 보상을 바라는 특성

의미 3: 뭐든지 자기의 의지 없이 남의 도움을 받는 것을 좋아하고 주체적으로 처리하지 못하는 연약함

의미 4: 남으로부터 받는 것을 당연하게 생각하고 안주면 화를 내는 기대심리

의미 5: 매사에 무언가를 할 때마다 대놓고 보상을 바라고 그 보상을 바라는 정도가 자신이 한 것보다 더 큰 수준을 바라는 욕심[15]

거지 근성의 의미를 이렇게 정리하고 보면 얻어먹고 다니지는 않는다 하더라도 우리 안에도 크고 작은 여러 종류의 거지 근성이 있을 수 있다는 것을 알 수 있다. 거지 근성의 2번 의미처럼 자신의 노력보다 더 큰 보상을 바라는 심리가 바로 그렇다.

'거저먹으려 든다'는 말이 있다. 대가나 비용을 정당하게 치르지 않고 큰 결과를 얻으려는 욕심을 낼 때 쓰는 말이다. '거저먹으려 드는 사람'은 도둑놈 심보를 갖고 있는 게 분명하다. 내가 어렸을 때 그랬다. 나는 무엇이든 지긋하게 하는 법이 없었다. 조금 해보고 실력이 늘지 않으면 금방 싫증을 내고 때려치웠다. 그래서 두루두루 조금씩 할 줄 알지만 특출나게 잘하는 게 없다.

초등학교 5학년 때 주산을 배울 때도 그랬고, 꿈을 이루기 위해 운 좋게도 방송국에서 일하는 기회를 두 번씩이나 잡았을 때도 그랬다. 초보 수준을 넘어설 수 있을 만큼의 시간을 참지 못했고, 개뿔도 없으면서 바닥부터 시작해야 하는 것을 불편해했다. 말 그대로 '듣보잡'인 나를 누가 알아서 모셔가기라도 기대했던 것인지, 한심스럽게도 허드렛일부터 하기 싫어했다. 세상 물정 모르고 거저먹으려 든 것이다.

거저먹으려 드는 사람은 남의 시간, 땀, 노력을 인정하지 않는다. 상대방도 거저먹어서 그 자리에 오르고 지금의 수준에 도달한 줄 안다. 제아무리 난다 긴다 하는 재능을 타고난 사람이라도 원석을 깎고 다듬어서 보석으로 만들기까지의 시간이 필요하다. 누구도 눈길 한번 주지 않는 고독하고 불안한 시간을 참아내며 한눈팔지 않고 몰입해야 간신히 수면 위로 올라와 사람들 눈에 띄기 시작한다. 수면 위로 올랐다 해서 정상까지 오른다는 보장도 없다. 그러니 성공한 사람은 대단하다. 칭송받고 존경받아 마땅하다.

나는 그런 인내와 끈기, 자기 확신이 없어서 돌아섰는지도 모른다. 지금은 절대 거저먹으려 들지 않는다. 세상이 호락호락하지 않다는 것을 알았고 성공의 법칙도 배웠기 때문이다.

솔직히 나만 그런 것이 아니다. 세상에는 거저먹으려 드는 사람들이 넘쳐난다. 다이어트를 며칠 하지도 않고선 몸무게가 팍 줄었기를 바라는 마음, 운동을 얼마 하지 않고서 근육이 울퉁불퉁 솟구치기를 바라는 마음, 외국어 조금 공부하고서 능통하게 말할 수 있기를 바라는 마음, 퇴직준비를 하지도 않았으면서 자신을 위한 일자리가 있기를 기대하는 마음 등은 모두 거저먹으려는 도둑놈 심보다.

공짜 좋아하지 말자. 거저먹으려 들지도 말자. 내 돈이 귀하면 남의 돈도 귀하다. 내 시간이 아까우면 남의 시간과 노력, 땀과 눈물도 소중하다. 인생 후반전에는 정당한 비용을 치르고 얻는 법을 익히자. 그게 인생 법칙이고 그래야 잠도 편히 잘 수 있다.

나를 존중하지 않는다면
그 누구도 필요 없다

고수들만 선택하는
세상 최고의 복수

살다 보면 이런저런 모진 말도 듣고, 오해도 받고, 여기저기 마음의 상처도 입고, 누군가에게 속아 손해를 보기도 한다. 더구나 가까운 사람, 믿었던 사람에게서 이런 일을 당하면 마음을 준 것에 몇 배나 더 큰 배신감과 증오 그리고 반드시 되갚아주고 싶은 마음이 가득 차게 된다. '더도 말고 덜도 말고, 너도 한번 똑같이 당하게 해주마.' 하는 복수심 말이다.

누군가를 많이 좋아하면 강렬한 에너지를 품게 된다. 좋아하는 사람이 생기면 그 사람의 사소한 말 한마디, 행동 하나하나에 온 신경이 가고, 그 사람 없을 때도 항상 그 사람을 생각하게 되고 보고 싶어진다. 생각하는 것만으로도 심장이 두근거리고, 얼굴에서 열이

나기까지 한다. 그 열기로 밤에 잠도 오지 않는다. 누구나 겪어봤을 사랑의 열병이다.

누군가를 미워하는 것도 좋아하는 것 못지않게 강렬한 에너지를 뿜어내게 한다. 심장은 벌렁거리고 울화가 치밀어 얼굴마저 울그락불그락해진다. 억울한 마음과 복수심에 잠도 오질 않는다. 누군가를 좋아할 때와 누군가를 미워할 때 외견상 비슷한 현상이 벌어지지만, 차이가 있다면 하나는 긍정의 에너지고, 다른 하나는 부정의 에너지이라는 점이다.

문제는 트라우마를 겪는 사람들은 말할 것도 없거니와 복수의 칼을 갈고 있는 사람들도 전혀 행복하지 않다는 것이다. 그러니 누군가를 미워하는 것만큼 인생에서 헛된 짓도 없지 않을까 싶다. 나 자신이 강렬한 복수심으로 1년 넘게 살아봤고, 지금도 그 트라우마에 간혹 시달리기도 하고 있으니 누구보다 복수심의 해악을 잘 알고 있다.

나도 누군가를 죽이고 싶을 정도로 복수를 생각했던 때가 있었다. 마흔을 앞두고 새로운 인생을 살고 싶은 간절한 마음에 뉴질랜드에 이민 왔을 때다. 같은 시기 우연히도 내 친구 한 명도 뉴질랜드 이민을 고려하고 있었는데, 그는 이민에이전트를 통해 사전답사도 가서 뉴질랜드 주요 도시를 돌아보며 상황을 살펴보았다. 그리고 오클랜드에 자리를 잡았다. 나는 친구와 달리 사전에 알아보는 일들을 전혀 하지 않았다. 전 직장 동료가 1년 전에 이민해서 인수하고 운영했던 점심 도시락 가게를 내놨다는 소식을 전해와서 그것을 인수하기로 했기 때문이다. 그렇게 뉴질랜드에 마음이 꽂혀 지도 한번 펴보지 않고 무작정 짐을 싸서 날아갔다.

지금 생각해도 참으로 무모하고 덜떨어진 짓을 했다 싶다. 온 가족의 운명이 달린 일을 그렇게 맹목적으로 하다니 나에게 어디서 그런 앞뒤 가리지 않는 돌진력(突進力)이 생겼는지 미스터리가 아닐 수 없다. 남들은 적어도 1년 정도의 시간을 두고 차근차근 준비하는 이민을 나는 불과 두세 달 동안 속전속결로 처리해버렸다. 물론 그렇게 하지 않았더라면, 어쩌면 지금까지 대한민국 땅에서 살고 있을 가능성이 크기는 했지만 말이다.

그렇게 이름만 들었을 뿐 어딘지도 모르는 도시에 도착해서 다음 날로 시내 한가운데 제일 번화한 쇼핑몰 중 한 곳에 조그만 점심 도시락 가게를 인수했다. 며칠 지나 알고 보니 내가 와있는 웰링턴이란 도시는 뉴질랜드의 수도였다. 처음 몇 개월은 일 배우느라 정신이 없어서 이것저것 돌아볼 틈도 없이 하라는 일에만 집중하며 지냈다. 파란 눈을 가진 사람들, 낯선 풍경, 더구나 전혀 다른 시스템으로 돌아가는 남의 나라에 와있으니 마치 지금 막 군에 입대한 신병처럼 모든 것을 어리바리하게 보면서 지냈다. 선임이 말 한마디 들으면 절대복종했던 이등병처럼 전 직장 동료이자 전 가게 주인이었던 이가 하는 말을 놓치지 않으려고 노트에 적어가며 집중했다.

시간이 좀 지나면서 얼굴 익히고 서로 도와주며 친하게 된 이웃

점포 주인들과 이런저런 대화를 하고, 여기저기 둘러볼 틈이 생기면서 아름아름 상황을 알게 되니 가게를 시세보다 너무 비싸게 샀다는 것을 깨달았다. 시세보다 적어도 두 배정도 비싼 가격에 인수했다. 장사는 꽤 잘되는 가게였으나 그렇게까지 높은 가격으로 팔 정도는 아니었다. 그때 배신감은 태어나 처음 느껴본 것이었는데, 그만큼 충격도 컸다.

전 주인을 붙잡고 설득도 해보고 사정도 해봤지만, 요지부동 매매가격이 비쌌다는 것을 인정하지도 않았고 안면을 바꿔 전혀 다른 사람처럼 행동했다. 해외 나가면 같은 한국 사람을 조심하라는 말이 있는데, 내게 그런 일이 일어날지는 꿈에도 생각 못 했다. 그 이후부터 매일 밤 악몽에 시달렸고, 너무 속이 상해서 새벽이면 꼭 깨어나 한숨을 쉬며 자책하는 나날을 보냈다.

전 주인으로부터 돈을 받아내는 것은 글렀고 자책과 함께 강한 복수심이 일었다. 뻔뻔한 놈을 어떻게든 혼내주고, 고통스럽게 만들어 나를 속인 것에 대해 땅을 치고 후회하게 만들고 싶은 마음에 일하면서도, 밥을 먹으면서도 내내 복수심에 사로잡혀 지냈다. 복수할 일을 상상하다 보니, 결국 사람이 죽든 말든 한밤에 찾아가 그의 집에 불을 지르고 싶기까지 했다. 마음속으로 언제 찾아가 어떻게 불을 지르고 어떤 길로 도주해야 나중에 내가 불을 지른 범인이 아니라는 알리바이를 입증할 수 있는지 생각하고 또 생각했다.

그러던 중 어느 날 오전, 그날의 장사준비를 마치고 쇼핑몰을 나와 길 건너 잔디밭에 햇볕을 쬐며 앉아있다가 문득 깨달았다. 내가 강한 살의(殺意)로 가득 찼다는 사실이다. 이렇게 매일매일 복수심에 사로잡혀 불을 질러 사람마저 죽이는 생각을 하며 지내다가는 그놈의 집에 불을 지르기도 전에 나부터 죽겠다는 생각도 들었다. 가족들과 행복하게 살아보자고 이민했지만, 행복하기는커녕 지옥에서 사는 내 모습을 발견한 것이다. 그 순간부터 내 마음을 황폐하게 만들어온 복수심을 지우기로 했다. 쉽지 않은 일이지만 그래야 가족들과 이곳에 온 취지대로 웃으며 살 수 있겠다는 생각이 들었기 때문이다.

이런 과정을 겪었기에 누구보다 복수의 칼을 갈며 오늘 하루도 절치부심(切齒腐心)하는 사람들의 심정을 이해한다. 복수심은 인간이 가지는 흔한 감정 중 하나이다. 내게 상처를 준 사람에게 화가 나고, 미워죽겠고 지금 이 아픔과 상처를 되갚아주겠다는 생각은 동서고금을 막론하고 누구라도 가질 수 있고 또 이해할 수 있는 감정이다.

하지만 복수심을 잘못 발휘했다가 자신의 인생 전체가 걷잡을 수 없는 수렁에 빠지는 경우를 우리 주변에서 흔하게 볼 수 있다. 미국의 한 연구결과, 살인의 20%, 학교에서 일어나는 총기사고의 60%가 삐뚤어진 복수심 때문이라고 한다. 이런 어처구니없는 복수는 한국에서도 볼 수 있다. 숨어 사는 이혼한 아내를 찾아가 살해한 남편도 있었고, 자신의 연정을 알아주지 않고 만나주지도 않았던 전 직장 동료를 쫓아가 살해한 사람도 있었다. 너 죽고 나 죽자는 식의 복수는 더 큰 문제를 불러와서 결국 자신의 인생 전체를 망가뜨리는 안타까운 결론으로 끝맺기 일쑤다. 하수들이나 이런 복수를 한다. 고수들이 선택하는 세상 최고의 통렬한 복수 방법은 따로 있다.

통렬한 복수 방법을 논하기에 앞서 왜 복수심에 불타는 마음으로 살아가는 것이 부질없는지 하나하나 짚어봐야 한다.

내 마음이 지옥이다

지옥에 가서 고통받아야 할 자는 그 사람인데 누군가를 미워하고 증오해서 복수의 칼날을 갈게 되면 지옥을 사는 사람은 정작 자신이 되고 만다. 누군가를 미워하며 산다는 것은 부정적인 에너지를 품고 사는 것이다. 내 마음속에서 긍정 에너지가 아니라 부정적인 에너지가 활활 타오르고 있는데 마음이 천국일 리 없다. 그러니 미워서 죽을 것 같은 상대방을 지옥에 보내기는커녕, 자신이 지옥의 불구덩이 속에 묻혀 살아가게 된다.

말끝마다 누군가를 원망하는 얘기를 하는 사람의 얼굴을 보면 맑고 깨끗한 모습을 찾아볼 수 없는 이유도 여기에 있다. 한결같이 어둡고, 눈매는 올라가 사나워져 있고, 독기가 바짝 올라 있다. 지옥에서 사는 사람이 표정이 고울 리 없다. 잊지 말자, 누군가를 미워하면서 살다 보면 제일 힘들고 망가지는 것은 바로 내 자신이다.

늘 피곤하고 할 일을 못 한다

미워하는 마음이 가득하면 그 기운에 자신마저 압도되어 늘 피곤하기 일쑤다. 일상에서 전혀 생기를 느낄 수가 없다. 진이 빠진다고 하는 표현이 있는데 바로 그것이다. 낮시간은 물론이고 잠자리에 들어서도 이 년놈들에게 어떻게 되갚아줄까 하는 생각을 하게 되고, 눈을 감으면 이런저런 장면들이 생생하게 떠오르니 잠들기도 쉽지 않다. 어렵사리 잠든다 해도 꿈속에서 이 년놈들을 잡았다, 묶었다, 어디로 끌고 갔다가 하며 잠자리가 사납기 그지없다. 이러니 아침에 일어나도 눈은 뻑뻑하고 머리는 개운하지 않다.

감사한 마음으로 잠자리에 들고, 아침에 기쁜 마음으로 눈을 떠야 하는데 잠들기도 어렵고, 깊은 잠을 잘 수가 없으니 늘 멍하고 기운이 없는 게 당연하다. 좋은 생각만으로 하루를 보내도 행복해질까 말까 한 인생인데 마음 한가운데 증오와 복수심을 심어놓고 미움으로 가득 찬 어두운 생각만 하고 사니 몸과 마음이 시들고 피폐해져만 간다. 더욱 큰 문제는 이렇게 늘 피곤하다 보니 자신의 일에 집중할 수 없다는 거다. 과거의 족쇄에 발목 잡힌 사람들의 전형적인 생활에 빠져든 것이다.

정답은 내가 행복해지는 것이다

가장 속 뒤집어지는 일은 천벌을 받아도 벌써 받고도 남을 상대방이 나에게 상처를 준 일조차 까마득히 잊은 지 오래고 편히 잠도 잘 자고 아주 잘 살아가는 것이다. 그런데 누군가를 미워하면서 세월만 죽이는 사람들은 무엇보다 자기가 잘되고 행복해지는 것이 세상 최고의 복수라는 사실을 모른다.

우리가 복수한다고 해봐야, 사실 뭘 할 수 있을까? 사기를 당했으니 똑같이 사기를 칠 수도 없고, 마음에 상처를 입었으니 똑같이 상처를 줄 수도 없다. 기껏 해봐야 고작 면전에 대고 욕 몇 마디 하는 것일 텐데 그것도 하지도 못하면서, 또 해봐야 변하는 것은 아무것도 없다는 것을 알면서도 마음을 끓이고 산다.

진짜로 통렬하게 복수하고 싶다면 무지무지 행복하게 잘살면 된다. 그 천벌을 받아야 될 년놈들이 우연히라도 다시 우리를 봤을 때, 깜짝 놀라서 머리를 숙이고 들어올 정도로 우리 자신을 성장시키면 된다. 그렇게 되면, 사과하지 말라고 해도 스스로 머리 조아리고 "미안하다 잘못했다." 하게 된다. 물론 정말로 진심으로 우러나와 사과하는 것은 아닐 수도 있다. 뭔가 또 뜯어먹을 게 있을까 싶어서 그럴 수도 있다. 그때부터 진짜 복수의 시간이 시작된다. 그리고 그때가 되면 복수라는 것조차도 정말로 하찮은 것으로 보이게 될 게 분명하다.

그러니까 복수하고 싶으시다면 무조건 나부터 잘되고 봐야 한다. 나 자신부터 행복해져야 한다. 그게 최고의 복수다. 그러려면 미움이나 증오를 한 자락이라도 마음에 품고 있으면 안 된다. 그러기 위해 내가 선택했던 복수심을 털어냈던 방법을 소개해보고자 한다.

미래에 집중한다

복수하겠다는 사람들은 대개 자신이 당했던 그때를 곱씹고 또 곱씹다 못해 그때의 기억에서 벗어나지 못하는 경우가 대부분이다. 언제고 복수를 해야 할 테니 잊지 말자는 차원이 아니라, 아예 상처 입었던 과거에 파묻혀 상대를 저주하며 무력하게 당할 수밖에 없었던 자신을 미워하고 학대한다.

그 결과 일상생활이 불가능할 정도로 정신적으로 황폐해져 스스로 망가뜨리며 살아간다. 고수는 이러지 않는다. 고수는 잊지는 않되 과거에 묻혀 지내는 것이 아니라 미래에 집중한다. 더 높은 단계로의 성장을 위해 미래를 내다보고 절실하게 노력한다. 왜냐면 잘되는 것이야말로 진정한 복수이기 때문이다.

인생에 책임지는 자세를 갖는다

가해자는 우리를 깔보고 무시하고 속이며 하찮게 여겼다. 폭력을 휘두르기도 했고, 돈을 뜯어가기도 했으며 선한 마음을 이용해 먹기도 했다. 그러면서도 자신이 보호해준다고 말하기까지 했다. 자신이 아니면 누가 이런 선하고 약한 사람을 지켜줄 수 있겠냐고도 말했다. 혼자서는 아무것도 못 하니 당하고 사는 게 당연하다는, 가해자가 씌어놓은 프레임에서 빠져나와야 한다. 가해자를 머리에서 지우고, 오직 자신만을 생각하며 일상을 회복함으로써 가해자의 말이 틀렸다는 것을 우리 스스로 입증해야 한다.

대개 가해자들은 피해자의 존재를 기억하기는커녕 자신이 했던 행동들도 다 잊고 천연덕스럽게 잘살고 있다.

"그놈만 만나지 않았다면, 돈을 잃지 않았을 텐데…."

"너희 아빠를 만나지 않았다면, 내 인생도 망가지지 않았을 텐데…."

"좋은 부모를 만났다면, 지금 나도 멋진 인생을 살 텐데…."

자신은 자기 인생에 책임을 지지 않으면서, 지금의 불행을 남 탓으로 돌리는 것은 하수들이나 하는 짓이다. 왜냐면 그게 제일 쉬운 일이기 때문이다. 시원하게 그리고 아주 통렬하게 화장실에서 쾌변을 보고 나온 것 같은 기분을 느낄 수 있는 복수를 하는 방법은 자기 인생에 책임을 지고 일상을 회복하는 것이다. 그래서 "그럼에도 불구하고… 내 인생은 한 차원 더 높게 성장할 수 있었다"고 말할 수 있어야 한다.

고맙다고 생각한다

그놈 때문에 내 인생이 망가졌다고 말하는 것이 아니라, 그 일 때문에 내가 더 성숙해지고 책임감이 높아졌고 더 열심히 살 수 있어서 이렇게 행복해지고 성공할 수 있었다고 말할 수 있어야 통렬한 복수를 날리는 거다.

한 시청자가 나의 영상을 보고 올린 짧은 글이다. "저희 엄마는 아빠로부터 폭행을 당했습니다. 지금은 이혼하셨지만, 엄마는 아빠에게 고맙다고 저희 형제들에게 계속 말씀해주셨습니다. 아빠 덕분에 우리가 생겼고, 아빠로부터 폭행을 당할 때는 마음이 약해서 맞고만 있었지만, 그 아픔으로 인해서 엄마는 더 단단해질 수 있었다고 하셨습니다. 엄마는 과거로 돌아가도 아빠와 결혼할 것이라고 했습니다. 저희 형제는 그런 엄마를 꼬옥 안아드렸습니다. 저희 엄마는 어린 제가 보더라도 이혼 이후 많이 달라지셨습니다. 지금도 노력하시며 계속 성장하고 계십니다. 가정주부였던 엄마는 이혼 후 지금은 요리전문가이자 요리학원장으로 책도 내고 학생들을 가르치며 바쁘게 사십니다. 아무것도 못 한다며 면박만 주던 아빠에게 최고의 복수를 하셨어요."

아픈 상처가 있음에도 그 상처에 매몰되지 않고 자신의 인생에 책임을 지는 사람, 앞으로 계속 전진하고자 하는 사람, 과거에 사로잡히지 않고 미래에 집중하는 사람들에겐 세상 최고의 통렬한 복수를 할 기회뿐만 아니라, 성공, 행복, 자유를 얻을 기회도 함께 열린다. 그럴 때만이 가해자들이 우리에게서 뺏어간 힘을 되찾아 올 수 있다. 최고의 복수는 가해자들이 했던 대로 똑같은 짓을 하는 것이 아니라 더 단단하고, 더 나은 사람으로 성장하는 일이다. 그 길을 택하는 사람이 바로 고수이다. 철천지원수에게 복수하고 싶은가? 그렇다면 아주아주 행복하게 잘 사시라. 그게 세상 최고의 복수다.

내게 상처 주는 사람은
버려도 괜찮다

인간관계에서 가장 아프게 상처를 주는 사람은 늘 언제나 가까운 사람이거나 매일 봐야 하는 사람이라는 사실은 참으로 가혹하다. 그래서 관계를 끊기도 힘들고 피할 수도 없다. 사람들이 "이 무슨 운명의 장난이란 말입니까?"라고 하며 하늘에 하소연하지만, 하늘의 뜻이 좀 심하다는 생각이 든다.

나 자신이 상대를 귀하게 그리고 중요하게 여기는 만큼 상대도 그렇게 대해주면 좋으련만 사람 마음이 다 내 마음 같지 않다. 잘해주고 친절하게 대해주면 그런 귀한 대접을 당연하게 받아들이고 머리 위에 올라타려고까지 하는 게 세상인심이다.

혈연, 애정, 금전이나 이익에 얽히고설켜서 이젠 그만 보고 싶지만 볼 수밖에 없는 사람들이 있다. 배우자, 자식, 부모, 친구, 애인 그리고 직장상사나 동료들이 이런 사람들이다. 그러고 보면 결국 인생을 잘산다는 것은 이들과의 관계를 얼마나 원만하게 잘 이끌어 가느냐에 달린 것이 아닐까 하는 생각마저 든다.

인간관계는 한쪽의 일방적인 희생이나 사랑으로 유지될 수 없다. 또 그래서도 안 된다. 할 만큼 했는데도 바로잡아지지 않는 관계라면, 얼굴만 보면 못 잡아먹어서 안달 난 관계라면 이제 그만 버려도 괜찮다. 사정을 모르는 사람들이야 "어떻게 그럴 수 있느냐"며 입방정을 떨 수도 있겠지만 그런 것은 전혀 신경 쓰지 않아도 된다. 상처는 내가 입지, 입방정 놓는 자신들이 입는 게 아니지 않은가? 내가 무엇을 하든 언제나 그런 사람들은 있기 마련이니 무시하는 것이 정신건강에 좋다.

확실한 경계선을 긋지 않으면 넘어온다

냉철하게 따지고 보면 서로의 관계가 이렇게 된 데는 둘 사이에 확실한 경계선이 없었기 때문일 수 있다. 애초부터 넘나들어도 된다고 문을 활짝 열어놓은 꼴이다. 처음부터 선을 분명하게 긋고 그 선을 넘었을 때 강하게 대처했더라면 상대도 절대 그 선만은 넘지 않으려고 조심했을 것이다.

예를 들어 부부가 싸웠을 때, 처음으로 배우자가 쌍욕을 했다거나 처음으로 폭력을 휘둘렀을 경우 그때 강하게 대처해야 한다고 전문가들이 조언한다. 아무리 감정이 격해졌다 해도 배우자에게 욕을 하거나 폭력을 휘두르면 안 된다. 그렇지만 그런 일이 일어났다면 확실히 대처해야 한다. "미안하다"는 말 몇 마디로 화해가 이루어지고 "다음부터는 그러지 말라"는 선에서 상황이 봉합되면 그것은 폭력을 휘두른 배우자에게 이 정도는 허용된다는 신호를 주는 것과 같다. 단호하게 대처해야 한다. 다시 한번 폭력을 휘두르면 인정사정없다. 감옥에 가거나 전과자가 될 수도 있다고 확실하게 알게 해줘야 한다.

자신이 정한 경계선은 언제나 같은 자리에 있어야 한다. 기분에 따라 어제는 경계선이 앞으로 왔다가, 오늘은 뒤로 저만치 물러가 있으면 안 된다. 언제나 그리고 누구에게나 같아야 한다. 그 누구도 예외일 수 없다. 자신을 지키고 싶다면 단호해져야 한다.

가까우면 귀한 줄 모른다. 거리를 벌려라

명절 때나 가끔 얼굴을 비추는 깍쟁이 둘째 며느리는 예뻐하고 잘해주면서 정작 애쓰면서 모시고 사는 맏며느리는 험담하고 단점 들춰서 흉보기 일쑤여서 착한 며느리는 속이 상한다. 이게 꼭 며느리들에게만 해당하는 것이 아니라 배우자, 부모 자식 관계에서도 마찬가지다. 사람 귀한 줄 모르니 함부로 대한다. 이래도 저래도 언제나 바보처럼 항상 잘해주니까 자기들이 무엇을 잘못 한지를 모른다. 그래도 되는 줄 안다. 그렇게 해도 상대는 예의를 지킬 것이고 말 한

마디도 못 하고 착하게 굴 것이기 때문이다. 완전히 호구 잡힌 거다.

관계를 끊네, 마네 고민할 필요 없다. 더 쉬운 방법이 있기 때문이다. 거리를 벌리면 된다. 둘째 며느리처럼 가끔 얼굴 내비치며 귀한 대접을 받으면 된다. 둘째 며느리에게 잘해주는 이유는 서운하게 대했다가는 그나마 이렇게 한두 번 오는 것마저 없어질 수도 있기 때문이다.

사람 귀한 줄 알게 해줘야 한다. 나를 우습게 알고 함부로 대하면 관계를 끊을 수도 있는 다부진 마음도 속에 있다는 것을 알게 해야 한다. 잘했네, 잘못 했네, 목에 핏대 세우고 울며불며 싸울 필요도 없다. 그냥 거리를 벌리는 것으로 의지를 보여주면 된다.

부모님이나 형제자매들과도 마찬가지다. "천륜이니 어쩔 수 없네." 이러면서 당하고 살지 말고, 불편하면 거리를 둬서 마주치는 시간이나 횟수를 줄이는 것도 한 방법이다. 없어 봐야 귀한 줄 안다. 불손한 것은 그들 탓이지만 깨닫게 해주는 것은 내 몫이다.

헤어지는 것도 한 방법이다

누군가와 헤어진다는 것이 꼭 실패를 의미하는 것만이 아니다. 요즘 방송을 보면 이혼한 게 무슨 훈장이라도 받은 것처럼 거침없이 얘기하는 시대가 됐음을 알 수 있다. 이혼한 사람을 자기 인생을 위해 힘든 결정을 내린 멋진 사람으로 칭송하기까지 한다. 틀린 얘기는 아니다.

하지만 이별에도 준비가 필요하다. 제일 어리석은 이별은 준비 없이 홧김에 하는 이별이다. 그렇게 홧김에 헤어지면 가장 큰 피해자는 자신이 되고 만다. 너무너무 화가 나서 헤어지자고 말한 자신조차도 아무런 준비가 되지 않기는 마찬가지니 말이다.

이별은 상대와의 이별도 있지만, 자신의 일부와도 헤어지는 것도 있다. 관계가 이 지경이 될 때까지 상대방에게만 모든 책임이 있을 리 만무하다. 자신도 책임이 있다는 것을 인정하고, 자신을 좀 더 객관적으로 들여다볼 수 있어야 한다. 자신의 잘못이나 실수도 인정해야 한다. 그래야만 자신의 나쁜 습관, 행동, 실수들을 고칠 수 있고 이별을 통해서 더 나은 사람으로 성장하고, 더 나은 삶을 살 수 있게 된다.

결혼과 이혼을 반복해서 한 번도 아니고 두 번 세 번 하는 사람들이 흔치 않게 있다. 이별에서 배운 것이 없기 때문에 새로운 사람을 만나도 똑같은 습관과 행동을 하게 된다. 그리고 새로운 만남에서도 같은 문제가 일어난다. 이런 사람들은 "그놈이 그놈이고 그년이 그년이다"라는 말을 자주 한다. 그럴 리 없다. 누구를 만나던 변함없이 행동하니까 관계가 그 지경이 된 것이다. 헤어지기로 마음먹었다면 그 아픈 경험에서 교훈을 얻어야 한다.

좋은 추억까지 버릴 필요는 없다

물론 정말로 지긋지긋하고 정나미가 다 떨어진 상태였기에 헤어졌겠지만 그렇다고 상대방과 보낸 모든 시간, 좋았던 추억 그리고 상대방의 긍정적인 면까지 깡그리 부정적으로 생각할 필요까지는 없다. 그렇게 되면 상대방과 함께했던 자신조차 초라해지고 미워지고 더 나아가서는 자책하고 부정하게 될 수도 있다. 자신을 불쌍하고 가엾게 만들어 좋을 일 하나 없다.

배우자랑 헤어졌다고 다 큰 자식들 앞에서, "네 아빠는~", "네 엄마는~"이라고 시작해서 끝도 없이 흉보고 욕하는 사람들이 많다. 자식 입장에서 그것만큼 안돼 보이고 듣기 싫은 소리도 없다. 둘 사이는 끝났지만, 자식들에게는 여전히 그분이 아버지고, 어머니인데도 잔인하게 적으로 만들어 자기편에 세우려 한다.

인연을 끊은 사람의 얼굴을 굳이 떠올릴 일도 없지만 무의식중에 혹시라도 떠오른다면 증오심과 같은 부정적인 감정에 휩싸이지 않도록 해야 한다. 그와도 좋은 시절이 있었으니 무덤덤하게 '딱한 사람' 정도로 여기며 지나가면 충분하다. 이를 갈아봐야 내게 좋을 거 하나 없다.

감정에 휩쓸리지 말고 중심을 잡아야 정리된다

누구나 그만 보자고 마음먹기 전까지 상대와의 관계를 개선해보려고 무던히 노력한다. 얼러보기도 하고 때로는 아양도 떨어보고, 협박도 하고 겁도 주기도 하면서 사이를 좋게 해볼 방법을 총동원한다. 이런 노력에도 좋아지기는커녕 더 큰 상처를 입으면 관계를 정리하는 수순에 들어가게 된다. 관계를 정리하기로 마음먹는 순간, '결국 이렇게 되고 말 관계'인데 바꿔보겠다고 노력했던 것이 허탈해진다. 앓던 이를 뽑은 것처럼 시원하기도 하고, '이젠 정말 혼자구나.' 하는 생각에 쓸쓸해지기도 한다. 더 빨리 결정하지 못한 무딘 성격을 자책하기도 하고 마음조차 알아주지 않는 못된 상대를 원망하기도 한다. 그야말로 여러 복잡미묘한 감정이 한 번에 몰아친다. 그 다양한 감정에 따라 기분도 들쑥날쑥 자신조차 종잡을 수 없다. 좋았다가 갑자기 슬퍼지기도 하고, 희망에 부풀다가도 좌절감에 압도당하기도 한다.

알코올, 니코틴, 커피, 설탕 그리고 약물에 중독되었다가 멈추면 여러 증상이 나타나는 것을 금단현상이라고 부른다. 게임중독, 쇼핑중독과 같이 습관적인 행동에도 중독이 있다. 핸드폰을 손에서 내려놓으면 왠지 불안해지는 것처럼 말이다. 관계에도 중독이 있다. 그러니 관계가 정리되면 일정 기간 금단현상이 일어난다. 헤어짐 이후 온갖 감정들이 동시에 몰려오는 것은 바로 독성이 있는 관계의 단절에서 오는 금단현상이다.

중독에서 벗어나기 위해서는 금단현상이 일어나는 시기를 슬기롭게 넘겨야 한다. 끊겠다고 해서 끊어지는 게 아니라 금단현상을 이겨내야 끊게 되는 것이다. 영화를 보면 도박을 끊겠다고 팔까지 자른 사람이 나온다. 그런데 결국 그는 의수를 낀 채로 화투장을 잡고 있다. 금단현상을 이겨내지 못하면 팔을 잘라도 소용없다. 그만 큰 독성이 강하다.

관계단절의 금단현상을 겪으면서 절대 해서는 안 되는 것이 있는데 감정정리도 되기 전에 새 사람을 만나는 것이다. 이별하고 나서 외로움을 이겨내지 못하고 새 사람을 만났다가 더 큰 불행 속에 빠져드는 사람들이 이런 케이스이다. 이는 자존감이 낮아진 상태에서 빨리 누군가에게 의존하고 싶은 마음에 새 사람을 만났기 때문이다. 자신을 어느 영화 속 비련의 주인공으로 착각하지 말자. 외로움을 극복하지 못하면 새로운 사랑도, 꿈꾸는 행복도 없다.

인생의 새 지평이 펼쳐진다. 즐겨라

이별은 더는 함께 못 살아서 하는 것이 아니라 앞으로 더 잘살 수 있는 자신감과 계획 그리고 미래가 있을 때 하는 거다. 그러려면 앞서 이야기한 것처럼 이별준비도 철저히 해야 하고 바닥을 치고 있는 자존감도 회복해야 하고 혼자 살아갈 수 있는 능력도 키워놔야 한다. 이것을 할 능력이 없다면 아직 이별의 때가 아닐 수도 있다.

철저히 준비된 이별의 끝에는 새 지평이 기다리고 있다. 유튜브 쇼츠에서 60대 중반의 여성이 '내 인생에서 절대 후회하지 않는 세 가지'를 이야기하는 것을 봤다. 첫 번째는 나쁜 결혼생활을 정리하고 싱글이 된 것. 두 번째는 이혼을 한 후 여행을 다니는 것. 그녀는 지금도 세계 여행 중이다. 세 번째는 50대에 회사를 때려치운 것이라고 했다. 1분도 안 되는 짧은 영상이었지만 그녀의 홀가분함이 충분히 느껴졌다. 상처 주는 사람들에서 벗어나지 못하는 이유는 혼자서 잘살 수 있을까 하는 걱정이 대부분이다. 걱정 마시라. 상처 주는 사람들을 끊어낸다고 혼자 되는 거 아니다. 세상에는 좋은 사람들이 더 많을 뿐만 아니라 혼자서도 즐길 수 있는 것들이 무궁무진하다. 그러니 눈앞에 상상 이상의 새로운 지평이 기다리고 있다는 것만 기억하면 된다.

참고 산다고 잘사는 인생도 아닐뿐더러 누구 하나 알아주지도 않는다. 또 알아준들 그게 무슨 소용이 있기나 한 것도 아니다. 한 번 사는 인생 귀하게 존중받고 사랑받고 이해받고 사는 것만큼 복된 것도 없다. 인간관계도 집과 같아서 정기적으로 정리를 해줘야 한다. 그러니 나를 아프게 하는 사람이 있다면 지금까지 할 만큼 했으니까 버려도 괜찮다. 그동안 참느라 너무 수고했다.

50대를 갈아 넣는다고
60대가 행복해지지 않는다

수도권에서 조그마한 햄버거 가게를 운영해 성공한 인물에 관한 이야기를 읽은 적이 있다. 젊어서 노점에서 옷가게를 시작한 부부는 "첫 아이도 생겼으니 이제 우리도 가게를 열자"는 아내의 의견을 따라 햄버거 가게를 열었다. 자신이 좋아하는 햄버거를 택해 자기 입맛에 딱 맞는 햄버거를 만들어 팔았는데 주변에 대기업 공장도 서너 개 있다 보니 주문이 밀려들었다. 말 그대로 대박을 쳤다. 좋은 식재료를 아낌없이 넣어 맛은 기본이고, 가격도 웬만한 수제 햄버거의 1/3에도 못 미쳐서 가성비를 크게 따지는 요즘 손님들의 사랑을 받는 것이 당연했다.

모두가 고급제품의 이미지를 가지기 위해 비싼 가격의 프리미엄 전략을 쓸 때, 이 햄버거집은 반대로 박리다매 전략을 쓴 것인데 이게 맞아떨어진 것이다. 봄가을 인근 대기업 공장에서 행사가 열릴 때는 하루에 3,000개까지 주문이 몰려들기도 한다. 그렇게 돈이 들어올 때마다 이들은 가난의 설움을 날려버리기로 작정이라도 한 듯 주변의 건물들을 하나둘씩 사기 시작해서 지금은 4~5층 건물 서너 개를 소유한 어엿한 건물주가 되었다. 찜통 같던 여름에도 하루도 쉬지 않고 가게 문을 열었다. 그해만 이런 것이 아니었다. 그들은 신혼여행도 가보지 못했을 뿐만 아니라 지금껏 남들 다 가는 제주도 여행 한번 가보지 못했다. 두 자녀가 태어나 성인이 되기까지 나들이 한번 제대로 가본 적이 없었다. 이 부부는 이렇게 20여 년이란 세월을 하루도 쉬지 않고 비가 오나 눈이 오나 2평 남짓한 햄버거 가게 주방 안에서 보냈다.

"여행은 언제 한번 가시겠냐?"는 물음에 50대 초반인 그는 허허 웃으며 "여행보다 돈 버는 것이 재밌다"는 말 한마디를 내놓는다. 이 정도로 사업과 재산을 일구었으면 이제는 모두 휴가를 떠나는 비성수기에 맞춰 부부가 여름휴가 한번 다녀오고, 일주일에 하루는 쉬는 것도 좋지 않겠냐는 질문에 "한 번 쉬면 더 쉬고 싶고, 여행 한 번 다녀오면 또 가고 싶은 게 사람 마음이라 풀어지면 안 된다"며 단호히 선을 긋는다. 그는 하루라도 쉬는 것은 사치이고 나태함으로 이어지는 구실이라 생각하는 듯싶다. 물론 장사든 사업이든 "물 들어올 때 노 저어야 한다"지만 그들이 놓치고 있는 더 소중한 것이 있어 안타까운 마음이 일었다.

그의 이야기를 들으며 건물주라는 사람도 저렇게 초심을 잃지 않고 항상심으로 성실하게 일하는데 '나도 좀 더 열심히 살아야겠다, 분발하자'는 마음을 다지기도 했지만, 그렇다고 일과 휴식의 균형을 깨고 일에만 파묻혀 사는 것이 바람직하다고 생각하지는 않는다. 이제 막 창업한 상황이라면 빨리 자리를 잡기 위해서 하루 24시간 낮과 밤 구분 없이 일하는 게 맞겠지만 사업이 안정된 시기라면 일과 휴식의 균형을 이루면서 몸과 마음의 건강도 살피는 게 맞다. 그에게 있어 잘산다는 의미는 그저 돈을 많이 모으는 것으로 각인되었나 보다. 그는 60대가 되면 일을 조금 줄여서 여행도 다녀보자고 아내와 이야기를 나눈 적이 있다며 그들의 계획을 수줍은 듯 내비쳤다.

은퇴 이후 60대를 잘살기 위해 오늘도 50대들은 경주마처럼 달린다. 자녀에게 돈이 한창 들어갈 때이고, 은퇴준비도 해야겠기에 오늘도 달릴 수밖에 없다고들 한다. 직장생활에서도 마지막 불꽃을 태울 시기가 50대인 만큼 벌 때 확실히 벌어야 한다는 생각이 지배적이어서 그럴 수도 있다. 더구나 종착점이 이제 시야에 들어온 만큼 마음이 더 급해진 것도 이유 중 하나일 거다.

30대도 40대도 50대조차도 우리는 열심히 돈을 좇고 있다. "힘들더라도 10년만 더 참고, 열심히 벌어 편하게 살자"는 말을 주문처럼 되뇌며 돈 버는 것에만 집중한다. 그런데 멀리 있을 것만 같았던 인생의 마지막 날이 예고도 없이 어느 날 갑자기 닥칠 수 있다는 생각은 못 하는 모양이다.

평생 돈만 좇는 인생으로 살다가 아무것도 누려보지 못하고 단한 번뿐인 인생을 마칠 수도 있는데 말이다. "100년을 살 것처럼 오늘을 살라"는 말이 있지만, 그 말이 오늘이라는 시간을 미래를 위한연료로 갈아 넣으라는 뜻은 아니다.

우리는 어렸을 때부터 오늘을 희생하면 훗날에 그 보상을 받을거라는 세뇌 교육을 받았다. 그러면서 '좋은 성적만 받으면', '좋은대학만 들어가면', '좋은 회사에 입사하면', '승진만 하면', '더 많은돈을 벌면'이라고 생각한다. '그때 가서 하면 된다.', '그때 하면 더 재미있을 것이고, 큰 보상이 주어질 것이니 희생해야 한다'며 우리의10대, 20대, 30대, 40대를 갈아 넣었다. 이제 우리의 50대마저도 했던 것처럼 똑같이 그렇게 희생하면 더 나은 60대를 살아갈 수 있을까? 혹시라도 이런 사고방식으로 60대가 되면 70대를 위해 또 인생을 갈아 넣으며 살지는 않을까? 그렇게 훗날을 위한 희생만 하며 살다가 병상에 누워 그 보상을 다 받을 수 있을지 모르겠다.

오늘을 희생하면 내일 그 보상을 받을 수 있다는 '희생의 프로파간다', '희생의 톱니바퀴'에서 이제 그만 빠져나와야 한다. 누군가이번에는 참고 여건이 더 좋아지면 해보자고 설득하려 한다면, 그런때는 영영 오지 않는다고 말해야 한다. 무언가를 하기에 시간과 건강, 마음의 여유, 돈, 가족의 응원과 지지 등 모든 조건이 완벽하게 갖추어지는 때는 절대 오지 않는다. 게다가 함께하고픈 사람이 있다면 이들의 상황은 더 어려워진다.

얼마 전 10대 때 읽었던 생텍쥐페리의 《어린 왕자》를 우연한 계기로 다시 읽게 되었다. 책꽂이를 정리하다가 이 책을 발견하고는 추억을 되살리며 한두 페이지를 열고 훑어보았는데 '아니 어린 왕자에 이런 구절이 있었나?' 하는 전혀 새로운 문단이 마음에 닿았다. 그래서 내친김에 아예 책을 처음부터 끝까지 다시 읽게 됐다. 10대 때 읽으며 그 문단을 건너뛰고 읽은 것이 아니라, 그 당시 청소년 시절의 감성과 50대 후반의 감성이 다르기 때문에 같은 책을 읽더라도 눈에 들어오는 것이 다르고, 감흥이 다르고 깨달음의 폭과 깊이가 다르니 새로운 글귀가 눈에 띄는 것은 당연하다.

모두 이런 경험을 해봤을 것이다. 예를 들어, 자동차를 바꾸고 싶다는 생각을 하고 있다면, 길을 가며 보이는 것은 온통 자동차뿐이다. 겨울이라 따뜻한 패딩을 새로 사고 싶다면, 사람들이 입고 다니는 패딩만 눈에 들어온다. 출퇴근을 위해 매일 다니는 똑같은 길이라도 그날그날의 생각과 마음에 따라 눈에 들어오는 게 다르다. 여행지를 가도 마찬가지다. 같은 곳을 여러 차례 다녀와도 그때마다 눈에 들어오는 풍경이 다르고 느낌이 다르다. 그래서 갔던 곳을 또 가도 늘 다른 느낌이 들고 지난번에 왔을 때는 보지 못했던 새로운 것을 발견하게 된다.

그러니 지금 하고 싶은 것, 가고 싶은 곳, 먹고 싶은 것들을 참았다가 나중에 지금보다 여건이 좋아지면 하라는 말은 적절하지 않다. 내가 《어린 왕자》를 10대 때 읽지 않았더라면 그때의 느낌과 감흥은 지금 50대 후반에는 절대 갖지 못할 것이기 때문이다.

돌이켜 보면, 그렇게까지 희생하지 않았어도 지금 사는 만큼은 모두 잘살고 있을 거라는 생각이 든다. 훗날을 위해 참으라고만 하지 말고, 희생하라고 강요만 하지 말고 차라리 하고 싶은 것들을 하면서도 균형 있게 사는 방법을 알려주었으면 더 좋았지 않았을까 싶기도 하다. 사실 그 나이 때 하고 싶은 것은 그냥 하고 싶었던 것이 아니라 어쩌면 꼭 했었어야 하는 것들이었는지도 모른다. 그래서 10대 때 하지 못했던 것들 대부분을 우리는 지금까지도 못하고 있는 것이 아닐까?

다시는 내일을 위해 오늘을 희생하며 살면 안 된다. 60대를 위해 50대를 희생하며 보내지 말아야 한다. 70대를 위해 60대를 참고 살지 말아야 한다. 오늘을 행복하게 살아야 내일도 행복할 수 있다. 오늘을 참고 산다고 내일이 행

복하다는 보장도 없을뿐더러 내일이 오지 않을 수도 있다.

SNS에서 널리 퍼진 사진 한 장이 있다.

참으며 살다가 나이 들어 여행가게 되면 피곤해서 좋은 구경도 못 하게 된다. 어르신들이 늘 말씀하신다. "다리 힘 있을 때 열심히 놀러 다녀라." 경륜이 가득한 어른들 말은 귀담아들어야 한다.

60대를 위해 지금 50대를 희생하며 살고 계신 분들, 70대를 위해 60대마저도 갈아 넣고 있는 분들 부디 희생의 프로파간다에 더는 속지 말고 오늘의 행복만을 위해 살아가길 바란다.

우주는
나를 중심으로 돌아야 한다

2년 전 나는 우주의 기원과 진화 그리고 진화생물학의 매력에 흠뻑 빠져 있었다. 매일 밤 잠자리에 들어 이어폰을 꽂고 오디오북을 통해 138억 년 전 일어난 빅뱅에서부터 현생 인류인 호모 사피엔스가 출현하기까지의 흥미진진한 이야기를 듣고 또 들었다. 그러면서 우리 몸속에는 우주 진화의 역사가 고스란히 담긴 소우주가 있다는 사실을 알았다. 그리고 이 광활한 우주 속 지구별에서 호모 사피엔스로 태어난 우리는 이루 표현할 수 없을 정도의 행운아임을 깨달았다.

나는 어려서부터 생일을 특별한 날로 전혀 여기지 않았다. 남들 생일은 챙겨주고 축하해 주었으면서도 내 생일에는 축하의 말조차 어색했고 생일에 친한 친구들과 함께 저녁을 먹거나 하는 일도 하지 않았다. 생일에는 유난히 더 일찍 집에 돌아와 내 방안에서 혼자 틀어박혀 놀았다. 그게 편하고 좋았다. 특별한 날도 아닌데 생일이라고 유난 떠는 게 싫었었던 같다. 하지만 우주와 진화를 공부한 2년 전부터 달라졌다. 매일매일 이 땅에 태어난 것이 굉장한 축복임을 감사하며 지낸다. 생일은 역시 축하받아 마땅한 날이 되었다. 그리고 나와 함께 인연을 맺고 있는 가족과 친구들이 너무도 귀한 존재임을 깨닫고 더 정성을 기울이며 살고 있다. 행운아와 행운아가 만나 사랑을 나누고, 우정을 쌓았으니 얼마나 귀한 만남이고 인연인가.

그리고 또 하나. 귀한 존재임을 깨달은 만큼 우주는 나를 중심으로 돌아야 한다는 것도 알게 되었다. 그럼 우주가 나를 중심으로 돌게 하려면 어떻게 해야 할까?

남의 인생을 부러워 마라

모든 불행의 시작은 남과 비교하는 데서 싹이 튼다. 비교하기 시작하면 자신을 바라보기보다는 다른 사람만 바라보기 때문에 자기가 가진 것은 보이지 않게 된다.

내가 카페지기로 있는 네이버 카페 〈실버들의 전성시대〉 초창기에 이런 일이 있었다. 유독 글을 위트 있고 센스 있게 잘 쓰던 회원 한 명이 있었다. 지금까지 함께했었으면 얼마나 좋았을까 하는 가장

기억에 남는 회원이다. 청춘 시절 방송작가로 일해서 그런지 짜임새 있게 공감 어린 글을 아주 잘 썼다. 더구나 마음 아픈 사연을 올린 다른 회원들의 마음을 잘 다독거려주기도 했다.

그런데 어느 날부터인가 이 회원이 다른 회원들과 자신을 비교하기 시작했다. 자신은 60이 다 된 나이에도 회사에 다녀야 하는 처지인데, 다른 회원들이 팔자 좋게 여행 얘기, 친구 만나 놀러 갔다 온 얘기, 맛집 다녀온 이야기를 올리니, '나는 뭔가, 내 인생은 왜 이런가, 남들은 은퇴해서 즐기며 사는데 나는 이 나이 먹도록 왜 일을 하며 살아야 하나?' 비참함과 절망감을 느꼈는지 활동이 줄더니 결국은 내게 작별인사를 남기고 탈퇴하고 말았다.

일하고 싶은 사람이 넘쳐나는 세상에서 나이 60이 되어서까지도 자기 일이 있고 직장이 있다는 것이 대단한 능력일 뿐만 아니라, 많은 이들이 공감하는 글쓰기를 잘하는 부러운 재능이 있었음에도 시선을 다른 사람들에게 돌리는 순간 남들이 가진 것만 보이고 자신은 눈 밖에 나고 말았다. 잊지 말자. 우주가 나를 중심으로 돌기 위해서는 내 장점에 집중해야 한다.

내가 주인공이다

자기 잘난 맛에 사는 것이 인생이다. 남들이 뭐라든 남들에게 피해를 주지 않는 한 제멋에 겨워 살아야 한다. 옷 하나를 입어도 남들이 어떻게 볼까를 먼저 생각하는 것이 우리이다. 하지만 그럴 필요 없다.

외국 영화나 드라마 속에서 종종 낯설고 어색한 장면을 마주하게 된다. 주변 사람들은 모두 반팔 셔츠를 입고 있는데 떡하니 누군가는 검은색 가죽 재킷을 입고 있다. 계절과 전혀 맞지 않는 옷이다. 우리 같으면 "이 더운 날 가죽 재킷을 입다니 제정신이야." 하고 수군거릴 테지만 영화 속 사람들은 아무렇지도 않은 듯 무심하게 지나쳐버린다. 실제로 한국을 떠나 살아보니 서양사람들은 영화에서처럼 옆 사람 옷에 신경도 안 쓰고 주변 사람들 시선도 의식하지 않는다. 옷뿐만 아니라 모든 면에서 각자 자신만의 세계를 만들어 주인공처럼 살아가고 있다. 그리고 내가 주인공으로 있는 세상이 소중한 만큼 다른 사람이 주인공인 세상도 소중하게 여기고 존중해준다.

온 우주가 나를 중심으로 돌아가게 하기 위해서는 다른 사람들의 시선이나 기분에 좌우돼서는 안 된다. 그까짓 것들 하나도 중요하지 않다. 혹시 오늘도 누군가의 기분과 생각을 먼저 살피느라 너무 피곤했을 수도 있겠다. 절대 그럴 필요 없다. 내가 주인공이니 남들 시선은 그저 내가 부러워서 쳐다보는 것일 뿐이다. 무시해도 된다.

틀에 갇히지 마라

많이 변하기는 했지만, 우리 사회에는 여전히 사람을 옥죄는 여러 가지 고정관념과 틀이 있다. 어려서부터 "여자는 조신해야 한다.", "남자는 눈물을 보이면 안 된다." 등 틀에 집어넣더니 이제 "나이 먹으면 나잇값을 하라"며 엄숙주의를 강요한다. 이런 고정관념들이 더 있다. 여자는 모름지기 남편 그늘에 있어야 행복하다거나, 남자는 아내 없으면 굶어 죽는다는 말도 있다. 모든 지난 시절 얘기지만 여전히 사람들 입질에 오르내리는 것을 보면 알게 모르게 지금도 우리 의식에 영향을 주고 있음이 틀림없다.

고정관념과 틀에 갇혀 지내면 사는 게 답답할 뿐만 아니라 불행해진다. 깃털처럼 자유롭고 가볍게 그리고 내 마음껏 인생을 누리며 살기 위해서는 고정관념이라는 마음속 감옥에서 벗어나야 한다. 나 자신의 고정관념부터 계속 깨부술 수 있게 새 세상과 자주 만나야 한다. 오늘 가진 새로운 생각도 내일이면 낡은 것이 될 수 있다. 좁은 감방에 갇혀 지내는 죄수처럼 살지 않기 위해 책 읽고 경험하면서 항상 변해야 한다. 혼자서도 폼 나고 당당하게 살려면 일신우일신(日新又日新) 하루하루 새로워져야 한다.

다른 우주도 존재한다는 것을 인정하고 존중하자

나의 우주가 나를 중심으로 돌아가듯 다른 이들도 자신을 중심으로 도는 우주가 있다. 내가 내 우주 속에서 주인공으로 재미나게 살아야 하듯, 그들도 그들의 우주 속에서 주인공으로 행복하게 살아가야 한다. 그러자면 서로에 대한 존중이 필요하다. 우리 조상들은 배움은 짧았지만, 서로를 존중할 줄 아는 지혜가 있었다.

요즘 학부모들의 악성 민원을 견디다 못해 학교 선생님들이 목숨까지 끊는 일이 계속 일어나고 있다. 10여 년간 곪아온 문제가 드디어 터져버린 것이다. 악성 민원을 제기한 부모들의 사례를 보면, 오로지 제 자식만 귀하다는 생각에 사로잡혀 판단능력을 상실한 것으로 보인다. "나는 카이스트 나왔고 MBA도 공부했는데, 당신은 어디까지 배웠냐"라고 하며 학력으로 선생님을 겁박한다. "나는 영어 교수인데, 학교 영어 문제가 틀렸다"며 인정하기를 강요한다. 모두 자기 잘난 맛에 취해서 도덕과 예의는 말할 것도 없고 인간성마저 말라버렸다.

우주는 나를 중심으로 돌아야 한다지만 그것은 어디까지나 나만의 우주에만 국한된 법칙일 뿐이다. 그 법칙을 다른 사람에게까지 강요하면 악성 민원을 넣는 학부모같이 악마로 변한다. 내가 이들을 악마라고 부르는 이유는 밑도 끝도 없는 복수심에 불타올라 상대방이 파멸할 때까지 몰고 갔기 때문이다.

나의 우주는 내 것일 뿐 다른 이에게 자랑도 강요도 해서는 안 된다. 그것을 강요하는 순간 내 우주도 행복도 산산 조각난다. 나를 지키기 위해서는 다른 이부터 존중할 줄 알아야 한다. 우리에게는 이런 마음이 필요하다.

원수가 된 부부는
절대 하지 않는 것들

배우자와 좋은 관계를 유지하는 비결은 궁합이나 사주가 좋은 것이 아니다. 복 받은 인생이어서도 더더욱 아니다. 부부 사이가 좋은 이유는 행복해지기 위해 적극적인 행동을 의식적으로 하기 때문이다. 나이 들어서도 정겹게 살아가는 부부는 관계를 유지하기 위해 남다른 노력을 한다. 세상에 공짜 없다. 아무 노력도 하지 않는데 좋아지는 인간관계는 하늘 아래 어디에도 없다. 둘 사이가 하늘이 맺어준 부부라는 인연이어도 저절로 좋아지지 않다.

미국에 아주 저명한 부부관계 상담전문가인 짐 워크업 박사(Dr. Jim Walkup)가 있다. 부부관계 상담은 좋을 때가 아니라 둘 사이 관계가 많이 틀어졌을 때 받는다. 짐 워크업 박사는 40년이 넘는 오랜 기간 상담가로 활동하면서 원수가 되어버린 수많은 부부를 만나보았다. 그는 자신을 찾아와 상담받은 이들을 통해 사이가 나쁜 부부들은 부부로서 절대 하지 않는 공통점들이 있다는 것을 발견했다.

둘만의 시간을 즐긴다

사이좋은 부부는 배우자와 단둘이 있을 때 핸드폰에 눈길을 빼앗기지 않고 서로 눈 마주쳐가며 흥미진진하게 이야기를 나눈다. 서로의 대화가 핸드폰을 들여다보는 것보다 재미있기 때문이다. 이 책을 읽고 있는 분들의 대부분은 자녀들이 어느 정도 성장해서 꼭 부모가 붙어 있어야 하는 시기는 지났을 것이다. 그렇다면 자녀들을 집에 남겨두고 부부만 단촐하게 외출해서 둘만의 시간을 가질 수 있을 것이다.

자주 보는 친구일수록 나눌 이야깃거리가 더 많은 법이다. 오랜만에 보는 친구와는 무슨 얘기부터 꺼내야 하나 망설이게 되는 때가 순간순간 찾아온다. 소통이 중단되었으니까 함께 공유하고 있는 이야깃거리가 없기 때문이다. 마찬가지로 부부도 매일 얼굴은 보지만 둘만이 오롯이 나눌 흥미진진한 대화가 없다면 지금 부부관계에 금이 가고 있다는 징조다. 부부 사이에 할 이야기가 뭐가 그리 많냐고? "서로의 관심사가 다르니 나눌 이야기도 없다"고 핑계를 둘러대기도 한다. 우리 부부는 관심사가 서로 많이 다르다. 하지만 대화는 끊이지 않는다. 예를 들어, 요즘 아내는 소설을 읽고 나는 재테크,

인간관계, 심리학과 관련된 책을 주로 읽는다. 책을 읽고 그날그날 재미났던 부분에 대해 들려주고 상대는 귀담아들으며 맞장구를 쳐준다.

드라마나 영화를 보면서도 상황마다 둘이 이야기를 나누며 낄낄거린다. 이 시간이 나는 너무 재밌고 좋다. 그래서 아내가 없으면 아무리 내가 좋아하는 프로그램이라도 혼자 보지 않는다. 둘이 보면 재미가 두 배 세 배 더하기 때문이다.

연애할 당시의 기억을 더듬어보자. 사람들 눈을 피해 둘만이 있고 싶었고 또는 반대로 많은 사람이 있는 식당이나 카페에서도 단 한 사람인 내 연인만 눈에 꽉 차 있었으며, 소음 속에서도 내 연인의 목소리만은 또렷이 들을 수 있었다. 그렇게 상대에게 집중했던 시절이 있었다. 세월은 흘렀지만, 그때와 변함없이 집중할 수 있어야 한다.

배우자에 대한 탐구심을 놓지 않는다

사람마다 자신을 표현하는 방법이 다 다르다. 그렇듯 사랑을 느끼거나, 자신이 존중받는다는 느낌을 받는 방식도 다르다. 쉽게 예를 들어보자. 어떤 아이는 엄마, 아빠가 자신을 칭찬해주며 머리를 쓰다듬어줄 때 부모의 사랑을 느끼고 자존감이 올라간다. 아주 어렸을 적부터 부모님이 그렇게 머리를 쓰다듬어주며 자신들의 사랑을 표현했을 것이다. 아이와 부모는 그런 행동으로 사랑의 언어를 주고받는다. 그런가 하면 어떤 아이는 머리 건드리는 것은 아주 질색한다. 하지만 이 아이는 등을 토닥거려줄 때 위안과 사랑을 느낀다. 이렇게 제각각이다.

부부라고 사랑을 표현하는 행동과 언어가 같을 수만은 없다. 서로 사랑을 드러내는 표현법이 엇갈려 냉가슴을 앓은 부부는 의외로 많이 있다. 아내는 남편이 자신의 이야기를 귀담아 세심한 배려를 해줄 때 사랑과 고마움을 느낀다. 하지만 남편은 그녀가 말할 때 TV나 PC 모니터에 시선을 고정한 채 듣기만 한다. 말하는 아내는 무시당하는 기분을 느낀다. 남편은 아내에 대한 사랑을 가사에 참여하는 것으로 표현한다. 설거지도 하고, 분리수거도 챙긴다. 집안에 망가진 것이라도 있으면 미루지 않고 즉시 고친다. 어렸을 적에 그의 부친이 그렇게 했었고 어머니는 무척 좋아하셨던 기억이 또렷하기에 자신도 몸에 밴 습관처럼 아내를 기쁘게 하기 위해 그렇게 하고 있다. 결혼생활을 30여 년 해온 이들이지만 서로의 사랑법에 대해 진지하게 이야기를 나눠보지 않았기에 엇갈린 사랑 표현을 하고 있다.

부부 두 사람 모두 말을 하기보다는 듣기를 좋아해서 먼저 배우자가 다가와 말을 걸어주고 이야기해주기만을 기다리면서 살아온 부부들도 있다. 그러면서 '왜 저 사람은 나와 대화를 하고 싶어 하지 않을까?' 생각하면서 속앓이를 한다. 모두 대화 부족이 만들어낸 웃기고도 슬픈 해프닝이다.

우리 모두에게는 가슴 터질 듯 설레는 마음으로 닭살 돋는 멘트를 던지며 꽁냥꽁냥 사랑을 속삭이던 시절이 있었다. 그 사랑이 아름답게 결실을 맺어 결혼도 하게 되었다. 하지만 그게 끝이 아니다. 우리의 사랑은 지속되어야 한다. 그래야 인생 후반전이 행복해진다. 그러기 위해서는 배우자를 알고 싶어 하는 탐구심을 잃어서는 안 된다. 세상도 변하고 남편도 아내도 시시각각 변하기 때문이다.

매일 서로를 안아준다

매일 아침 잠자리에서 일어나 우리 부부가 제일 먼저 하는 것은 서로에게 다가가 꼬옥 안아주는 것이다. "잘 잤냐?" 물으며 20초 이상 서로를 안는다. 등도 쓰다듬어주고 머리도 만져주고 서로의 냄새도 맡는다. 입맞춤도 한다. 사실 아침에만 이러는 것이 아니다. 낮에도 밤에도 수시로 안아준다. 내가 안아달라고 할 때가 더 많다.

짐 워크업 박사는 서로의 아래도 맞닿는 꽉 조이는 포옹을 20초 이상 하라고 권한다. 그런데 포옹을 왜 20초 이상 해야 하냐면 20초가 지나야 비로소 우리 몸속에서 좋은 호르몬이 분비되기 때문이다. 이 세상이 평화롭고 기분이 좋게 느껴지는 '포옹 호르몬', 옥시토신이란 것이 뿜어져 나온다. 우리가 기쁠 때나 슬플 때 또 누군가를 위로할 때 포옹을 하는 이유가 바로 여기에 있다.

짐 워크업 박사는 상담하러 온 부부에게 이 방법을 권장하고 있고, 그 치료 효과가 아주 뛰어나다고 밝힌다. 아침에 일어나자마자,

아침 출근 전에 그리고 퇴근 후 신발 벗자마자 현관에서 20초 이상 배우자를 꽉 껴안는 습관을 들여보자. 세상 아무리 험하고 외로워도, 끝까지 내 편이 되어줄 한 명이 있다는 느낌이 들어 행복해짐을 내가 보장한다.

포옹은 사랑을 표현하는 매우 효과적인 방법인데 포옹을 하지 않고 지낸다면 배우자는 그만큼 자신이 사랑받지 못하고 있다는 소외감을 갖게 된다. 배우자에게 포옹을 자주 해주자. 건성건성 말고 영혼을 담아서 꼬옥 안아주자.

배우자의 말에 귀 기울인다

회사에서든 모임에서든 내가 말을 하는데 주위 사람들이 경청하고 공감을 표하면 자신이 인정과 배려는 물론 존중받고 있다는 느낌을 받는다. 반대로 회식 자리에서 한마디 해보라 해서 의견을 이야기하는데 내 얘기에는 집중하지 않고 자기네끼리 웅성웅성 다른 얘기를 한다면 기분이 상한다. 이건 시끄러운 노래방에서도 마찬가지이다. 내가 노래 부르고 있는데 다들 딴짓하고 있으면 섭섭하고 화나고 무시당하는 느낌마저 든다. "아이, 나 노래 안 해! 듣지도 않고 딴짓하면서 왜 나보고 노래하래?"

부부 사이에 배우자 이야기에 경청하는 자세는 배우자에 대한 자신의 마음을 비추는 거울이다. 평상시에 "당신이 최고다. 당신을 사랑한다"라는 표현을 하더라도 이야기를 하는데 듣는 둥 마는 둥

TV를 쳐다보고 있거나 핸드폰을 들여다보고 있다면 진정성에 대해 의심을 하지 않을 수 없다. 말이 아니라 행동에서 진심을 알 수 있는 거니까.

아내분들 중에도 설거지하면서 남편을 등지고 이야기하는 분들이 계신데 이것도 좋은 대화 방법은 아니다. 배우자의 말에 귀를 기울이는 것은 정말 귀만 말하는 방향으로 돌리는 것이 아니라 배우자의 눈을 쳐다보며 그의 이야기를 끝까지 들어주는 자세를 말한다. 이야기에 공감한다는 표시로 머리도 끄덕여주고, "정말?", "진짜?", "대박!" 추임새도 넣어주고 질문에는 대답도 제때제때 하는 것 모두 포함해서 귀를 기울인다고 한다. 입 꾹 다물고 무표정하게 들어주는 것을 경청한다고 할 수 없다.

특히 여자와 남자는 이야기를 풀어내는 서술방식이 다르다. 남자는 결론부터 듣고 싶어 하는 반면, 여자는 결론에 이르게 된 과정을 하나하나 풀어내는 경향이 있다. 그러다 보니 남편은 아내가 이야기할 때면 "짧게 말하라"며 결론부터 말하라고 윽박지른다. 이미 대화할 분위기는 물 건너가고 아내는 입을 닫아버린다. 연애 시절 그 재잘거림이 좋았던 때가 있었다. 그 재잘거림을 즐겼던 그대로 아내가 자신의 서술방식대로 이야기를 끝까지 풀어낼 때까지 맞장구를 치며 이야기에 빠져보자.

세상에 화낼 일
하나 없다

뭐니 뭐니 나이 들수록 감정조절을 잘해야 한다. 그래야 존중받을 뿐만 아니라 자신의 정신건강에도 이롭고 가족들로부터 외면받지 않는다. 하지만 우리 주변에는 분노조절 장애를 겪기라도 하는 듯이 버럭버럭 화를 내는 사람들을 너무도 흔하게 볼 수 있다. 이런 사람이 오죽 많으면 노인에 대한 이미지는 버럭 화내는 사나운 얼굴로 굳어져 있을 정도일까.

별일도 아닌 일에 화를 내는 통에 한순간에 천박한 인격을 드러내 보이고 그동안 잘해줬던 공마저도 모두 물거품이 되어버리는 게 다반사다. 가족들과의 관계마저 깨지는 경우도 허다하다. 그뿐만이 아니다. 인생 말년에 철창신세를 지는 사람들도 있다. 말 그대로 사소한 것에 목숨 건 한심한 인생들이다.

노인 범죄가 늘고 있다고 한다. 노인 범죄라고 하면 생활고로 인해 남의 물건에 손을 대거나 소액절도와 같은 생계형 범죄라고 생각하겠지만, 그건 모두 옛날이야기다. 요즘의 노인 범죄는 점점 더 폭력범죄, 강력범죄로 되고 있다는 것에 문제의 심각성이 있다.

노화가 진행되면 세로토닌, 도파민 등 긍정적인 감정을 일으키는 호르몬이 줄어들어 고집이 세지고 분노조절에 어려움을 겪게 된다. 그래서 마음을 다스리려고 노력하지 않으면 평상심을 잃고 쉽게 분노에 휩싸이게 된다. 여기에 더해 권위주의적 사고방식도 분노를 부채질한다. 연장자로서 나이에 걸맞게 대접받기를 원하지만 이를 도외시하는 사회 분위기로 인해 무시당했다는 불만과 소외감이 차곡차곡 쌓여간다. 이런 감정들이 쌓여 한순간에 폭발하면 극단적인 범죄를 일으킨다는 것이 전문가들의 분석이다.

아주 흔한 예로는 지하철에서 흔히 볼 수 있는 성난 노인네를 들 수 있겠지만, 이건 애교 수준이다. 분노를 참지 못해 일어난 우리나라의 가장 대표적인 강력범죄는 2018년 발생한 77세 노인의 엽총 난사 사건이다. 물 문제로 이웃과 언쟁을 벌이다가 분을 참지 못해 사찰과 면사무소에 총기를 들고 가 난사했다. 이로 인해 근무 중이던 공무원 2명이 사망하고 애꿎은 스님 1명이 부상을 입었다. 분풀이하겠다는 것이 유혈극을 빚고 만 것이다.

화투판에서 꿔간 돈 50만 원에 대한 고리(高利)를 독촉하자 화가 난 67세 여성이 81세의 동네 언니를 흉기로 살해했다. 또 74세 남성이 담당 의사가 처방한 약이 예전과 달라지자 같은 약을 달라고 언성을 높였지만 받아들여지지 않자 불만을 품고 병원에 불을 지른 사건도 있었다.

"다혈질이라거나 불같은 성격이라서 원래 그렇다, 어쩔 수 없다"는 식으로 핑계를 대며 마음의 화를 다스리는 데 게으르면 더 느지막한 나이에 사람을 해치고 철창에 들어가 앉을 수도 있다. 원래 그런 성격은 없다. 또 원래 그렇다고 해서 그것이 용납되는 것도 아니다. 분노를 이겨내지 못하는 것은 '사람됨의 공부'가 덜된 것뿐이다. 제아무리 학식이 높고 명예가 빛이 난다 하더라도 자신의 분노를 조절하지 못하면 그저 덜떨어진 인간에 지나지 않는다. 화가 날 때 '참을 인(忍)' 세 번 쓰면 살인도 면한다고 하지만, 내가 화를 누그러뜨리는 다른 방법들이 있다.

이게 화낼 가치가 있나?

별것도 아닌 상대방의 말 한마디에 갑자기 미간이 찌푸려지면서 마음속에서 뜨거운 무엇인가가 확 올라오려 할 때 바로 불씨를 제압해야 한다. 불길은 순식간에 번지기 때문에 분노가 내 마음을 모두 삼켜버리기 전에 감정의 변화를 알아차리고 이 질문을 내게 한다.

'이딴 일이 내 기분과 내 하루를 망칠 만큼 화낼 가치가 있나?'

'이런 일로 아내와의 관계를 망칠 만큼 화낼 가치가 있나?'

방아쇠를 당기듯 내 신경을 딱 건드린 것이 무엇인가 생각해보면 별 게 아니다. 아주 사소한 것들이다. 그런 사소한 일 때문에 화를 내서 가족과의 소중한 시간을 망칠 가치가 없다. 자식들과의 좋은 관계를 일순간에 망가뜨릴 가치가 없다. 아내와 마주 보고 언성을 높일 가치가 없다. 친구들과의 깊은 우정을 무너뜨릴 가치가 없다. 평안했던 내 일상을 흩으러 놓을 가치가 없다. 나 자신을 천박하게 만들면서까지 화를 내서 얻을 수 있는 것이 아무것도 없다. 수지타산이 전혀 맞지도 않는 것에 감정과 에너지를 낭비할 필요 없다.

마음챙김이 별거 아니다. 감정의 변화를 알아차리고 그 순간에 감정을 가라앉힐 수 있는 생각을 하면 된다. 가치도 없는 일에 화내지 말자. 사소한 일에 목숨 걸지 말자.

세상에 화낼 일 하나 없다

그간의 경험에 비추어 화를 내서 정말 뭔가 바뀐 게 있었나를 살펴보면 자신하건대, 화를 내서 바뀐 것은 하나도 없다. 성격만 더 더러워졌고, 성격 안 좋은 사람으로 주변에 찍히기만 했을 뿐일 것이다. 버럭버럭 화를 내는 것 때문에 가족들조차 가까이하지 않는다는 사람이 있다. 더 불행하게는 자식 중에 어렸을 적부터 이 못된 성격을 보고 배워서 자신의 가족들에게 똑같이 행동하는 경우도 있다. 분노를 대물림하고 있다. 부모가 자식을 망친 경우가 바로 이런 케이스라 할 수 있겠다. 좋은 것은 물려주지 못할망정 분노조절 장애를 물려줘서야 부모라 할 수 있을까.

버럭 화를 낸다고 해서 사실 속이 뻥 뚫리는 것처럼 시원해지는 것도 아니다. 불같이 화를 낸 후에도 여전히 문제는 그대로 남아 있고, 관계는 틀어져 버렸으며, 깨어진 물건들이 바닥에 널브러져 있다. 머리끝까지 차오른 분노가 가라앉아 정신을 차려보면 손목에는 수갑이 채워져 파출소에 앉아 있는 자신을 발견할 수도 있다. 혹은 얼마 지나지 않아 법원으로부터 고소장이 날아들 수도 있다. '설마 내가 화를 좀 낸다고 해서 그렇게 되기까지 하겠어?'라는 생각이 들 수도 있겠지만, 77세 노인이 총을 난사해서 사람을 죽이는 날이 올 줄 상상이나 했던가? 방치하고 생각 없이 살면 누구나 그렇게 될 수 있다.

'참았으면 좋았을 텐데…, 참을 수도 있었는데…' 하는 자책을 해봐야 소용없다. 이미 엎질러진 물이다. 세상 제일 미련한 바보가 일 저지르고 후회하는 사람이다.

마음속에서 분노가 일렁일 때, 그 분노를 발산한 후 치러야 할 대가를 생각할 수 있는 '마음챙김의 순간'을 놓치지 않기를 바란다. 그 순간을 부여잡고 퍼뜩 정신을 차려 분노를 진화할 수 있다면 대성공이다. 자주 화를 내는 사람은 사실 알코올중독자처럼 분노에 취한 사람과 같아서 잠시 정신이 들더라도 '에이~씨 몰라. 그냥 화나는 대로 해버려~!' 라는 분노의 외침에 넘어가기 일쑤다.

화내서 좋게 바뀌는 일은 하나도 없다. 그러니 나이 들어가면서 자주 울컥울컥해진다면 이 말을 꼭 마음에 담아두길 바란다. "세상에 화낼 일 하나 없다". 가슴속에서 화가 싹을 틔우려고 할 때 이를 알아차리고 그 싹을 꾹꾹 밟기 위해 내가 계속 되뇌는 말이다.

'세상에 화낼 일 하나 없다.', '세상에 화낼 일 하나 없다.' 되새기면서 감정에 휩싸이지 않기 위해 내 이성을 깨우고, 소화기로 불씨를 잡듯 내 분노의 씨앗에 진정제를 살포한다. 효과 만점이다. 이 말을 되뇌면서부터 나는 화를 내지도 않고 미간도 찌푸리지 않는 사람이 되었고 평정심을 잃지 않는 사람으로 거듭났다. 내 마음에 있는 천박함을 쫓아낸 것이다.

품격 있게 나이 들기 위해서는 분노를 조절할 줄 알아야 한다. 아무 때나, 또 사소한 일로 버럭버럭 화를 내는 것만큼 천박한 모습도 없다. 지금 당장 화가 나는데 "이걸 다 어떻게 생각할 수 있을까?" 하실 분이 계실지 모르겠는데, 오늘 말씀드린 두 가지만 잊지 않으면 된다.

내가 해본 것이고 지금도 하는 것이니까 여러분에게 자신 있게 추천한다. "이게 화낼 가치가 있나?", "세상에 화낼 일 하나 없다." 이 두 가지만 기억하면 품위 있게 나이 들어갈 수 있다.

5장

인생에서
가장 아름다운 꽃이 핀다

죽을 때까지
절대 놓아서는 안 되는 한 가지

사람마다 죽을 때까지 갖고 가고 싶은 것들이 있을 것이다. 나는 유머 감각, 기타 치는 취미, 친구들과의 우정을 끝까지 갖고 가고 싶다는 생각이 언뜻 든다. 곁에 있는 아내에게 물어보니 그녀는 자신의 쾌활한 성격과 자존감을 갖고 가고 싶단다. 고개가 끄덕여진다. 여러분들은 어떤 것을 마지막 날까지 갖고 가고 싶으신가? 경제적인 여유는 기본으로 갖고 간다는 전제하에 다른 것을 골라 보시라. 이렇게 말씀드리는 이유는 많은 분이 돈을 먼저 고를 것 같은 느낌이 들어서이다. 왠지 인생을 논하는 데 돈부터 선택하면 우리가 초라해지고 슬퍼질 듯싶어서 그런다.

인생 후반전을 행복하게 살아가는 방법을 이야기하는 데 있어서

"돈 있으면 다 된다"고 말하는 사람이 꼭 있다. 이건 마치 자녀 공부 잘하는 법을 이야기하자는데 학교와 학원에 수업료를 내는 게 먼저라고 주장하는 것과 다른 바 없다고 생각한다. 그러니 남에게 아쉬운 소리 하지 않을 정도의 경제적 여유는 기본적으로 갖췄다는 것을 전제로 질문에 답해보시라. 한결 마음이 편해지면서 많은 것들이 떠오를 게 분명하다.

혹시라도 대답 중에 호기심이 있다면 그는 누구보다 생기 넘치는 인생을 살아가고 있는 분이다. 이렇게 자신 있게 말씀드릴 수 있는 이유는 재미있게 인생을 살려면 죽을 때까지 절대 놓아서는 한 가지가 바로 호기심이기 때문이다.

좀 거창하게 호기심에 관한 이야기를 시작하겠다. 현생 인류인 호모 사피엔스가 다른 동물과 달리 이만큼 누리고 살 수 있는 것은 모두 호기심 때문이라고 할 수 있다. 문화를 꽃피우고 과학을 발전시키고 사회를 이루고 문명을 이루게 만든 중심에는 호기심이 자리 잡고 있다. 인류문명 발전의 원동력이 호기심이었던 셈이다. 우리가 상식으로 알고 있는 대부분의 것들도 사실 조상들이 호기심으로 이것저것 해보고 실패를 거듭하고 목숨을 잃기도 한 끝에 얻은 결과물들이다. 지금도 이 호기심을 갖고 있기에 인류는 계속 발전하는 중이다.

이런 호기심을 국립국어원의 표준국어대사전에서는 "새롭고 신기한 것을 좋아하거나 모르는 것을 알고 싶어 하는 마음"이라 정의 한다. 인류문화사적인 의미로 호기심은 발전의 원동력으로서 역할을 했다손 치더라도 개인이 다른 것들도 아니고 '왜 모르는 것을 알고 싶어 하는 마음'을 인생 마지막 날까지 가지고 가야 하는 걸까?

지루할 틈이 없는 인생이 이어진다

호기심을 간직하면 사는 게 즐거워진다. 자녀들의 어린 시절을 되돌아보면 알 수 있다. 어린아이는 모든 게 신기하다. 보는 것마다 새롭다. 궁금한 것이 너무 많아 가만히 있지를 못하고 끊임없이 질문해댄다. '아니 그딴 게 왜 궁금하지?' 싶은 것들마저 물어봐서 대답을 할 수 없는 옹색한 부모가 되었던 적이 한두 번 아니었던 것을 기억하실 거다. 무엇이 아이들을 그토록 통통 튀게 만든 것일까? 아이들은 아이들이어서 생기 있고 활발한 것이 아니라 호기심이 넘쳐나기 때문에 생기가 도는지도 모른다.

호기심은 성장 과정에 있는 아이들에게만 필요한 것이 아니다. 어른들에게도 나이 들어서까지 꼭 필요하다. 그래야 사는 게 재밌다. 나이 들어 친구들과 단체 해외 관광에 나서는 이들이 많다. 복받은 사람들이다. 그런데 막상 도착하면 시큰둥하게 행동하는 무리가 있다. 현지 음식은 입에 맞지 않는다며 한식만 고집한다. 여기저기 둘러보는 것도 귀찮다며 한 자리에 앉아 있으며 일행을 기다리기 일쑤이고, 이동하는 차 안에서는 밖이라도 구경하면 좋으련만 잠만 잔다. 숙소에 돌아오면 늦은 밤까지 일행과 소주를 마셔댄다. 이러려면 굳이 비싼 돈 내고 비행기 타고 이곳까지 왔는지 이해를 할 수 없을 정도다. 갔다 와서는 "밖에 나가봐야 볼 것도 없다"며 "내 집이 최고"라고 너스레를 떤다.

호기심을 잃은 사람은 모든 일에 시큰둥하고 얼굴에 웃음기 하나 없이 무표정하다. 살아가는 의욕이 없다 보니 송장과도 같다. 무엇 하나 마음에 드는 것도 없고 좋은 것도 없다. 맛있는 음식도 없고, 만나고 싶은 사람도 없고, 할 이야기도 없다. 그러니 사는 게 무료하고 지루해 '이 긴긴 인생 무엇을 하며 사나'며 한숨만 내쉬기 일쑤다.

어릴 때는 호기심이 마구마구 샘솟지만 나이 들면 호기심을 잃지 않기 위해 의식적인 노력과 반복훈련이 필요하다. 작은 거라도 무심히 넘기지 말고 손에 쥐고 만져보면서 어떻게 작동하는지, 무슨 원리가 적용된 것인지 억지로라도 알아보고 새로운 것을 알게 된 기쁨을 증폭해 버릇해야 한다. 인생을 재밌게 살려면 일부러라도 호기심을 가져보자. 궁금해하자. 그러면 사는 게 지루할 틈이 없다.

똘망똘망한 동심의 눈동자가 돌아온다

"몸은 늙었어도 마음만은 청춘"이라고들 말하지만, 정말 그럴까. 추억에 머물러 있는 것이 아니라 진짜로 젊은 마음을 간직하고 있다면 현재를 즐길 줄 알아야 한다. 시대의 변화를 즐기며 함께할 수 있어야 한다. 그러면 청년들을 바라보는 시선이 따뜻하다. 왜? 나와 심적으로 동년배니까.

나는 한 여성 동료와 둘이서 한 사무실에서 10년 넘게 같이 일했다. 그녀는 1958년생으로 나보다 6년 연상이었는데 언제나 위트 넘치고 유머 감각이 가득했다. 그녀는 일하면서 늘 요즘 청년들이 즐겨듣는 노래를 틀어놓고 흥얼거리거나 따라 부르며 일했다. 나는 그녀가 휴가를 가서 출근하지 않는 날에는 어김없이 아침부터 라디오 채널을 돌려 올드 팝을 들었다. 그녀가 없는 사이 종일 퀸, 이글즈, 아바 등의 노래를 들으며 일할 때는 가슴을 막히게 했던 체증이 뻥 뚫린 듯한 기분을 만끽하기도 했다.

우리 사무실에서 들려 나오는 소리를 듣고 다른 직원들은 그녀가 부재중임을 알 수 있을 정도였다. 그러다 어느 날 문득, 다음 날 돌아오는 동료를 위해 라디오 채널을 되돌려 놓으며 깨달았다. '아, 내 마음이 과거에 머물러 있구나.' 그녀는 젊은 마음으로 새로움을 받아들이고 현재를 즐기고 있었지만 나는 내 10대에 머물러 있으면서 젊게 산다고 착각하고 있었다. 20대 직원들과도 스스럼없이 친구처럼 수다를 떨 수 있는 그녀의 능력은 이런 사소함에서부터 길러지는 거라는 것을 알아채는 순간이었다.

심리학자들은 우리가 마음에서 호기심을 잃게 되었을 때가 진정으로 늙어가기 시작하는 때라고 말한다. 새로운 것에 대한 궁금증이 사라지고 낙담의 그림자에 휩싸여, 지나가 버린 시간에 묶여 있을 때 늙는 것이다. "나이는 숫자에 불과하다"라고 말할 수 있으려면 호기심 어린 시선을 간직해야 한다. "마음속 어린아이를 포기하지 마라." 〈ET〉를 비롯한 동심이 가득한 영화들을 만든 스티븐 스필버그 감독이 한 말이다. 나는 이 문구가 행복한 노년을 살아가는 이들을 위해 불러주는 힘찬 응원가처럼 들린다.

까짓거 배워서 내가 하면 되지

호기심이 장착된 사람은 집중력도 탁월하다. 관심이 있으니 빠져들 수밖에 없고 무엇이든 쉽게 배운다. 우리가 무엇인가를 배울 때 가장 먼저 맞닥뜨리는 장벽은 '내가 잘해낼 수 있을까' 하는 심리적 위축이다. 이 위축감은 시작하기를 망설이게 할 뿐만 아니라 시작했더라도 단계별로 사람 발목을 잡는다. 한 고개 넘으면 다른 고개가 기다리고 있는 식이다. 그러니 배움이 즐거움으로 연결되지 못하고 늘 긴장하게 된다.

반대로 호기심은 배우겠다는 열의에 불을 지피는 밑불로 작용해서 '잘할 수 있을까'하는 걱정 따위는 처음부터 자리 잡을 틈이 없다. 지금 그런 게 걱정되기보다 더 많이 그리고 빨리 배우고 싶은 조바심을 가라앉히느라 마음을 다독여야 할 정도다. "아니 자네는 뭘 이렇게 쉽게 배워?" 하고 물으면 "나도 모르겠어. 그냥 재밌어서 하다 보니 그렇게 되네"라고 답한다. 재밌는데 무슨 복잡한 이론이나 방법론이 필요하겠나.

심리적 위축처럼 불안감 또한 모른다. 알 수 없다는 막연함은 의구심에서 비롯되는 측면이 있다. 가늠할 수 있다면 불안할 일이 없을 텐데 어떻게 될지 알 수 없으니 불안한 것이다. 나이 들면 떨어지는 기력, 추락하는 사회적 지위, 쪼그라드는 경제 능력, 건강에 대한 걱정, 불협화음이 잦아지는 인간관계 때문에 불안감이 커진다. 나이 들어가며 생기는 불안감을 해소하는 가장 좋은 방법은 자신감을 갖고 몰입하는 것인데 호기심 충만한 사람들이 여기에 뛰어나다. 호기심이 많은 사람은 불안할 틈도 없다. "모르면 배우면 되지. 그게 뭐가 걱정이야. 문제없어." 우리 아버지께서 늘 내게 해주시던 말씀이다.

고등학교 동창 한 명이 밤에 운전하고 가다가 앞길이 여느 때보다 어두운 것 같아서 차를 세우고 살펴보니 차의 양쪽 전조등이 모두 나간 것을 확인했단다. 다음날 유튜브로 직접 전조등 램프를 교체하는 방법을 배워서 자신이 직접 교체했다는 글을 페이스북에 올렸다. 정비소에 갔다면 몇만 원은 족히 들었을 텐데 전구값 8,000원밖에 들지 않았다며 호기심과 배움은 끝이 없고 돈도 벌게 해준다는 글을 올렸다. 글 속에 자신에 대한 대견함이 물씬 묻어 있음을 느낄 수 있었다.

그렇다. 호기심을 지니고 살려면 그만큼의 용기도 있어야 한다. 호기심이 아무리 강해도 그걸 실천할 용기와 부지런함이 없다면 호기심은 없는 거나 마찬가지일 뿐이다. 호기심이 있는지 없는지 판가름은 결국 용기와 부지런함을 갖고 실천하느냐 안 하느냐로 난다는 것을 잊지 말자. 자동차 전조등 전구를 성공적으로 갈아 끼운 친구는 다음에는 다른 고장 수리도 직접 할 용기를 두세 배 가졌을 터이고, 망설임 없이 더 어려운 일에도 도전할 거다. 그렇게 또 호기심은 친구를 발전시켰다.

꼭 산속에 들어가야만
'자연인'처럼 살 수 있는 것은 아니다

TV 프로그램 〈나는 자연인이다〉가 인기다. 특히 남성들에게 인기가 높다. 산속 깊숙이 들어와 살게 된 출연자들의 사연들도 제각각 재밌지만, 모든 골치 아픈 인연과 먹고사는 데 급급한 일상을 과감히 벗어던진 그 결단성과 자연을 벗 삼아 야성을 회복해 사는 그들의 단순한 삶이 부럽기 때문일 것이다. 하지만 〈나는 자연인이다〉를 부러운 시선으로 보면서 우리가 놓치는 것들이 있다. 모든 것을 등지고 꼭 산속에 틀어박혀야만 여유와 행복을 느끼며 자유롭게 살 수 있는 것은 아니라는 사실이다. 심심산골을 찾아 들어가지 않아도 묶인 데 없이 자유롭게 살 수 있다.

〈나는 자연인이다〉를 보면 알지만, 출연자들이 산중생활을 하게 된 결정적인 계기들이 있다. 일찍이 젊은 시절부터 큰 깨달음이 있어서 속세를 떠난 것이기보다는 하던 사업이 폭삭 망해 살 곳을 찾다 찾다 산속으로 들어오게 된 경우가 있는가 하면, 정반대로 하던 사업이 매우 잘돼 하루 24시간이 모자랄 정도로 일에만 미쳐 살던 살았던 사람이 어느 날 갑자기 큰 병을 앓게 되어 인생의 허망함, 돈의 헛됨을 깨닫고 새로운 탈출구로 산중생활을 택한 경우도 있다. 우리에게 멋있게 보이는 그들의 자연 속 생활은 사실 그들에게는 인생의 막다른 골목에서 어쩔 수 없이 선택할 수밖에 없었던 마지막 행선지였다. 그렇게 산속으로 향했던 그 마음이 어땠을까?

가능하다면 산속을 찾아 들어갈 수밖에 없는 절망적인 상황을 맞이하지 않는 것이 더 좋다. 꼭 산속으로 들어가 살아야 자유로워지는 것도 아니다. TV 화면으로 〈나는 자연인이다〉를 보며 부러워하는 사람이 정말로 산속 오지 생활을 해보면 과연 며칠이나 버틸 수 있을까? 살던 곳을 떠나 앞으로 어떻게 살아갈지 막막한 심정으로 심심산골로 들어가는 것보다 지금 사는 곳에서 그들만큼이나 자유롭게 사는 방법을 찾아보는 것이 더 현실적이고 현명한 선택이 아닐 수 없다. 그런 면에서 우리 주변을 둘러보면 일상의 짐을 벗어던지고 콧노래를 부르며 자유롭게 살아가는 분들을 발견할 수 있다. 어쩔 수 없는 상황에 떠밀려 산속에 들어가 적응해 사는 사람들보다 이런 분들이야말로 '진짜 자유인'이고 고수(高手)라 할 수 있다.

내일에 대한 두려움을 떨쳐냈다

우리를 한시도 가만히 있지 못하게 하는 가장 큰 원인은 바로 미래에 대한 두려움이다. 왠지 모를 막막함과 불확실성에서 오는 두려움. 물론 이 두려움이나 스트레스가 적당하면 성장 발전할 수 있는 자양분이 되고 원동력이 되기도 하지만 밑도 끝도 없이 몰려오는 미래에 대한 두려움은 우리를 지치게 하고 갉아먹는다. 가만히 있어도 불안하고, 지쳐서 쉴 때도 불안하고, 새로운 일을 해도 불안이 가라앉지 않는다. 일이 너무 잘되어도 불안하다. 대체 이 불안은 어디서 오는 걸까? 바로 인생을 완벽하게 살고 싶은 과욕에서 온다.

완벽한 인생을 살아내야 한다는 과욕은 자꾸 쓸데없이 앞날을 가늠해보려는 나쁜 습성을 갖게 한다. 자신은 예측하고 준비한다고 생각하겠지만 이것만큼 헛된 것이 없다. 누구도 한 치 앞을 내다보지 못하는 것을 알면서도 혹시 나락으로 떨어지면 어쩌나 하는 불안을 자신이 자꾸 만들어내기 때문이다. 최악의 상황을 계속 떠올리며 불안에 떨면서 마음을 지옥으로 만든다.

산속에서 사는 자유인은 내일을 걱정하지 않는다. 오늘 캐온 산나물로 오늘 끼니만 잘 챙겨 먹으면 그것으로 만족한다. 그래서 행복하고 콧노래가 절로 나온다. '내일 산이 무너지면 어떡하나?', '산불이 나면 어떡하나?' 걱정하지 않는다.

우리는 누구보다 열심히 살아왔다. 또 지금도 공부하고 깨치며 변하려고 이 책을 읽기까지 한다. 지금까지 잘해온 만큼 내일 무슨 일이 닥쳐도 또 잘 헤쳐나갈 것임을 믿어 의심치 말기로 하자. 성실함으로 똘똘 뭉친 자신의 실천력과 돌파력을 믿고 미래에 대한 두려움을 날려 보내자. "에이 그딴 거 다 이겨내지. 내가 누구야!" 오늘 이 순간에 집중해 최선을 다하면 내일도 문제없다. 너무 걱정하지 마시라. 내일은 내일의 태양이 뜬다.

고립에 대한 두려움을 이겨냈다

산속으로 찾아 들어가는 사람들의 마음에는 이 꼴 저 꼴 그만 보겠다거나, 부담스러운 남들의 시선을 그만 의식하고 싶다거나, 하등 도움도 되지 않는 남들이 하는 소리를 듣고 싶지 않다는 생각이 한켠에 자리 잡고 있을 거다.

나이가 들다 보니 '이렇게 살다가 잘못해서 뒤처지면 친구들로부터, 가족으로부터 외면당하고 홀로 쓸쓸히 살게 되지나 않을까?' 괜한 걱정이 앞서기도 한다. 이런 생각에 마음이 번잡해지면, '다 필요 없다. 떠나버리자!' 하는 마음도 들게 된다. 사람들로부터의 고립이 두려워서 자신이 스스로 고립을 택하는 역설적인 일이 벌어진다. 마치 이성 친구에게 차이기 싫어서, 좋아하면서도 먼저 차고 마는 10대의 고약한 사랑법처럼 말이다.

자유롭게 사는 사람들은 남의 시선, 남의 입방아는 물론이고 더 나아가 관계나 인연에 연연하거나 끌려다니지 않는다. 그러니 사람들로부터 고립된다는 두려움도 없다. 어떻게 이럴 수 있을까? 바로 정서적인 거리를 벌리고 유지해서 가능한 일이다. 남들이 뭐라 하든 그것은 그들의 문제일 뿐, 자신의 관심사가 아니다. 닭의 모가지를 비틀어도 새벽이 오듯이 남들이 뭐라든 나는 내 길을 가면 그뿐이다. 내가 하는 일에 돈을 보태줄 것도 아니라면 입 닥치고 있으라는 당당하고도 무심한 태도로 일관하면 된다.

〈나는 자연인이다〉를 보고 모두가 부러워만 하는 것은 아니다. '아니 어떻게 아무도 없는 산속에 들어가 움막 짓고 거지처럼 살 수 있냐'고 반응하는 사람도 있기 마련이다. 그러든지 말든지 자연인은 오늘도 자유롭게 잘 살아간다. 어깨를 짓누르고 있는 관계와 인연으로부터 벗어나 자유롭게 살고 싶다면 거리를 두면 된다. 굳이 그들을 피해 깊은 산속까지 들어가지 않아도 된다.

실패에 대한 두려움을 벗어 던졌다

참으로 역설적이게도 실패할 것이 걱정되어 아무것도 못 하는 사람들이 의외로 많다. 그들의 인생관은 '아무것도 하지 않아서 아무 일도 일어나지 않게 하는 것'인지도 모른다. '에이, 설마…' 할 수도 있겠지만 사실이다. 의외로 우리 주변에 잘하지 못할까 봐, 실패할까 봐 그 뒤탈이 겁이 나서 아예 시작조차 못 하는 사람들이 부지기수로 많다. 심리학자들은 과도한 완벽주의 때문일 수 있다고 말한다. 곁에서 누구 하나 왈가불가할 수 없을 정도로 보란 듯이 깔끔하게 끝내고 싶은데 그러지 못할 것 같으니 아예 시작조차 않는다는 논리다. 남에게 자신의 허술한 모습을 보이고 싶지 않아서 그런 단다. 내 생각으로는 완벽주의고 뭐고 그렇게 거창하게 레이블을 붙여줄 것이 아니라 그냥 겁이 많아서 못하는 것일 뿐이다. 그리고 쓸데없이 생각이 많아서 그런 것이다.

목표가 생겼으면 좌고우면하지 않고 앞만 보고 돌진해도 성공할까 말까 장담할 수 없는데, 쓸데없이 이걸 잃으면 어쩌나, 저걸 잃으면 어쩌나, 생각이 너무 많다. 그런 면에서 보자면 욕심쟁이이기도 하다. 원하는 것을 얻으려면 갖고 있는 하나둘쯤은 놓아야 한다. 그래야 새것을 얻을 수 있다. 하지만 다 갖고 싶은 마음이 앞선다. 양손에 떡을 쥔 채로 더 큰 떡을 집고 싶어 하는 욕심 때문에 전전긍긍하며 도전을 못 한다. 그러면서 늘 '해야 하는데, 시작해야 하는데' 생각만 하며 시간을 흘려보낸다. 겉으로는 언제나 완벽하고, 못하는 게 없고, 또 한 번 했다면 끝장을 내는 사람처럼 보이지만 속은 보이는 것과 전혀 다르다.

자유롭게 살고 싶다면, 실패에 대해서 좀 더 가볍게 생각할 필요가 있다. 잦은 실패가 모여 더 큰 성공으로 이끈다. 고기도 먹어본 놈이 먹는 것처럼 부닥치고 깨지고 다시 일어나 부딪히는 사람이 결국 성공하는 게 인생의 법칙이다. 단 한 번의 시도로 성공하는 사람은 이 세상 어디에도 없다. 마냥 부러워만 하지 말고 자유인이기 되기까지 얼마나 많은 시련과 실패가 있었을까 짐작해본다면, 그 정도 했으니 이제 자유롭게 살 만하다고 동의하게 될 것이다.

자유롭게 살고 싶다고 해서 굳이 모든 인연과 세상을 뒤로하고 산속으로 들어갈 필요는 없다. 내가 이렇게 이야기한다고 해서 산속에 들어가 '자연인'의 인생을 살고 있는 분들을 폄훼한다고 여기지 않기를 바란다. 모두가 자연인으로 살 수는 없으니 부러워만 할 것이 아니라 내가 발붙이고 사는 이곳에서 자연인처럼 자유롭게 살아보자는 말씀을 드린 것이다.

오늘도 어깨가 너무 무거워서 다 내려놓고 어디론가 사라져서 살고 싶다는 생각을 하신다면, 미래에 대한 두려움, 고립에 대한 두려움, 실패에 대한 두려움을 벗어던지고 가볍게 자유롭게 사는 길을 택해보시길 추천한다. 그게 어디 쉬운 일이냐 하시겠지만, 그럼 모든 인연 끊고 깊은 산속에 들어가 움막 짓고 사는 일은 어디 쉽기만 하겠는가.

인생에서
가장 아름다운 꽃이 핀다

어떤 누구는 "이번 생은 글렀으니 다음 생이나 기대해보자"며 낙담하듯 얘기하고 또 다른 누구는 "젊은 시절로 돌아가고 싶다"고 말하지만, 난 지금이 좋다. 피부에 주름이 늘고 여기저기 관절에서 찌릿찌릿 통증을 느끼기도 하지만 그와 바꿀 수 없는 안정감이 있어 좋다. 네이버 카페 〈실버들의 전성시대〉의 친구들과 이야기를 나눠보면, 나처럼 지금이 너무 좋다는 반응이 많으니 희망이 생긴다. 이런 말을 해주는 친구들의 나이가 나보다 적어도 대여섯 살은 더 많은 60대 중반이다 보니 60 이후 내 눈 앞에 펼쳐질 전성기가 기대되고 설레기까지 한다.

60 이후는 꽃이 만발하는 시기이다. 그 시기 울긋불긋 아름다

운 자태로 피어나는 꽃들을 보기 위해서는 50대를 알차게 살아야 함은 물론이다. 가꾸는 노력 없이 때가 되었다고 저절로 피어나는 꽃들이 아니기 때문이다. 꽃밭을 일구기 위해서는 씨앗도 심어야 하고, 거름도 줘야 하고 물도 챙겨줘야 한다. 또 꽃밭을 사람들이 마구 넘어와 짓밟는 일이 없도록 미리미리 줄도 쳐놓아야 한다. 그래야 제철에 맞게 활짝 피는 화려한 꽃밭을 볼 수 있다. 50대에 꽃밭을 어떻게 가꿔야 하는지 하나하나 이야기를 나눠보자.

다섯 가지 후회가 없도록 우선순위를 조정하자

그전까지는 돈 많이 버는 것, 승진하는 것, 사업에서 성공하는 것, 넓은 인맥을 만드는 것이 우리 인생에서 우선순위 앞부분을 차지하고 있었다면, 60 이후 인생 전성기를 맞이하기 위해서는 우선순위를 새롭게 조정해야 한다. 그러기 위해서는 우리보다 인생을 먼저 살아온 선배들이 생의 마지막 순간 후회했던 것이 무엇인지 살펴보고 참고하는 것이 좋겠다는 생각이다.

오랜 간병인 생활을 하면서 죽음을 앞둔 사람들과의 대화를 통해 발견한 공통점을 정리한 글이 있다. 이 글은 후회 없는 인생을 살수 있는 지침서가 되었다. 브로니 웨어(Bronnie Ware)가 블로그에 쓴 「죽을 때 가장 후회하는 다섯 가지(The Top Five Regrets of the Dying)」라는 글이다. 글 속에서 소개된 죽음을 앞둔 사람들이 가장 많이 후회하는 다섯 가지는 다음과 같다.

후회 ① 내가 원하는 삶을 살지 못했다. 다른 사람의 기대와 시선에 맞춰 자신의 삶을 살았던 것을 후회했다. 남을 의식하고 남을 위한 인생을 사는 바람에 결국 자신의 꿈을 이루지 못한 것을 아쉬워했다.

후회 ② 너무 일만 하며 살았다. 성공과 돈을 위해서만 살아온 인생을 반성하는 것인데, 대부분 남성 환자들이 이러한 후회를 많이 했다고 한다. 일에 쫓겨 아내와 자녀들과 좀 더 많은 시간을 보내지 못한 것을 안타까워했다.

후회 ③ 감정표현에 솔직하지 못했다. 다른 사람들과 잘 지내기 위해서 싫어도 좋은 척, 아파도 괜찮은 척 자신의 감정을 억누르고 숨기고 살아온 것이 어쩌면 지금의 병으로 이어진 것이 아닐까 하는 생각을 많이들 했다.

후회 ④ 옛친구와 연락하지 않고 살았다. 죽음을 앞두고서야 어렸을 적 친구들이 보고파서 연락을 시도했지만 연락이 닿지 않아 절망했다.

후회 ⑤ 내 행복을 위해 노력하지 않았다. 오랜 습관과 생활 패턴에 젖어 살면서 행복을 위해 변화를 시도하지 못한 것을 후회했다.

후회에 대한 이야기를 하면 늘 "후회 없는 인생이 어딨겠냐"는 바보 같은 말이 뒤따른다. 많은 사람이 후회하고 사니까 자신 또한 후회스런 삶을 살아가도 괜찮다는 건지 말의 취지를 전혀 이해하지 못하는 한심한 반응이다. 글을 읽는 다른 사람마저 기운 빠지게 만드는 냉소가 가득한 나쁜 논리이다. 후회도 후회 나름이다. 지금 이야기하는 다섯 가지의 후회는 삶의 본질을 다루는 후회이기 때문에 다른 자질구레한 후회들은 포기하더라도 이 다섯 가지 후회만은 하지 않도록 해야 한다.

후회 없는 인생을 살기 위해 노력하지 않는 자신의 게으름을 정당화하지 말고 지금부터라도 '인생의 우선순위'를 다시 조정해서 이 다섯 가지 후회만은 없도록 해야 한다.

내 인생의 미션을 준비한다

60 이후부터는 정말이지 하고 싶었던 일을 하며 살기에 딱 좋은 시절이다. 그래서 인생은 60부터라고 하는 것일 테고, 60 이후에 인생의 진짜 전성기가 온다고 내가 강조하는 이유다.

우리 대부분은 자기가 원하는 직업, 하고 싶었던 일을 하며 살지 못했다. 적성이 어떤지 꿈이 무엇인지 따질 겨를없이 목구멍이 포도청이라고 직장 잡아 돈부터 벌어야 했다. 하지만 60 이후부터는 달라진다. 이제는 어렸을 때처럼 부모의 허락을 받아야 하는 것도 아니고, 나를 위해 쓸 수 있는 여유자금도 있다. 유튜브에는 없는 게 없으니 마음만 먹는다면 하고 싶은 것을 배우는 데 돈도 들지 않고 독학할 수 있다. 내 아내는 영상편집과 각종 그래픽 관련 프로그램

운영법을 유튜브를 보고 배웠다. 무엇을 배우기 위해 돈 내고 학원을 다녀야 하는 세상이 아니다. 배우겠다는 의지만 있으면 무엇이든 배울 수 있다. 기초부터 차근차근 모든 것을 배울 수 있을 뿐만 아니라 자신의 성장 발전 과정을 영상에 담아 보여줄 수도 있다.

더구나 남는 건 시간뿐이라고 할 만큼 시간도 여유롭다. 60 이후에는 바빠서 못한다는 핑계조차 댈 수 없는 시기이다. 우리 인생을 통틀어 하고 싶은 일을 하며 살기에 이만큼 완벽한 조건을 갖춘 때는 없다.

2019년 84세 나이로 자신의 흥미진진한 은퇴 이후 인생을 담은 책 《나이 들수록 인생이 점점 재밌어지네요》를 쓴 와카미야 마사코라는 여성분이 있다. 그녀가 책까지 내게 된 특별한 이유가 있는데 2017년 세계적인 IT 기업인 애플의 세계개발자회의에 초청되어 애플 CEO와 만나며 '세계 최고령 앱개발자', '노인들의 스티브 잡스' 등으로 불리며 세계적인 주목을 받았기 때문이다.

그녀는 1935년 도쿄에서 태어나 고등학교를 졸업한 이후 줄곧 은행에서 근무하고 60세에 정년퇴직했다. '어머니 돌보기와 수다 떨기, 둘 다 하고 싶다'는 마음에 처음으로 컴퓨터를 구입해서 시니어를 위한 인터넷 커뮤니티에 가입한 것을 계기로 디지털 세상에 매료된다. 엑셀 프로그램을 이용해 자신만의 액세서리를 만들고, 페이스북을 통해 친구를 사귀고, 구글 번역기를 이용해 해외여행을 다니는 등 누구보다 디지털 기술을 활발하게 활용하던 그녀는 일본 언론의 주목을 받기 시작하고, 2014년 도쿄에서 테드(TED Tokyo) 강연을 하게 된다. 노인이 즐길 수 있는 스마트폰 게임이 없다는 것에 주목, 자신이 직접 앱 개발에 대한 기초부터 배워가면서 6개월간의 고군분투 끝에 2017년 아이폰용 게임 앱을 개발하기에 이르렀다.[16] 이때 그녀의 나이가 82세였다.

컴퓨터 문외한이 하나하나 기능을 익히고, 실생활에 적용해 활용하면서 일반인들을 상대로 강연을 하고, 하나부터 열까지 독학을 해서 앱을 개발하고 다른 이들에게 영감을 불어넣는 책까지 쓰는 놀라운 일들이 모두 60 이후 그녀에게 일어났다.

60세에 정년퇴직할 때, 그녀에게는 오로지 두 가지 미션만 있었을 뿐이었다. 90세 어머니를 잘 돌보는 일과 수다 떨기. 그녀는 사람들과 어울려 수다 떠는 것을 좋아했는데 어머니 간병 때문에 집 밖으로 한 발짝도 나가지 못할 수도 있다는 걱정이 앞섰다. 간병도 하고 수다도 떨 수 있는 대안으로 온라인 커뮤니티에 가입하는 방법을 선택했다. 컴퓨터를 구입해서 혼자의 힘으로 인터넷을 연결하는 데 3개월이나 걸렸다. 그렇게 그녀는 새로운 세계로 들어섰다.

그녀가 82세라는 나이에 겁도 없이 덜컥 동년배들을 위한 게임을 개발하겠다고 작정한 사연까지 이야기하자면 너무 이야기가 길어질 듯싶다. 내가 그녀를 예로 든 이유는 미션이라고 해서 전혀 거창할 필요가 없다는 것 때문이다. 괜히 무겁게 생각했다가 시작도 못 하는 수가 많다. 작고 재밌는 것으로부터 시작해서 즐기다 보면 분명 다른 재미를 찾아 흘러가게 마련이다. 그렇게 굽이굽이 열심히 흘러가다 보면 어느덧 우리 앞에는 전혀 예상치 못한 새로운 지평이 열린다는 것을 꼭 말씀드리고 싶다. 와카미야 마사코, 그녀 또한 게임 앱을 만들어보자고 마음먹었지만, 성공적으로 완성될지 어떻게 알았겠으며, 애플에서 여행과 숙박비용 전액을 부담하는 초청이 있을 줄 상상이나 했겠는가. 더구나 책을 쓰는 작가도 되었다. 이런 것을 사람 팔자 시간문제라고 하던데 모두 흥미와 재미가 이끄는 대로 흘러가다 보니 이루어진 일들이다.

어렸을 때부터 너무너무 하고 싶었는데 아직 못해본 것이 있다면 무엇인가? 나는 나의 버킷리스트에서 다음에 도전할 것이 있다. 드럼을 배워 대학가요제에 나왔던 활주로의 배철수처럼 연주해보기다. 2023년 연말쯤 집안에 우당탕탕 마음대로 드럼을 두들겨도 되는 연습공간을 만들어 시작해볼 참이다. 드럼 세트 하나 구입하고 공간만 만들면 되니까 나의 의지만 있다면 내일이라도 당장 할 수 있는 아주 쉬운 일이다. 다만 우선순위상 아직 시작할 단계가 되지 않았을 뿐이다.

또 하나는 웃음이 빵빵 터지는 아주 유쾌한 토크쇼 진행을 해보는 거다. 이 꿈을 이루기에는 크나큰 장벽이 앞에 놓여있다. 우선 나의 거주지를 한국으로 옮겨야 한다. 토크쇼를 함께 할 동료도 참여하기로 결심해야 한다. 녹화장소, 방송작가, 영상편집자를 구할 만큼의 넉넉한 자금도 마련되어야 한다. 지금으로서는 어렵다. 하지만 뜻이 있으면 길이 있다고 내 꿈이 있음을 잊지 않고 노력하면 때가 올 거라 믿어 의심치 않는다. 지금 당장 할 수 없다고 포기할 필요 없다. 그저 아직 때가 되지 않았을 뿐이다. 지레 겁부터 먹고 포기할 필요 없다.

여러분도 꼭 한번 해보고 싶은 것이 마음속에 있을 게 분명하다. 어쩌면 그것이 바로 우리가 태어난 이유일 수 있고, 나를 나답게 만드는 것일 수 있다. 왜냐면 여러분의 재능과 관심, 열정이 그 일을 하면서 발현될 수 있기 때문이다. 대성공을 거두는 게 중요한 것이 아니고, 하고 싶은 일을 하면서 하루하루 성장하는 과정을 즐기면 된다. 결과는 하늘이 알아서 결정해준다.

완벽한 전성기를 만나고 싶은 분들에게 꼭 드리고 싶은 말씀이 있다. 전성기를 누리기 위해서는 적어도 4~5년 정도의 준비 기간이 필요하다는 점이다. 이 준비 기간을 잘 참고 견뎌내야 한다. 하고 싶었던 일이라고 해서 처음부터 수준급으로 잘할 수는 없다. 기량을 펼치려면 어느 정도 숙련도가 있어야 한다. 바로 그 기량을 일정 정도의 수준까지 끌어올리는데 소요되는 시간이 대략 4~5년 정도이다. 그때까지 꾹 참고 버텨야 한다. 그래야 즐길 수가 있다.

남편들의 아내 사랑은
50부터 시작된다

배우자와의 관계회복과 관련된 영상을 유튜브에 올리면 벌컥 화를 내고 내게 욕을 퍼붓는 시청자들이 간혹 있다. "남편들만 뼈 빠지게 평생 돈을 벌어야 하는 법이 어디 있냐?", "왜 아내들만 남편을 이해해야 하나?" 등 배우자를 향한 불만이 하늘을 찌른다. 자신들이야 화가 나서 내게 욕을 해대는 거겠지만 나는 그분들이 딱하기만 하다. 결혼해서 얼마나 서로 상처를 주며 살았기에 배우자 얘기만 나오면 저렇게 성이 나서 달려들까 싶다. 사랑할 줄도 받을 줄도 모르고 살아온 가엾고도 가여운 인생들이다.

다른 사람도 아니고 서로를 믿고 운명을 걸었던 부부 두 사람이 "너부터 잘하라"고 하는 모습이 딱하기 그지없다. 배우자에게 잘하면 그 배우자가 더 잘해줘서 결국 자신이 평안해지는 그 간명한 논리를 왜 깨닫지 못하고 사는지 진정 안타까울 때가 많다. 연애 시절 연인의 마음을 얻기 위해 했던 그 무수한 말들과 약속들을 기억이나 하는지 모르겠다. "이제 와 그게 무슨 소용이 있냐" 할 수도 있을 테지만 그때의 그 언약과 마음은 무슨 일이 있어도 지킬 거라 하지 않았던가.

신혼 때 배우자에게 잘하는 것은 누구나 다 한다. 신혼 때 깨가 쏟아지게 매사에 살갑게 구는 것도 누구나 다 경험했다. 신혼 때의 살가움, 애정 표시는 결혼생활의 기본값이다. 아주 개망나니가 아니라면 신혼 때는 누구나 다 잘한다. 그러니 특별할 것도 없고 내세울 일도 아니다. 우리가 배우자에게 했던 약속의 대부분은 힘들더라도, 어려울 때라도, 비바람이 치고 눈보라가 불 때라도 우리가 늙어 꼬부랑 할아버지 할머니가 되더라도 곁에서 함께 해주겠다는 것이었다. 그런 의미에서 나는, 남편들이 아내에게 했던 그 달콤하고 애정 어린 수많은 약속이 환심을 사기 위한 거짓말이 아니라 진심이었음을 보여줄 수 있는 적기는 바로 50부터라고 믿는다.

호강시켜 주겠다, 손에 물 묻히지 않게 해주겠다, 가정적인 남편이 되겠다, 가사분담 하겠다, 술자리 줄이겠다, 장인, 장모께 잘하겠다 등 결혼 전에 했던 약속들은 너무 달콤했지만 이내 거품처럼 사라져버린다.

그래도 천만다행인 것이 아내들은 남편에게 큰 것을 바라지도 기대하지도 않는다는 사실이다. 남편이 지금까지 호강시켜줄 만큼의 떼돈을 벌어오지 못했다고 실망하거나 기대를 저버리지 않는다. 그런 기대는 접은 지 오래다. 그녀들이 원하는 것은 마음 알아주고 서로 위하며 둥굴둥굴 재미나게 의좋게 사는 거다. 남은 인생의 절반을 아내와 살아가겠다고 마음먹었다면 지금이라도 늦지 않았으니 프로포즈했을 때의 약속을 되새겨 보자. 그 약속을 지키며 사는 멋진 남편이 되어보자.

아내의 시대가 도래했음을 인정하자

아내는 남편의 소유물도 아니고, 통제하고 관리할 대상도 아니다. 더구나 남편의 말 한마디 한마디에 따라 이리저리 움직여야 하는 그런 존재는 더욱 아니다.

은퇴 이후 집안에 들어앉아, 바쁜 아내의 일상과 스케줄을 관리하려는 무모한 시도를 남편들이 가끔 벌인다. 여전히 안팎으로 바쁜 아내의 모습에 샘이 나서 고춧가루를 뿌리려는 속셈이다. 이건 마치 무능하기 짝이 없는 선배가 유능한 후배를 밀어주고 끌어주지는 못할망정 후배가 자신을 제칠까 두려워서 발목을 잡는 지질함과 유사한 심리상태다. 모름지기 50 이후는 남편의 시대는 저물고 아내들이 권력을 쥐는 권력 이양기이다. 권력을 내놓아야 할 때 내놓지 않으려고 쿠데타를 일으켜서 득 볼 일 하나 없다.

바야흐로 아내의 시대가 도래했다. 기왕 이렇게 된 바에는 아내에게 권력을 순순히 이양하고 30여 년 동안 어깨를 짓눌렀던 왕좌에서 내려와 시대변화에 순응해 살면 모든 것이 편해진다.

동서고금의 여성들이 그토록 간절히 갖고 싶어 하는 '자기결정권'을 아내에게 선사하고 존중하자.

껌딱지처럼 아내에게 붙어살지 말자

'주말 과부'라는 말이 있다. 취미 생활로 혹은 바쁜 회사 일을 핑계로 휴일마저 아내를 외롭게 남겨둬 생과부로 만든 남편들이 많아서 생긴 말이다. 바빴다지만 남편들은 그렇게 아내를 방치했고 아내의 외로움을 못 본 체했다. 자기 좋은 일만 하고 돌아다녔다.

은퇴 이후엔 아내들이 남편을 집에 남겨둔 채 바쁘게 살아간다. 그런 아내를 탓하기 전에 '이게 다 자업자득이다.' 생각해야 한다. 지난 30여 년간 그렇게 살아보자고 끊임없이 남편에게 이야기해왔다. 그때 아내의 부탁을 외면하거나 가볍게 여긴 것은 우리 남편들이다. 남편들이 아내의 외로움을 다독여주지 않았기에 아내들은 친구들과 어울리고 모임에 나가는 자구책을 마련해왔다. 다른 놈과 바람나지 않은 것만 해도 감사해야 할 만큼 대한민국의 아내들은 그간 너무도 많이 외로웠다. 남편들은 아내의 이런 외로움을 이해하는 것으로부터 길을 찾아야 한다.

무턱대고 자신이 한가해졌다고 이제 와서 무엇이든 아내와 함께하고 싶다는 바람은 너무 이기적인 생각일 뿐이다. 그럼 그냥 이

대로 따로따로 살면 되는 걸까? 물론 아니다. 남편은 그동안 자신의 소홀함을 진심으로 반성하고 있음을 행동으로 일관되게 보여주는 게 필요하다. 말로 하소연해봐야 진심이 와닿지 않는다. 마음을 보여줄 수 있는 것은 말이 아니라 행동이기 때문이다. 연애 시절처럼 아내가 재밌어할 주제 거리를 찾아 대화를 이어갈 수 있도록 해야 하고, 아내의 이야기를 시선 맞춰가며 들어주고 맞장구를 쳐줘야 한다. 그래야 앞으로 남은 50여 년을 함께할 친구의 마음을 되돌려 놓을 수 있다. 포기하지 말자. 아내는 이미 마음속으로 얼마든지 받아들일 준비가 되어 있다.

뛰어봤자 아내의 손바닥 안이다

우리가 어렸을 적 재미있게 읽었던 《서유기》에는 이런 대목이 나온다. 72가지 도술로 신출귀몰할 뿐 아니라 불사신이었던 망나니 손오공이 천상계에 올라와 온갖 패악질을 벌여도 옥황상제마저도 어찌할 도리가 없었다. 이때 부처님이 직접 나서서 손오공에게 자신의 손바닥을 벗어난다면 옥황상제 자리를 넘겨주겠노라며 내기를 제안했다. 손오공은 이를 비웃으며 도술을 부려 내뺐다. 손오공은 세상 끝에 있는 다섯 개 기둥에 다다르자 그곳에 자신이 왔었다는 글을 남기고 돌아온다. 그러자 부처님은 방긋 웃으며 손바닥을 펴 보이는데, 이 기둥들은 다름 아닌 부처님의 손가락이었다. 잘난 손오공도 제아무리 용을 써봐야 결국 부처님 손바닥 안을 벗어날 수 없었다.

"네가 뛰어봤자 부처님 손바닥 안이다"는 말이 여기서 유래했다.

우리 남편들이 꼭 이런 꼴이다. 참으로 안타까운 일이고 수긍하고 싶지 않겠지만 긴 세월을 아내와 함께 살면서 참담할 정도로 밑바닥 끝까지 싹 다 드러내 보여줬다. 귀신을 속이면 속였지, 아내를 속일 방법은 더는 없다. 제아무리 큰소리치고 허풍을 떨어봐야 모두 아내의 손바닥 위에서 재롱을 부리는 격이다. "남자는 세계를 지배하고 여자는 그 남자를 지배한다"는 말이 있다. 세상을 쥐락펴락하는 남자들도 아내의 손바닥 안을 벗어날 수 없다. 그렇게 아내는 남편의 모든 것을 속속들이 파악하고 있다.

그러니 더 초라해지고 싶지 않다면 아내 앞에서만은 솔직해지고 겸손해지자. 다른 사람들에게는 몰라도 아내 앞에서의 허풍은 약발이 다했다. 그럼에도 아내들이 참고 들어주는 것은 우리가 밖에 나가 기죽을까 봐 가여워서 베푸는 배려일 뿐이다. 자기 자신에게조차 드러내 보이고 싶지 않은 부끄러운 사실이라도 아내에게는 감추려 들지 말자. 아내는 솔직한 남편을 따뜻하게 품어줄 넓은 아량을 갖고 있다. 그 품에 안겨 편안하게 지내자.

아내 앞에서는 낯빛을 밝게 하라

"가정은 병원이 아니다"라는 말이 있다. 병원에 있는 환자들처럼 아파서 인상 찡그리고, 짜증 섞인 말을 하지 말라는 뜻이다. 남편들은 밖에서 잘 지냈음에도 집안에 들어서면서부터 종종 무겁고 근엄한 표정을 짓는다. 그렇게 화났거나 무서운 얼굴을 하고 있어야 가장으로서의 권위가 선다고 생각하는 모양이다. 아내가 묻는 말에도 통명스럽게 대답한다. 아내가 이것저것 말이라도 길게 하면 버럭 화를 내기 일쑤다. 자식들 얼굴을 그나마 볼 수 있는 식사시간에는 잔소리를 그치지 않는다. 웃음이 넘쳐나야 할 즐거운 식사시간이 가족들에게는 제일 조마조마하며 가슴을 졸이는 시간이자 가장 피하고 싶은 고역의 시간이 된다.

나이 들어갈수록 나잇값을 해야 한다며 엄숙주의라는 잘못된 길로 들어서면 웃음은 적어지고 표정은 굳으며 말은 위선적으로 변한다. 실제 마음이나 욕망과는 달리 겉으로는 진지한 척, 신중한 척, 모든 것이 올바른 사람인 양 드러나게 해야 하기 때문이다. 그러다 보니 말과 행동이 어긋날 때가 많아 표리부동한 사람으로 낙인찍히기 쉽다.

엄숙주의에서 빠져나와 아내 앞에서는 낯빛을 밝게 하자. 그러면 집안에서는 웃음소리, 노랫소리, 재잘거리는 정겨운 말소리가 넘쳐난다.

왜 남편들만 아내에게 이렇게 해야 하냐고 억울하다는 생각이 든다면, 정말이지 결혼생활 허투루 한 것이고, 아내를 몰라도 정말 모르는 무심한 남편으로 살아왔음을 반성부터 해야 한다. 연애 시절 남편분들이 아내에게 끊어준 약속어음을 꺼내보자. 그 어음을 부도내서는 안 된다. 언제고 한번은 지켜야 하는 약속어음이다.

아내를 여왕같이 떠받들고 살면, 그것이 궁극적으로 남편인 우리 자신을 위하는 길이고 아내가 여왕이 되면 우리는 자동으로 왕이 된다. 남자 나이 50, 이제 아내 사랑을 행동으로 보여줄 때가 되었다.

인생역전을 일구는
가장 강력한 무기

　인생에서 무엇이 가장 가치 있다고 생각하는가? 중장년에 이른 지금 시기에 만약 여러분이 부모로서 이제 막 사회에 나왔거나 가정을 꾸려 자신의 세계에 들어선 자녀들에게, 멋진 인생 선배로서 인생 내공과 진정성을 모두 담아 행복한 인생을 살아가기 위해 간직해야 할 가장 가치 있는 것을 딱 한 가지 골라준다면 무엇을 선택하겠는가? '앞으로 살면서 예상치도 못한 역경들이 닥쳐올 텐데 그것들 앞에서 이것만 잊지 않고 간직하고 있다면 능히 헤쳐나갈 수 있을 거야.' 하면서 알려줄 보석 같은 단어 말이다.

　느닷없이 질문하니 머릿속에 많은 것들이 떠올라 가장 가치 있는 딱 한 가지를 꼽기가 쉽지 않을 것이다. 우리도 바쁜 일상을 살다 보니 무슨 일이 있어도 꼭 간직해야 하는 것을 잊고 생활하기에 얼른 그 하나를 선택하기가 어려울 수도 있겠다.

긍정성은 인생에서 가장 강력한 무기이다

내가 꼽는 것은 긍정성이다. 긍정성을 갖춘 이후 내 인생이 많이 바뀌기 시작했기 때문이다. 평온한 일상에서라면 긍정적이고 낙관적인 생각을 갖는 게 어렵지 않다. 몸도 마음도 평안하니 굳이 긍정성이랄 것도 없이 모든 게 좋다. 하지만 벼랑 끝에 몰린 상황이라면, 목숨을 잃을 수도 있다는 청천벽력같은 큰 병을 진단받았다면, 불안하기 짝이 없는 막막한 현실 앞에서라면 이야기는 달라진다.

그런데 누군가는 모든 것을 포기하고 놓아버리는 선택을 하기도 하지만 다른 누군가는 희망을 간직한 체 그 위기의 상황을 돌파해나가기로 마음먹는다. 이 둘의 다른 선택은 어디에서 비롯된 것일까? 바로 긍정성이다.

KBS의 〈다큐 인사이트〉를 보았다. 서울 수서역 근처 유명 대형 병원에서 치료받기 위해 지방에서 올라올 수밖에 없는 암 환자들과 보호자들의 고단한 생활이 주제였다. 인터뷰했던 대부분의 환자는 서울과 지방을 오갈 수밖에 없다거나 혹은 병원 근처에서 월세방을 얻어 생활하는 등의 현실적 어려움을 무덤덤하게 이야기하는 데 그쳤지만, 췌장암에 걸렸다는 50대 초반쯤으로 보이는 남자 환자만이 인터뷰 끝에 묻지도 않은 말을 보탰다. 밝은 얼굴로 주먹을 불끈 쥐며 "저는 꼭 완치될 겁니다!"라고 했다. 긍정성은 이렇게 인생의 절체절명 위기 속에서 엄청난 빛을 발하며 다른 태도를 갖게 만들어 준다.

긍정심리학의 창시자인 마틴 셀리그먼은 그의 저서 《긍정심리학》에서 행복의 제일 조건으로 긍정성을 꼽았다. 그는 책에서 평생 수녀로 살아갈 것임을 약속하며 종신서원을 한 수녀들의 이야기로 긍정성이 삶을 어떻게 다르게 만드는지를 극명하게 보여준다.

모든 수도사처럼 수녀들 또한 세상과 단절된 채 수녀원이라는 한정된 공간에 모여서 엄격한 생활수칙에 따라 지낸다. 하지만 같은 공간, 같은 일정, 같은 수칙 하에서 살면서도 수명과 건강은 개인마다 상당한 편차를 보인다. 세실리아 수녀는 98세에 이르기까지 잔병치레 한 번 겪지 않으며 생활했다. 반면 마거리트 수녀는 59세에 이른 나이에 뇌졸중을 앓기 시작해 투병 생활을 얼마 이어가지도 못하고 사망했다. 두 수녀가 평상시 쓴 글을 조사했봤더니 내용이 완전히 극과 극이었다. 건강한 세실리아 수녀의 글에는 "참으로 행복하다"거나 "크나큰 기쁨"과 같이 긍정적인 표현들이 수시로 등장한다.

반면, 마거리트 수녀의 글에서는 긍정적인 표현을 찾아보기 어려웠다. 두 수녀의 글에서 흥미로운 점을 발견한 연구자들은 이를 계기로 수녀원에 있던 180명 수녀의 글을 하나하나 조사하기에 이르렀는데, 조사결과 놀라운 점을 찾아냈다. 밝고 활기찬 성격을 지닌 수녀들의 90퍼센트가 85세까지 생존한 반면, 소극적이고 내성적인 수녀들은 34퍼센트만이 85세까지 살았다.

물론 긍정성이 지녀야 하는 이유가 오래 살기 위한 것만은 아니다. 연세대 김주환 교수는 자신의 저서 『회복탄력성』에서 "회복탄력성은 시련이나 고난을 이겨내는 긍정적인 힘"이라고 말한다. 몸을 움직이고 지탱하려면 근육이 있어야 하듯이 살아가면서 맞닥뜨리게 되는 여러 저항에 맞서 이겨내기 위해서는 마음의 근육인 긍정성이 튼튼해야 한다.

사람은 원시 시대 동굴 속에 살 때부터 본능적으로 위험을 먼저 생각하는 습성이 몸에 뱄다. 이런 습성을 지켜왔기에 지구상에서 멸종하지 않고 생존할 수 있었고 가족을 지켰다. 포식자의 출현, 태풍이나 지진 등 나쁜 신호를 무시하면 최악의 경우 죽음을 맞았다. 부정적인 자극에 예민하고 민감하게 반응하는 사람이 위험 상황에서 살아남았고, 결과적으로 그들의 유전자를 후손에게 물려주었다. 우리는 모두 남들보다 훨씬 위험에 예민했고 뛰어나게 반응한 조상들의 자손이다. 그러므로 부정성 편향은 생존을 위해 진화된 인간들의 속성이다.

우리 몸속 DNA에 아로새겨진 이런 특성으로 인해서 나쁜 일, 부정적인 것에 더 빨리 반응하고 예민해지는 '부정성 편향'이 강화될 수 있다. 부정성 편향이 강화되면 있을 수 있는 위험을 감지하고 대비하는 것을 넘어 밑도 끝도 없는 부정적인 생각에 만사를 그르

치게 된다. 아예 부정적인 사람이 되어버리는 것이다.

부정적인 사람이 되면 어떻게 변할까? 열 가지 감사할 일보다 한 가지 섭섭한 것이 더 크게 보인다. 내가 가진 장점보다 단점에 괴로워한다. 상대의 모자란 점들만 눈에 들어와 모든 것이 마땅치 않게 여겨진다. 꿈과 희망보다 안 되면 어쩌나 하는 불안감과 못할 수도 있다는 무력감이 압도한다. 행복한 때보다 불행하고 슬펐던 시간이 먼저 떠오른다. 백 마디 칭찬보다 한마디 비난에 좌절한다. 은혜는 쉽게 잊고 증오와 원한에 들끓는다. 큰 이득은 작아 보이고 작은 손실에 배 아파 떼굴떼굴 구른다. 그래서 동물적 본능과도 같은 부정적인 것에 민감한 우리 마음속에서 행복과 성장의 열쇠인 긍정성을 북돋으려면 꾸준한 연습이 필요하다.

말이 바뀌면 인생이 달라진다

세상을 긍정적으로 살고 싶다면 무엇보다 입 밖으로 나오는 말부터 바꿔야 한다. 부정적인 표현보다는 긍정적인 표현을 의식적으로 써버릇해야 한다. 옛말에 "말이 씨가 된다"고 했는데 나쁜 말을 자꾸 써버릇하면 인생도 꼬이기 마련이다. 부정적인 생각으로 나쁜 말이 튀어나오기 전에 이를 감지하고 멈출 수 있도록 경계를 삼엄하게 펴야 한다. 그 정도의 제어능력을 갖추면 무의식중에 튀어나올 뻔한 부정적인 말이라도 입안에서 사르르 녹아내린다.

미국의 철학자이며 심리학자인 윌리엄 제임스가 생전에 남긴 기가 막힌 명언이 있다. "말이 바뀌면 생각이 바뀌고, 생각이 바뀌면 행동이 바뀌고, 행동이 바뀌면 습관이 바뀌고, 습관이 바뀌면 인격이 바뀌고, 인격이 바뀌면 운명도 바뀐다." 결국, 말이 바뀌면 인생이 바뀐다.

게으르다, 소심하다, 산만하다, 못하겠다, 할 수 없다, 죽겠다는 부정적인 표현을 쓰기보다는 여유 있다, 조심성 많다, 에너지가 넘친다, 어렵지만 해보자, 반드시 해낼 수 있다 등 긍정적인 표현을 써보자. 말이 바뀌면 우리의 운명도 바뀐다. 인생은 그렇게 바뀌어간다.

표정을 밝게 하면 인생도 밝아진다

최근 들은 말 중에 가장 멋진 말이 "사람의 표정은 감정의 광고판이다"는 것이다. 말 한마디 안 해도 표정만으로도 그 사람의 마음과 생각이 다 드러나기 때문이다. 좋은 표현을 쓰면 우리의 생각이 바뀌듯이, 표정을 바꾸면 우리 마음도 바뀐다. 마음을 먼저 바꿔야 표정이 바뀌는 것 아닌가 하는 의문이 들지만, 마음이 괴롭고 힘들 때 억지로라도 미소짓고 웃어 보이면 마음도 누그러진다. 지금 눈을 감고 따뜻하게 미소를 지어보자. 미소지으려 입꼬리를 올릴 때, 마음도 함께 미소짓는 것을 느낄 수 있다.

이번에는 반대로 눈살을 찌푸리고 짜증 난 표정을 지어보자. 분명 미소 지었을 때와는 정반대로 마음속부터 불편한 감정이 생겨난다. 표정이 우리의 감정을 드러내기도 하지만 어떤 표정을 짓느냐에 따라 우리의 생각과 마음이 변하기도 한다.

재미난 경험이 있었다. 아내 놀리는 것이 재밌어서 가끔 토라진 척을 할 때가 있었다. 그러면 아내는 화를 풀어주려고 내 곁에 와서 이런저런 애교도 부리고 재미난 이야기도 들려준다. 아내의 그런 모습이 귀여워서 화가 난 표정을 풀지 않았다. 그 순간 내 마음의 변화를 알아챘다. 장난으로 화난 모습을 한 것뿐이었는데 어느새 내 마음이 정말 화가 난 사람처럼 불편해지기 시작하는 것이었다. 이 장난을 더는 하면 안 되겠다는 깨우침을 얻었고 다시는 이런 장난을 하지 않는다.

심리학자들은 표정이나 말을 바꿔서 사람들의 생각이나 감정을 변화시킬 수 있다고 말한다. 우울해지고 싶다면 틈나는 대로 한숨을 쉬고 종일 우울한 표정을 지으면 된다. 그리고 "나는 왜 맨날 이 모양이지"와 같은 말을 되풀이하면 된다. 화를 내고 싶다면 눈살을 찌푸리고 "이런 XX" 욕을 해대면 정말로 감정이 격하게 일렁이게 된다. "행복해서 웃는 것이 아니라, 웃기 때문에 행복해진다"는 말은 이런 맥락이다. 항상 미소를 짓고 지내는 사람은 이 원리를 알고 실천하는 사람임이 분명하다. 표정을 밝게 갖자 그러면 인생도 밝아진다.

아름다운 질문은 아름다운 답을 얻는다

우리는 자책하는 질문을 습관적으로 한다. 나는 왜 열심히 일했는데 모아놓은 재산이 없지? 나는 왜 은퇴준비가 안 돼 있지? 나는 왜 미래가 불안하지? 나는 왜 무릎이 아프지? 내 인생은 왜 이 모양이 꼴이지? 아무리 자문자답을 하는 것이라지만, 이렇게 질문하면 답을 구하기는커녕 두 어깨에 힘만 빠져나가 축 늘어지게 된다. 변변치 못한 자신을 탓하게 되고 자신만 미워진다.

질문을 잘하는 학생이 성적도 좋은 것처럼 인생을 잘 살아가기 위해서도 질문을 잘해야 한다. 지금까지 해온 것처럼 '왜'만 물어봐서는 답을 찾을 수 없다. 제자리만 뱅뱅 돌게 될 뿐이다. 지금부터라도 이런 어리석은 질문은 멈추고 다르게 물어봐야 한다.

어떡하면 재산을 모을 수 있을까? 어떡하면 은퇴준비를 잘할 수 있을까? 어떡하면 미래가 불안하지 않게 할까? 어떡하면 무릎이 아프지 않게 할까? 어떡하면 인생을 바꿀 수 있을까?

성장 발전하고 싶다면, 더 나은 인생을 살고 싶다면 '왜'라고 묻지 말고 '어떻게'로 질문해보자. '왜'로 시작하는 질문이 탓하기 위한 질문이라면, '어떻게'로 시작하는 질문은 개선 방향을 묻는다. '왜'로 시작하는 질문이 뒤를 돌아보는 것이라면, '어떻게'로 물어보는 질문은 앞을 바라보는 것이다. '왜'로 시작하는 질문이 제자리에 머무는 것이라면, '어떻게'로 물어보는 질문은 한 발 앞으로 내딛는 것이다.

아름다운 질문은 아름다운 답을 얻는다. 힘 빼는 질문이 있는 반면에, 힘을 주는 질문이 있다. 바른 질문이 바른 길로 인도한다. 질문하고 싶다면 아름다운 질문, 힘을 주는 질문, 바른 질문을 하자.

혼자 살아도
오지게 행복하다

1인 가구가 빠르게 증가하고 있다. 더구나 이 숫자가 정점에 도달한 것도 아니다. 단순히 증가하는 것뿐만 아니라 늘어나는 속도도 전문가의 예측을 뛰어넘어 점점 더 빨라지고 있다. 이렇게 몇 해만 더 지나면 전체 가구 수의 50%가 1인 가구로 채워질 날도 머지않은 듯싶다. 그도 그럴 것이 청년들의 독립이 빨라지는데다, 우리나라 역사상 최대 인구집단인 베이비부머들이 늙어가고 있다.

1인 가구, 이렇게 말하면 아무런 감정 없는 중립적인 이미지로 전달되지만, '독거노인 가구'라고 바꿔 부르면 암울한 분위기가 느껴진다. 1인 가구, 독신 가구, 싱글라이프, 독거노인 뭐라 부를지라도 누구나 다 똑같이 생각하고, 똑같이 살아가는 것은 아니다. "혼자

산다"라는 말에 누군가는 외로움, 소외감 같은 부정적인 생각을 떠올리는 반면, 또 다른 누구는 자유로움, 홀가분함, 독립심과 같은 긍정적인 정서를 먼저 느끼기도 한다.

그렇다. 세상은 모두 하나의 색일 수 없다. 어둠이 있으면 밝음도 있다. 혼자 움츠리고 외롭게 살아가는 사람도 있지만 세상을 다 가진듯이 하루 24시간이 모자라게 바쁘고 즐겁게 혼자만의 생활을 만끽하며 사는 사람들도 있다. 어차피 혼자라면 오지게 행복하게 살아야 한다. 그것이 우리가 세상에 태어난 이유다.

노년에 우리는 어떤 이유로 혼자 살게 될까? 비혼으로 젊은 시절부터 내내 혼자 살아온 분들도 계실 테지만 이혼 또는 사별을 하게 된 후 재혼하지 않는다면 혼자 살게 된다. 그러고 보면 결혼생활을 화목하게 잘 유지해왔던 부부일지라도 한날한시에 함께 죽지 않는 한 부부 중 어느 한 사람은 끝내는 혼자 남아 살아가게 된다. 특히 기대수명이 남성에 비해 긴 여성분들은 혼자 살아가기 위한 만반의 준비를 해야 한다.

이렇게 얘기를 풀어가다 보니 '인생은 결국 혼자 남게 되는 거구나.' 하는 생각이 든다. 그렇다면 언제고 다가올 혼자 살 수밖에 없는 그 날들을 잘 지내기 위해서 지금부터라도 독거의 능력을 키워나가야 하겠다.

다른 사람들의 편견과 고정관념에 갇히지 마라

젊은이가 혼자 살면, '돈 벌기 위해 또는 공부를 위해 집 떠나 혼자 사나 보다.' 하고 생각한다. 하지만 중장년이 되어 혼자 살면 당사자는 행복하게 잘 살아가고 있음에도 불구하고 주변은 의심의 눈초리로 또는 호기심에 가득 찬 시선으로 바라보는 것이 여전한 세태이다.

죄를 짓고 도망쳐 숨어든 것은 아닌지, 성격이 좀 모자라거나 괴팍한 것은 아닌지, 사회성이 모자라고 분열적 성격을 지닌 것은 아닌지, 외롭게 혼자 사니까 항상 우울한 것은 아닌지 편견과 선입견으로 바라본다.

드라마에서 보듯 혼자 재밌게 살아가는 독신생활을 동경하고 부러워하면서도 여전히 농경사회의 대가족이나 산업사회의 핵가족이라는 굳어진 기준으로 혼자 사는 사람을 일단 부정적으로 바라보고 다른 이웃들과 뒷담화를 한다.

가장 잘못된 선입견은 아마도 결혼경험이 있는 혼자 사는 중장년 여성에 대한 것일지 모른다. 삐뚤어진 남자들이 갖고 있는 선입견이다. 결혼도 했으니까 '남자 맛'이 어떤지 알 테고 그러니 혼자된 이후, 그 욕정 때문에 남자가 그리워 잠 못 이루고 그래서 남자가 조금만 친절하게 대해주면 사람을 가리지 않고 몸을 허락할 거라는 그 못된 편견 말이다.

남자 맛이 그리워 매일 밤, 이 남자 저 남자와 잘 거라는 그래서 나도 조금만 매달리면 혼자 사는 저 여자와 잘 수 있을 거라는 한심한 생각. 이것은 여자의 심리나 욕구를 몰라도 너무 모르는 저질 수컷이 가진 판타지에 불과하다. 젊은 시절 제대로 된 성교육도 받을 기회가 없었던 1970~1980년대 성인용 영화를 너무 많이 본 것이 아닐까 싶다.

하여간 주변 시선이나 관심이 이리 우호적이지 않다 보니, 아무렇지도 않던 사람마저 움츠러들게 마련이고, 자신이 알아서 행동거지를 더 조신하게 하려다 보니 스트레스만 쌓여간다. 아니 막말로 혼자 살면서 내가 능력이 되어 이 남자 저 남자 만나고 다닌들 남들이 뭔 상관인가? 남의 가정 깨려고 유부남, 유부녀를 만나는 것도 아니고, 혼자 사는 사람끼리 만나는 건데 문제 될 것 하나 없다. 당사자의 능력이 출중해서 이제는 구속당하지 않고 자유연애 즐기면서 살겠다는데 남들이 뭐라 할 일 하나 없다. 부러워서 입방아를 찧는 것이다.

우리는 지인과 이웃 사람들에게 잘 보이고 인정받으려고 사는 것이 아니다. 그 사람들이 좁은 시각과 편견으로 독신으로 사는 사람들을 어찌 바라보든 상관하지도 말고 의식조차 할 필요 없이 당당하게 내가 하고픈 것 하면서 살면 된다. 그래야 사는 게 즐겁고 재밌다. 볼룸댄스를 배우고 싶은데 춤바람났다고 주위에서 수군거릴까 겁나 배우지 못하는 분을 본 적이 있다. 볼룸댄스가 건강관리에도 좋고 스포츠의 한 종목으로 인정되고 있는 마당에 알지도 못하는 무식쟁이들의 말이 무서워, 하고 싶은 것을 못한다면 말이 되지 않는다. 자고로 어느 분야에서든 성공한 인생은 세상의 편견을 깬 사람들이다. 편견과 고정관념에 갇혀 살지 않기 위해서는 무엇보다 나 자신부터 공부를 계속해서 자신의 고정관념부터 깨부수며 나가야 한다는 점 부디 잊지 마시길 바란다. 그래야 당차고 씩씩하게 살아갈 수 있다.

나는 대체불가 주연배우다

주인의식을 가지라는 말을 제일 많이 듣는 곳은 아마도 회사일 거다. 내 회사가 아닌데 어떻게 주인의식을 가질 수 있을까? 말도 안되는 소리다. 월급은 쥐꼬리만큼 주면서 꼭 일 시킬 때만 주인의식을 가지라며 사람을 다그친다. 정말로 주인의식을 가져야 할 곳은 바로 우리의 인생이다. 주인도 그냥 주인이 아니다. 100% 지분을 온전히 갖고 있는 주인 그 자체이다. 그런데 회사에서는 주인처럼 일하면서도, 정작 자신의 인생은 바쁘다는 핑계로 제대로 돌보지 않는 사람들이 많다. "무엇이 중헌디?"

우리의 인생을 한 편의 영화로 많이들 비유한다. 그 한 편의 영화에 우리는 대체불가한 원톱 주연배우다. 각본과 제작은 물론이고 촬영까지 모두 우리 자신의 몫일 수밖에 없다. 이런 무한책임을 갖고 슬픈 멜로드라마를 찍을지 디즈니처럼 온 가족이 즐길 수 있는 가족영화를 찍을지, 19금 성인영화를 찍을지, 시원한 로드무비를 찍을지 또한 우리가 결정해야 한다.

우리는 지금 어떤 장르의 영화를 찍고 있는 걸까? 어떤 영화를 찍고 있든 잊지 말아야 할 것은 해피엔딩으로 끝나야 한다는 사실이다. 우리 인생 역정에 힘든 과정이야 없을 수 없겠지만 이 과정을 모두 이겨내고 디즈니 만화영화의 끝부분에 나오는 말처럼 "그 후로도 내내 행복하게 살았답니다(LIVE HAPPILY EVER AFTER)"로 대단원의 막을 내려야 한다.

앞서 이야기한 것과 같이 이웃이나 주변 사람들의 편견이나 선입견에 주눅 들거나 몸을 사리고, 내 꿈보다는 다른 이의 꿈을 대신 이뤄주기 위해 사는 것은 주인공으로 할 짓이 아니다. 그러니 나중에라도 "자식들 때문에 살았다"라는 말을 해서도 안 된다. 자녀들도 부모님들이 자신들을 위해 희생하고 살아온 것을 고마워하겠지만 시시때때로 이런 말을 들으면 고마움은 사라지고 '누가 그렇게 살라고 했냐'는 반항심만 튀어나오기에 십상이다.

인생 영화를 성공적으로 잘 찍는 방법은 오늘, 이 순간, 지금에 몰입하고 즐기고 행복하게 사는 것이다. 오늘이 불행한데 내일이 행복할 수 없고, 오늘을 담보로 내일을 살 수 없다. 재밌고 호기심에 가득 찬 하루하루가 모여야 "그 후로는 내내 행복하게 살았답니다"로 내 인생의 영화를 완성할 수 있다.

고독은 최고의 친구다

고독과 외로움은 비슷한 듯하지만, 전혀 다른 의미이다. 고독은 인간을 성숙하게 만드는 혼자만의 시간이다. 그래서 그 혼자 있는 시간인 고독을 즐기는 사람은 내면적 성찰이 깊어지고 자신을 잘 이해하게 된다.

연예인들이 가장 두려워하는 것 중 하나가 공연 끝나고 혼자 있는 시간이다. 물거품 같은 인기가 사라져 사람들의 관심에서 멀어질까 두려워 우울증을 앓게 되거나 그것에 집착하고 불안해하다 보면 공황장애에까지 걸리기도 한다.

혼자 사는 즐거움에 푹 빠져 지낼 수 있어야 한다. 고독을 친구라 인정하고 곁에 두고 즐길 수 있어야 한다. 다른 사람들과 의견조율 없이 무엇이든 혼자 할 수 있는 자유, 혼자 먹고 싶은 것을 골라먹을 수 있는 자유, 내 방식대로 집을 꾸미고 정리할 수 있는 자유, TV 리모컨의 소유권을 누리며 내가 보고픈 TV 프로그램을 나만의 편안한 자세로 골라 볼 수 있는 자유, 내가 가고 싶은 대로 내 마음대로 스케줄을 짤 수 있는 자유를 만끽하며 지낼 수 있어야 한다.

오롯이 24시간을 나를 위해 투자하고 하루하루 발전해나가는 모습에 기뻐하고 성장해나가는 자신을 기특해하며 기쁨과 설렘으로 가득 찬 것이 혼자 사는 즐거움이다. 혼자서 잘 노는 사람이 여러 사람과 함께했을 때도 훨씬 더 잘 지낼 수 있다. 의존적인 사람은 혼자 있으면 불안하고, 함께 있으면 다른 사람들에게 부담만 줄 뿐이다. 고독과 친구가 되자 그러면 행복감이 몇 배가 된다.

새로운 관계로 인생에 활기를 불어넣는다

금실 좋은 노부부의 경우, 배우자 한 분이 돌아가신 이후에 나머지 한 분이 외롭게 살다가 1~2년도 지나지 않아 돌아가시는 것을 왕왕 본다. 배우자를 떠나보내고 슬픔과 외로움을 못 이겨 따라갔다고 얘기하며 "천상 최고의 부부였다.", "영혼의 단짝이었다"라며 아름다운 수식어로 두 사람을 기리지만, 꼭 그렇게만 볼 일도 아니다. 떠난 배우자를 대신할 새로운 관계를 만들고 어울렸다면 떠난 배우자만을 그리워하며 말년을 외롭고 쓸쓸하게 지내지 않았어도 될 텐데 하는 생각이 든다.

새로운 관계를 만든다고 해서 반드시 새 이성을 만나야 한다는 것이 아니다. 말벗이 되어주고 서로의 관심을 나눌 사람들과 교류하며 지낼 수 있었으면 설사 같은 기간을 살았다 해도 그렇게 외롭지만은 않았을 거다. 배우자가 있더라도 외롭다는 사람도 많다. 자식들이 연락을 자주 하지 않아 외롭다는 이들도 있다. 외롭다고만 하지 말고 다른 대안을 적극적으로 찾아 나서야 한다. 우리 세대는 자식들이 보살펴주는 시대에 살고 있지 않다. 그러니 그 인연만 붙잡고 있으면 자신만 초라해지고 자식들에게 짐만 될 뿐이다.

우리 부부는 지난 3년간 새로운 경험을 하는 중이다. 네이버에 〈실버들의 전성시대〉라는 카페를 개설하고 온라인으로 친구 사귀기를 하고 있다. '너무 멀지도 너무 가깝지도 않은 친구관계'를 만들어보자며 2021년 3월에 오픈했는데 이 글을 쓰고 있는 현재 2만 9,295명의 회원이 활동 중이다.

매일 아침 일어나 회원의 글을 살피고, 글로 대화하고 또 "내일 보자"며 잠자리에 든다. 정말 신기한 경험도 한다. 이름도, 얼굴도 모르는 회원들에게서 깊은 우정을 느낀다. 대부분은 우리 부부보다 연장자들이고, 카페가 아니었다면 만나지도 못할 사람들이었지만 운이 좋게도 온라인에서 인연을 맺고 우정을 나누고 있다.

지난봄 한국에 갔을 때, 옛친구들도 만나고 카페 회원분들 몇몇 분을 뵈었는데 신기하게도 카페 회원들과 할 이야기가 더 많았다. 마치 사춘기 여학생들 재잘거리듯 이야기가 끊이지 않았다. 오랜 세월을 함께 한 친구들도 좋았지만, 친구는 역시 자주 만나는 친구가 최고라는 것을 깨달았다.

오늘도 우리 부부는 일하는 틈틈이 카페 페이지를 열고 한국뿐만 아니라 세계 각지에 있는 친구들과 대화를 나눈다. 자식들과 드문드문 연락을 주고받지만 하나도 외롭지 않다. 자식들도 바쁘고 우리 부부도 바쁘기 때문이다. 우리 부부에게는 매일 서로의 안부를 전하는 온라인 친구들이 있다.

노후의 시간을 풍요롭게 사는
사람들의 비결

50 이후 우리가 맞닥뜨리게 되는 노후의 세계는 가보지 못해 설렘을 주는 여행지와 같다는 표현이 있다. 여행지에서 우리는 모든 일상의 단조로움과 책임감에서 벗어나 새로운 문화를 접하고 내 안에 잠자고 있던 어린 시절의 호기심과 모험심을 발휘해 낯선 것에 한발 두발 더 가까이 다가서는 용기를 갖게 된다.

떠나기 전에는 낯설고 말도 통하지 않는 곳에서 잘 지낼 수 있을지 은근히 걱정도 되지만 막상 도착해보면 유쾌한 일들과 맛있는 음식, 새로움으로 가득 찬 하루를 보낸다. 피곤하기도 하지만 내일은 또 어떤 재미난 일이 있을지 설레는 마음으로 잠들게 되는 것이 여행이다.

우리 인생에서 50 이후가 바로 이렇다. 그래서 나이 드는 것을 두려워할 것도, 겁낼 것도 전혀 없다. 더구나 60 이후부터는 적어도 10년간은 지속될 인생의 최고 황금기가 기다리고 있으니 설레며 고대하는 것도 좋다. 나도 1년 후부터 시작될 인생 60 그 황금기에 대해 굉장히 기대가 크다. 60부터 시작할 일들을 머릿속에 그리며 50대를 보냈기 때문이다. 기대해 마지않던 여행이 고생길이 되지 않기 위해서는 설렘을 가라앉히고 철저한 준비하는 태도도 필요하다.

인생을 단순하게 만들자

인생을 단순하게 만드는 첫 번째 방법은 울고 짜고 헐뜯고 할퀴는 부정적인 인간관계를 정리하는 것이다. 굳이 만나지 않더라도 생각만 해도 가슴이 울렁거리고, 전화통화 혹은 카톡으로 연락을 해왔을 뿐인데도 내 마음에 잔뜩 먹구름이 끼게 만드는 사람이 있다.

인생이 단순해지려면 무엇보다 마음이 가벼워야 한다. 가벼운 마음으로 살아가기 위해서는 자꾸 마음을 휘젓고 요동치게 하고, 산만하게 만드는 부정적인 인간들과의 꼬인 관계부터 봄맞이 가지치기를 하듯 미리미리 정리하는 것이 맞다. 이건 내 인생의 정서적 공간을 넉넉하게 만드는 일이기에 꼭 필요하다. 살다 보면 한 이불 덮고 사는 배우자는 물론이고 부모 자식 관계에서도, 절친한 친구들과도 오해가 생길 수 있다. 사과해서 풀 수 있는 문제를 괜한 자존심으로 서로의 마음에 묵혀두는 것은 바람직하지 않다. 사과할 일 있으면 잘못을 인정하고 하루라도 빨리 진심으로 사과하고 관계복원에 힘쓰는 게 현명하다. 괜한 자존심으로 버티지 말자.

둘째 방법은 나쁜 관계를 가지치기하듯이 필요 없는 일정이나 행동 등을 없애는 일이다. 이렇게 하면 시간 낭비, 돈 낭비, 감정 낭비, 에너지 낭비를 줄여 한결 사는 게 가벼워진다.

굳이 안 봐도 되는 사람은 만날 필요 없다. 만나봐야 그 자리가 즐거울 리 없다.

나가지 않아도 되는 모임에 체면치레를 위해 나가지 않는다. 내가 없어도 된다.

하지 않아도 되는 약속은 하지 않는다. 괜히 숙제만 된다.

다 지나간 일에 대한 후회는 하지 않는다. 할 수 있는 일이 아무것도 없다.

어쩔까 하는 걱정은 하지 않는다. 차라리 몸을 움직여 처리해버려라.

벌어지지도 않은 일로 불안해하지 않는다. 어차피 일어날 일도 아니다.

입을 놀려 화근을 만들지 않는다. 낮말은 새가 듣고 밤말은 쥐가 듣는다.

사소한 일에 분노를 일으키지 않는다. 세상에 화낼 일 하나 없다.

영혼을 나눈 친구를 찾아나서자

이민 생활을 20년 하다 보니 나에게는 자연스레 연락이 끊어진 친구들이 많다. 아주 친했었는데 바쁘게 살다 보니 특별한 이유 없이 서로 소식이 뜸해지면서 멀어진 친구들도 있었지만, 사는 곳이 멀어지면서 덩달아 마음에서까지 멀어진 친구들도 있다. 그런데 이런 일이 해외에 나가 사는 나에게만 일어나는 것은 아닌 듯싶다. 같은 서울에, 같은 한국에 살면서도 바쁜 탓에 친구들을 자주 만나지는 못하더라. 일찍이 아리스토텔레스는 "친구란 두 사람의 신체에 사는 하나의 영혼이다"라고 말하지 않았던가. 나와 같은 영혼을 나누고 있는 옛친구들과 다시 우정을 잇기로 마음먹었다. 몇 다리를 거치고 거쳐 온라인에서 찾아 말 걸기를 시작했고, 책 선물을 보내고 지난번 한국을 방문했을 때 일정을 쪼개 만나보고 싶은 얼굴들을 두루두루 찾아갔다.

그들은 여전했고 변치 않은 우정을 간직하고 있었다. 자주 연락하지 못한 나의 부족함과 멀리 떨어져 살게 되어 친구 노릇을 제대로 하지 못한 것에 대한 사과부터 해야 했다. 특히 경조사(慶弔事) 때 함께하지 못한 미안함이 컸다. 축하할 일이야 다른 이들에게 맡겨도 되지만 문상 가지 못하고 곁에 있어 주지 못한 것은 친구로서 크나큰 결함이라 입이 열 개라도 할 말이 없었다.

떨어져 지냈던 세월을 전혀 느끼지 못할 만큼 친구와 나눈 이야기는 흥미진진했다. 대화는 옛이야기에만 그치지 않고 지금 살아가는 이야기와 앞으로의 전망으로도 쭉쭉 뻗어 나갔다. 옛친구와의 우정을 과거에만 가둬놓으면 빛이 바랠 수도 있으니 오늘과 내일에 대한 이야기도 나누고 함께 도모할 일을 꾸몄다. 그래야 다음에 만나서도 낄낄댈 수 있으니 말이다.

가장 흥미로웠던 일은 친구 A와의 재회였다. A는 초등학교 1학년 때부터 친해지기 시작해서 같은 중학교에 다니며 함께 몰려다녔다. 그가 좋아하는 여자애 집 앞에서 함께 기다려주기도 했던 기억이 난다. 얼굴이 예쁘다고 얼마나 자랑을 했던지 나도 한번 보고 싶다는 마음이 생겼는데, 정작 얼굴 한번 보지 못했다. 그런데 그녀의 이름을 지금까지 또렷이 기억하고 있다는 사실에 억울한 마음마저 든다.

또 이런 일도 있었다. 과외를 함께 하고 난 후, 그냥 헤어지기 싫어서 집 방향으로 걷다가 야간 방재 훈련에 걸렸다. 기억할지 모르겠지만 북한의 야간 공습에 대비해 밤에도 민방위 훈련을 했었다. 야간 방재 훈련이라고 해야 지나가던 차들은 헤드라이트를 끄고 길가에 주차하고, 각 가정에서는 소등해서 나라 전체를 칠흑같이 어둡게 만드는 것이었다. 그렇게 서울의 불빛이 모두 꺼지자 밤하늘의 별들이 너무도 선명하게 빛을 발했다. 말 그대로 밤하늘의 별들이 쏟아져 내렸다. 은하수도 보였다. 그 밤하늘 풍경에 취해 A와 나는 8차선대로 한가운데에 누워 밤하늘을 올려다보며 야간 방재 훈련이 끝나도록 이야기를 나눴다. 지금 생각하면 차 사고가 날 수도 있는 위험천만한 일이었지만 A와 나 둘에게는 행복한 추억이다.

이번 친구들과의 만남에서 가장 나를 감탄하게 했던 일이 있었다. A와 이야기를 해보니 A와 내가 같은 꿈을 함께 이뤄보자며 약속했었고, A가 그것을 지금껏 마음에 품고 있다는 사실이었다. 나는 까마득히 잊고 있었는데 같이 이뤄보자고 했던 꿈을 간직해온 친구의 발견은 감탄 그 자체였다. 추석 연휴를 맞이해서 미국에 방문한 A와 카톡으로 수다를 떨고 있다. 언제고 A와 나는 함께 해보자던 꿈을 이뤄볼 것이다.

나이 들어 친구 하나 필요 없다고 강변하시는 분들이 있지만, 친구들과 관계가 이런저런 이유로 틀어지고 그 관계에 상처받고 질려서 하는 말일 거다. 이건 마치 결혼생활에 학을 떼고 배우자와 갈라선 사람이 결혼이 필요 없다고 하는 것과 같은 맥락이다. 자신의 아픈 경험이 너무 컸기에 일반론처럼 하는 말이다. 친구는 하늘이 맺어준 선물이다. 혹시라도 서로 좋은 추억과 감정을 간직하고 있으면서도 연락이 끊어진 친구가 있다면, '이제 와서 무슨 연락을…' 하는 마음을 접고 꼭 연락해서 함께 나누고 있는 영혼을 만나보기 바란다.

운전대를 내려놓는다

재작년부터 가족여행을 할 때 나는 더 이상 운전대를 잡지 않는다. 딸아이에게 운전대를 맡기고 조수석도 아닌 뒷자리에 앉았더니 그동안 전혀 보지 못했던 풍경들이 창밖으로 펼쳐졌다. 새로운 세상이 열렸음을 또 이렇게 깨달았다.

운전대를 내려놓는다는 의미는 차를 운전하는 것뿐만 아니라 회사, 가정, 그리고 모임에서 내 뜻대로 해보려고 나서기보다는 뒤로 물러나 앉는 것을 뜻하기도 한다. 주도권을 내려놓되 참여자로서 협력은 아끼지 않는 자세가 바로 운전대를 내려놓는 바람직한 모습이다. 앞에 서서 끌고 가려고 하기보다는 한 발 뒤로 물러서서 조용한 협력자의 역할을 하면 한결 사는 게 편해진다.

물러선다고 방관자로 살자는 것이 아니다. 무임승차를 하자는 것과도 분명히 다르다. 의견이 있으면 얘기하고, 내 생각과 달리 결정이 나도 마음 상하지 않고 일이 잘되도록 협력하는 자세를 견지한다. '어디 나 없이 일이 잘되나 봐라. 괘씸한 것들!' 이런 생각으로 괜한 심술부리지 말자. '조용한 협력자'는 모두에게 사랑받고 든든한 사람으로 여겨질 게 분명하다. 또 이런 자세와 태도가 진정한 어른이 할 일이다.

노후의 시간이 풍요로워지기 위해서는 많이 가져야 하는 것이 아니다. 반대로 비워야 하고 내려놔야 한다. 근데 그게 말처럼 쉽지가 않다는 것이 문제인데, 그러니만큼 '좋은 인품을 만들어간다'고 생각하자.

중장년 이후
인생이 활짝 꽃피는 사람들

어린 나이에 성공해 이름을 떨치고 엄청난 부를 쌓는 사람들은 부러움의 대상이다. 그 성공을 바라보는 또래 청년들은 열광하고 청소년들은 그 길을 따라 걷고 싶어 한다. 나이 든 사람들은 이들의 성공을 바라보며 작아지는 자신을 본다. 예부터 "소년등과 부득호사(少年登科 不得好死)"라고 해서 일찍 성공한 사람치고 좋게 죽은 사람이 없다는 말이 있다. 너무 이른 성공에 오만불손하고 기고만장하다가 돈 잃고 사람도 잃어 결국 말년이 초라해지는 이들이 이런 케이스다.

반대로 중장년이 되어 인생반환점을 찍은 이후, 대부분이 하향곡선을 그릴 때 그제야 비로소 바닥을 박차고 일어서 인생이 술술 풀려나가는 역주행 인생도 있다. 대기만성형의 인간이다. 왕후장상의 씨가 따로 없듯 우리 인생이 변함없이 작은 그릇에만 담겨 있으라는 법이 있을 리 만무하다.

큰 변화는 아주 사소할 수도 있는 생각과 태도의 변화가 단초가 되어 일어난다. 시간이 흐르면서 작은 변화들이 축적되면 시너지를 발휘해, 어느 날 갑자기 자신조차 깜짝 놀라는 세상이 뒤집힐 듯한 비약의 순간을 맞이하는 것이다. 무협지에 나오는 이야기가 아니다. 실제 우리 인생은 임계점을 돌파할 때 비약(飛躍)한다. 중장년 이후 모든 면에서 술술 풀려가는 사람들의 이면에는 누구도 주목하지 않았던 일관된 축적의 시간이 있었다. 세상엔 공짜 없고 거저 걸려드는 것은 없는 법이다. 중장년 이후 인생이 활짝 핀 사람은 대체 무엇이 다를까?

가화만사성(家和萬事成)을 이뤘다

'가화만사성'은 집안이 화목하면 모든 일이 잘 이뤄진다는 뜻이다. 가정이 행복해야 밖에 나가 일에 집중할 수 있고, 집에 들어와서는 재충전할 수 있다. 자녀들 입장에서도 화목한 가정에서 살면 정서적으로 안정감을 느끼며 성장하기 때문에 일탈할 가능성이 훨씬 작아진다. 그러니 부모는 자식 때문에 속썩을 일이 없다.

잘되는 집안은 부부 사이도 좋고, 아이들도 반듯하다. 중장년이 돼서 이보다 더 값진 성공은 없을 뿐만 아니라, 화목한 가정은 다른 성공을 불러오는 발판이자 원동력이 된다. 부부 사이에 친밀감이 떨어져 살가운 대화조차 없이 무미건조하게 살아가는 중장년들은 다른 생각하지 말고 가정에서 웃음소리가 넘쳐나도록 만드는 일부터 해야 한다. 망가진 관계를 그대로 방치하면 더 나이 들어 고독해질 뿐만 아니라 가족들은 중심을 잃고 뿔뿔이 흩어져 남보다 못한 관계로 전락할 수 있다. 노년에 그것만큼 후회스러운 일도 없을 것이다. 꽃이 만발한 인생을 살기 위해서 또 인생을 성공으로 이끌기 위해서 가장 먼저 할 일은 가화만사성을 이루는 것이다.

욕망에 솔직했다

지금은 많이 달라지기는 했지만 우리는 욕망을 드러내면 천박하다고 생각하는 경향이 있었다. 우리는 감정을 좋은 방법으로 발산하는 것에 대해 가르침을 받지 못했을 뿐만 아니라 아예 드러내지 못하도록 억압당해왔다.

욕망을 꼭꼭 숨기고 드러내지 않는 것이 사회생활의 기본이자 성공을 위한 처세술의 하나이며 품격 있는 태도라고 여겨왔다. 그래서 겉과 속이 다르고 말과 행동이 다른 위선자들처럼 죄책감을 느끼기까지 했다.

단 한 번뿐인 인생을 원하는 방식대로 살아가고 싶다면 욕망에 솔직해져야 한다. 하고 싶고, 되고 싶고, 먹고 싶고, 입고 싶고, 가보고 싶은 욕망을 꾹꾹 참고 숨기고 눌러가며 살 필요 없다. 죄짓는 것 아니고, 다른 사람 마음 아프게 하는 것이 아니라면, 욕망에 솔직한 것을 넘어 욕망을 위해 살고, 집요하게 욕망을 좇아 좌고우면하지 않고 시원하게 직진하면 인생이 꽃피는 것은 그저 시간문제일 뿐이다. 모든 꽃이 똑같이 봄에 피지 않는다. 봄의 전령사 역할을 하는 개나리, 진달래도 있지만, 북풍한설(北風寒雪) 속에 피는 동백꽃도 있다. 우리 인생은 봄과 여름이 지나고 피는 국화나 동백꽃일지도 모른다. 그러니 나이에 밀려 기운 없는 인생을 살지 말고 욕망을 좇아 나아가자.

"꿈을 밀고 나가는 힘은 이성이 아니라 갈망이며 두뇌가 아니라 심장이다." 시베리아에서 4년간 혹독한 유형 생활에서 살아남은 이후 대작을 쓰기 시작한 도스토옙스키가 한 말이다.

쌓인 업보(業報)를 풀었다

업보(業報)는 자신이 했던 생각이나 말, 행동 등을 그것이 초래한 일의 결과를 통해 갚게 된다는 뜻이다. "뿌린 대로 거둔다"라는 말로 바꿀 수도 있다.

그때는 어려서, 세상을 너무 몰라서, 사느라 바빠서, 사는 게 힘들어서, 나 자신조차 건사할 능력이 못 돼서, 말로 다 하지 못할 이유와 사정 때문에, 자식에게, 부모에게, 배우자에게, 친구에게 모진 말을 하고, 언어 폭력은 말할 것도 없이 물리적 폭력까지 저질러 마음과 몸에 상처를 남긴 일이 있다면 하루빨리 당사자에게 사과하고 용서를 구해 업보를 푸는 것이 좋다.

그때는 그게 자식을 위하는 일인 줄만 알고 강요하고 억지로 시키고 몰아붙였는데, 세월 지나 깨달으니 '꼭 그렇게 하지 않았어도 됐을 텐데' 생각할 수 있다. 또는 부모로서 마음에 걸리는 것이 있긴 하지만 그때는 아이들이 어렸으니 지금까지 기억하지 못하겠지 하며 딮어두고 아무 일 없었다는 듯이 지내고 있을 수도 있다. 끝까지 자기 편한 쪽으로 생각하는 게 사람인가보다. 어린 날의 상처는 대부분 생생하게 기억하고 있다. 워낙 충격이 컸기 때문일 것이다.

상처가 너무 깊어 사과를 해도 용서를 받지 못할 수도 있겠지만 그렇다고 그게 무서워 용서를 구하지 못한다면 끝까지 비겁한 것이고 업보는 점점 더 커진다. 사과할 때, 제일 중요한 것은 진심이고, 그 진심이 상대에게 전해져야 한다. 그냥 자기 속 편하자고 건성으로 "미안하다"는 말 한마디 툭 던져놓고 그것을 받아주지 않는다며 상대를 "속이 좁다. 뒤끝 있다." 비난한다면 업보는 풀어지기는커녕 두 배 세 배로 쌓인다. 도대체 언제까지 용서를 빌어야 하냐며 항변하는 사람도 있다. 빨리 풀어지고 늦게 풀어지고는 가해자가 저지른 죄의 크기와 정비례한다. 이 점을 유념한다면 그런 소리는 나오지 않을 것이다. 예를 들어, 불륜을 저질러 놓고 "미안하다"는 한마디로 털어내려 한다면 그건 자신의 죗값을 너무 가볍게 계산한 것이다.

용서는 진심이 전해지고, 상처가 아물 때 비로소 피해자가 해줄 수 있다. 가해자가 사과한다고 다 끝난 것이 아니라 피해자의 상처가 아물어야 하니 용서해줄 것을 강요한다고 될 일이 아니다. 그러기에 업보를 쌓지 말았어야 했거늘, 왜 다른 사람 마음을 아프게 해서 고생을 하는지 가련하기 짝이 없다.

다양성을 인정하고 존중한다

인생에 정답 없고 하나의 길만이 존재하지 않듯 사람들의 생각, 살아가는 모습, 살고 싶은 인생, 하고 싶고, 되고 싶은 것들이 한 사람 한 사람 저마다 다를 수밖에 없다.

나에게도 이해해주고 싶어도 도저히 이해가 되지 않는 것들이 있다. 그중 하나를 꼽자면 동성애가 그렇다. 단지 이해되지 않을 뿐이다. 나는 동성애자에게 저주를 퍼붓지 않을뿐더러, 그것을 박멸해야 할 벌레나 질병으로 생각하지도 않는다. 그저 공감이 안 될 뿐이다. 내 머리로는 이해할 수 없지만 그들의 존재는 인정한다. 그리고 그들이 우리와 같은 시민으로서 살아가는 데 차별받지 않기를 바란다. 동의할 수 없고, 이해도 할 수 없지만 다름을 기꺼이 존중한다. 내가 이해할 수 없는 것이 동성애 하나뿐인 것도 아닌데, 이해되지 않는다고 사라지기를 바라다가는 나 혼자만 덩그러니 세상에 남을지도 모른다. 내 인식의 폭이 좁아서 이해 못 할 수도 있다는 사실에도 문을 열어놓고 있다.

정치도 존중의 입장을 취하려 노력한다. 나도 지지 정당이 있고 정치적 지향점도 있다. 하지만 반대하는 정당이나 싫어하는 정치인에게 적개심을 가지지 않으려고 끊임없이 노력한다. 적개심을 품고 욕을 해봐야 내 마음만 평정심을 잃고 거칠어지기 때문이다. 정치관이 다르다는 이유로 상대편 사람들에게 적의를 가지지 않으려고 한다. 세상은 좌우가 균형을 맞출 때 아름다워지는 법이니 반대편 사람들도 세상에 필요하다. 그리고 사람을 겪으면서 깨달은 것인데, 나와 정치적 의견이 같다고 해서, 그 사람이 인간적 품성마저도 좋다는 보장은 어디에도 없다. 반대로 정치적 입장이 나와 다르지만, 예의 바르고 긍정적이며 멋진 인생을 살아가는 분들과 아주 친하게 교류하며 지낸다. 인간적으로 좋은 사람이 나와 정치적 입장이 같으면 좋겠지만 달라도 상관없다. 그들과 만났을 때 정치 얘기를 하지 않으면 된다. 정치 얘기만 제외한다면 그들과 나눌 것들이 너무도 많다. 정치에 관심을 가져야 하지만 과몰입할 필요까지는 없다. 이념 때문에, 이념을 위해 사람을 미워하고 적개심을 품는 극단에 빠져서는 안 된다. '그들도 그럴만한 이유가 있겠지'라고 생각하면 마음이 좀 가라앉는다.

생태계가 다양해야 건강하고 지속 가능하듯 사람들의 생각, 문화, 사상도 다양해져야 건강한 사회이고, 또 그래야 세상이 재밌다. "아, 저 요즘 젊은것들 하는 것 봐라. 말세다, 말세야…." 입 밖으로 이런 말이 무심결에 튀어나오고 혀를 끌끌 차고 있다면, 뇌가 늙고 굳어가고 있는 게 분명하니 얼른 자신부터 챙기길 바란다. 편견과 속 좁음에서 생겨난 그 독기는 말뿐만 아니라, 표정과 태도, 자세, 분위기 등 모든 것에서 드러나 자신도 모르게 천박하게 보이게 한다. 미처 이해하지 못한 것들, 경험해보지 못한 것들, 새로운 것들, 색다른 것들에 마음이 열려 있어야 나이가 들어도 폼 나게 그리고 재미나게 살 수 있다.

말 한마디 한마디가 긍정적이다

누군가를 만나고 돌아갈 때 지치고 기운이 쏙 빠진 듯한 느낌을 받기도 하지만 어떤 사람을 만나서는 '나도 한번 해보자'라는 샘솟는 용기로 주먹이 쥐어지기도 한다. 입가에 자꾸 웃음이 번지면서 한낮 땡볕에 내다 말린 이불처럼 뽀송뽀송해진 듯한 상쾌한 기분으로 충전된 느낌이 들기도 한다.

여러분은 이 두 유형의 사람 중 누구와 다시 연락해서 만나고 싶으신가? 당연히 맑은 기운을 전해주는 사람이다. 돌아오는 길에 내 입가에 미소가 퍼지도록 해주는 사람일 것이 분명하다. 하는 말 한마디 한마디가 긍정적인 사람에게는 주변에 사람들이 모이기 마련이다. 그 사람과 함께 있기만 해도 기분이 좋아지는데 안 모이려야 안 모일 수가 없다.

방송인 유재석 씨가 얼마 전 데뷔 30주년을 맞이했다는데, 그는 여전히 전성기를 구가하고 있다. 우리나라 방송 환경을 보자면 유재석 씨는 한물갔어도 애당초 한물갔어야 하는 사람이지만, 자신을 돋보이게 하기보다는 출연자 하나하나를 배려해주고, 화면 밖에서도 성실하고 이타적이라서 시청자들은 그를 보는 것만으로도 편안하다. 그래서 오랜 기간 계속되는 그의 정상 독차지에도 시청자들은 부정적인 반응을 보이기보다는 그를 응원한다. 이러니 방송국에서 유재석 씨를 모셔가지 않을 수가 없다. 성실함부터 성품까지 긍정성으로 가득하니 질될 수밖에 없다.

배움을 게을리하지 않는다

변화하는 세상에 발맞춰 새로움을 채워 넣어야 아이디어도 생겨나고, 효과적인 해결 방법도 찾을 수 있다. 배움은 생각과 생각, 아이디어와 아이디어, 사람과 사람, 오늘과 내일, 과거와 미래, 작은 것과 큰 것을 연결하고 융합해서 구체화 시킬 수 있는 능력을 갖추는 일이다.

세상은 자기가 알고 있는 것만큼만 보여준다. 비슷한 수준의 사람들을 만나게 되며, 자신의 지식수준에서 맞게 해결 방법을 찾게 된다. 더 좋은 세상이 존재하고, 더 높은 수준의 사람들이 모여 있고, 더 효율적인 해결 방법들이 무수히 존재해도 자신이 이해 못 하면 절대 보이지도 만날 수도, 찾아 쓸 수도 없다.

"이 나이에 뭘 더 배우려고 해. 그것도 욕심이야. 그냥 살던 대로 살아. 어차피 이렇게 사나 저렇게 사나 한평생이야. 괜한 고생 사서 하지 마." 주위에 이렇게 말하는 사람이 있다면, 그는 허무주의와 냉소주의로 가득 찬 사람이니까 멀리하는 게 상책이다. 이런 말을 하는 사람들은 마치 무수히 많은 경험을 통해서 대단한 깨달음이나 통찰력이라도 얻은 것처럼 굴지만 알고 보면 허무에 빠진 경우가 태반이다.

나이가 몇이든 상관없이, 더 높은 단계로 인생을 끌어올리고 더 넓은 세상을 보기 위해서 공부를 열심히 하자. 나이 들어 하는 공부가 진짜 공부다.

세대를 구분 짓지 않는다

선거에서뿐만 아니라 사회적 이슈를 대하는 것에도 세대 간의 뚜렷한 차이가 있어서 이를 세대대결, 더 격하게는 세대전쟁이라고까지 말한다. 통계자료의 자의적 해석과 이슈를 만들기 위해 대결 구도를 키우려는 요즘 기자들의 행태에서 비롯된 침소봉대일 수도 있지만 하여간 나이 든 사람들은 청년들을 못마땅해하고, 청년들은 나이 든 사람을 꼴 보기 싫어하는 경향이 있음을 부정할 수 없다.

하지만 중장년 이후 인생이 술술 풀려가는 사람은 나이를 앞세우지도 않고 세대를 구분 짓지도 않으며 나이 어려 보인다고 다짜고짜 반말을 해대지도 않는다. 사회도 그렇지만 우리가 하는 일이 잘되려면 신구 조화가 이루어져야 한다. 노익장과 젊은 피가 함께해서 역동성을 발휘해야 더 큰 힘을 얻는다. 내 유튜브 채널이 〈원더풀 인생 후반전〉이지만 전반전에서 뛰고 있는 청년들이 점점 더 많이 방문하고 빈도가 늘어간다. 비록 작은 변화이지만 나는 요즘 이 새로운 기류에 들떠 있다. 사람 만났을 때 나이부터 물어보는 것 이제 그만했으면 좋겠다. 나이 따지기 좋아하고, 연장자순으로 줄 세우기 좋아하다가 결국 그 문화가 부메랑이 되어 돌아와 우리 목을 치고 있다.

6장

다 큰 자식은 더 이상
내 가족이 아니다

유산은 아들에게 주고,
부양은 딸에게 떠넘기는 부모들

그녀는 남편과 이혼하고 아이 둘과 함께 살고 있는 40대 후반 싱글맘이다. 그녀가 대기업에 다닐 때 그녀의 부모는 "형제 중에 네가 잘 벌고 잘사니까 네가 더 많이 내라"는 식으로 말했다. 잘 벌고 잘산다고 해봐야 월급쟁이고, 아이들에게 들어가는 돈도 많아 늘 빠듯한 살림이었지만 맞벌이를 하고 있으니 다른 형제보다 더 버는 것은 사실이었기에 부모의 말에 거부감이 들지는 않았다.

그녀는 친정의 가족 행사나 지원 등을 위해 이런저런 비용을 거의 혼자 치르다시피 하면서도 '가족이니까 날 키워주신 부모이니까' 한 번도 아깝다는 생각을 하지 않았다. 부모가 그녀를 믿어주는 것 같아 좋았고, 든든하게 의지하는 것 같아 스스로 대견스러웠다. 대기업을 나와 조그맣게 사업을 시작했을 무렵, 남동생의 학비와 생활비를 지원하라는 강요 같은 부탁을 듣게 되었다. 있는 돈 없는 돈 다 끌어모아 시작한 사업이고 또 이제 막 시작단계라서 한푼이라도 절실한 상황이었지만 부모를 원망하지 않았다. 되레 길러주신 부모의 부담을 덜어주고 은혜를 갚는 당연한 도리라고까지 생각하고 감내했다. 정말이지 그녀는 수중에 있는 돈을 친정 식구를 위해 쓰는 것이 하나도 아깝지 않았다.

어느 날 그녀에게 커다란 변화가 찾아왔다. 남편과의 불화로 40대 들어설 무렵 이혼하게 된 것이다. 가정이 흔들리니 신경을 못 쓰게 되어서 그랬던지 잘 유지되던 사업도 많이 힘들어졌다. 물심양면으로 매우 어려울 때였고 인생 최대의 고비이기도 했다. 그렇다고 부모님께 기댈 생각은 추호도 없었기에 연락하더라도 자기 사정 이야기를 한마디도 꺼내지 않았다. 알면 걱정만 하실 테고 그것은 불효가 될 테니까 말이다. 위기를 의연히 대처하는 모습을 보여드리고 싶기도 했다. 그런데 그녀의 부모가 먼저 나서서 선을 긋기 시작했다. 어렵다며 도와달라고 손도 벌리지 않았는데 부모는 그녀 앞에서 기회만 되면 옹색한 이야기를 늘어놓았다. 우리도 죽겠으니 네 문제는 네가 알아서 하고 부탁하지 말라는 투였다. 어처구니가 없었다.

"네 남동생 곧 결혼도 해야 하는데, 서울 쪽은 집값이 좀 비싸냐? 직장을 다닌다 해도 너보다 더 힘들 거다.", "사돈 될 분들 만나기로 했는데, 누나가 이혼했다는 걸 알면 그 집에서 뭐라 할지 몰라,

아직 네 얘기를 하지도 못했단다.”

　돈을 보태달라고 한 적도 없고 이혼도 그녀가 원해서 하게 된 것도 아닌데 대체 어쩌란 말인가! 이번 일을 계기로 뒤돌아보니, 이혼하게 되었을 때도 그녀는 부모로부터 어떤 위로와 지지가 담긴 말한마디 듣지 못했다. 도리어 “남 부끄러워 어떡하면 좋냐”는 책망 섞인 소리만 들었을 뿐이었다.

　남동생이 결혼할 때, 부모는 남동생에게 집 얻는 데 보태라며 2억 원을 주었고 그로부터 몇 년 뒤에 그녀의 부모는 자신 소유의 땅과 산 등 부동산을 모두 남동생에게만 몰아주었다. 어느 날 부모는 그녀의 집을 찾아와 그녀 들으라는 듯이 불쑥 이웃집 박 씨 아저씨네 딸 이야기를 꺼냈다.

　“박 씨네 딸이 분수도 모르고 욕심이 많아서 친정 재산을 넘보더라. 그게 키워준 부모에게 할 짓이냐. 그게 인간의 탈을 쓰고 할 수 있는 짓이냐”면서 천벌을 받을 거라고 욕을 했댔다. 그 당시 그녀는 부모가 남의 일에 왜 이렇게까지 분노하나 했었는데 좀 더 지나서 남동생에게 부동산 상속을 해주려고 미리 박 씨 아저씨네 이야기로 자신에게 에둘러 못 박아놓았다는 것을 알게 되었다.

　부모는 그녀에게 결혼할 당시 가전제품 사라며 1,000만 원 보태주신 게 전부였다. 물론 그것도 너무너무 감사했다. 부모의 도움을 꿈에도 생각지 못했기 때문이다. 그런 이후로 부모는 시도 때도 없이 “우리가 너한테 보태준 게 얼만데…” 하는 식의 얘기를 자주 입에 올렸다. 그럴 때마다 차라리 그 1,000만 원 받지 말 걸 그랬나 싶기도 했고, 결혼하고 나서 5~6년이 지날 때까지도 이 얘기가 나와서 '그냥 그 돈 돌려줄까 보다.' 하는 생각도 했었다. 결혼할 때 그깟 1,000만 원 받은 게 전부인데, 집 한 채라도 받은 양 모진 말을 많이 들었다.

어렸을 적을 돌이켜 보면, 남동생과 차별도 심했고 어느 날 아침에는 학교 같이 가자고 찾아온 친구들 보는 앞에서 뺨을 맞은 적도 있었다. 그렇게 맞은 이유는 이 닦고 치약을 제자리에 반듯하게 놓지 않았기 때문이다. 그게 어린 나이에 맞을 정도로 큰 잘못인가 의구심이 들었는데, 나이가 들어 아이를 낳아보니 더 이해가 안 되더란다. 그 어린아이에게 어디 때릴 때가 있다고 그렇게 잔인하게 때렸는지 모르겠다.

여하간 그녀는 아이 둘 데리고 힘들게 살다가 최근에 하는 일이 좀 잘 풀려서 큰돈은 못 벌었지만, 숨통은 트이게 되었다. '이제 좀 한숨 돌리게 되었다.' 싶으니까 그녀의 부모가 오랜만에 불쑥 찾아와서 하는 말이 가관이다. "얘, 우리 더 늙으면 우린 네 몫이다. 네 남동생은 멀리 서울에 살기도 하고, 걔가 뭘 알겠니? 우리는 우리 마음 알아주고 가까이 사는 너랑 있을 때가 좋다."

재산은 아들에게 몰아주었으면서, 이제 와서는 멀리 사는 자식은 다 필요 없다는 식으로 얘길 하면서 딸이 최고란다. 그녀는 부모 재산을 탐낸 적도 없지만, '인간적으로 이건 아니지 않나?' 하는 생각을 지울 수가 없었다. 그녀는 이제 부모와 헤어질 결심을 굳혀가는 중이다.

1990년대 초반 방영돼서 시청률 60%라는 전설적인 기록을 남겼던 드라마 〈아들과 딸〉에 나오는 후남이와 귀남이 얘기가 아니다. 이 소설 같은 이야기는 내 지인이 직접 겪으며 해준 이야기다. 원망이 담긴 말이라도 한마디했다면 듣는 나라도 시원했겠지만, 그녀는 드라마 속 후남이처럼 무덤덤하게 이야기를 들려주었다.

상속은 아들에게만 해주고, 딸들에게는 고된 일만 시키는 부모들의 차별이 21세기 대한민국에서 벌어지고 있으니, 이 사연이 남 얘기만도 아니다. 차별받는 딸들의 모습을 적나라하게 볼 수 있는 두 개의 거울이 있다.

그 첫 번째 거울은 가족요양보호사 현황이다. 가정요양 수급대상자의 배우자, 자녀, 형제자매 등이 요양보호사 자격증을 딴 후에, 대상자를 직접 돌보면 가정요양보호사라고 해서 정부에서 월 45~94만 원을 받는다. 수고하는 것에 비하면 턱도 없는 돈이지만, 그래도 나라에서 이만큼이라도 지원해주니 아예 없는 것보다야 낫다.

건강보험공단에서 가정요양보호사로서 이 혜택을 받는 사람 중 배우자, 아들딸, 형제, 자매 중 누가 제일 많은지 알아보는 조사결과를 발표했다. 2022년 말 기준으로 가정요양보호사는 전국에 9만 4,520명이 있다. 이들 중 40.6%, 3만 9,101명이 딸이었다. 다음으로는 2만 7,477명으로 29%를 차지한 아내가 많았고, 세 번째로는 1만 4,390명으로 15%를 차지한 며느리였다.

남편과 아들은 얼마나 됐을까? 남편은 5,736명으로 6%, 아들은 아버지보다 더 적은 4,864명으로 5.1%에 불과했다. 이 통계가 아픈 부모를 수발하는 상황 전체를 보여주는 것은 아니지만 상징하는 바가 크다. 부모수발의 책임은 여전히 여성의 몫이라는 점이다. 특히 과거에는 며느리가 가장 많았을 테지만 시대가 달라지면서 딸들이 그 자리를 대신하고 있다.

두 번째 거울은 딸들에 의한 유산상속 소송의 증가다.

부모는 아들딸 구분 없이 키우고 차별 없이 대한다고 하지만 유산상속 때가 되면 딸에 대한 차별이 적나라하게 드러난다. 아들에게 상당 부분의 유산을 물려주기 때문이다. 이런 부모의 편애는 사후라도 자녀들 사이에 소송전이 일어나게 만들고 결국 자식들 서로가 원수로 등을 지게 한다.

한 언론사가 몇 년 전, 재산상속과 관련된 소송 231건을 조사했는데, 소송을 제기한 사람 중 56.7%가 딸이었고, 29.4%가 아들이었다. 그간 부모로부터 유·무형의 차별을 받았던 딸들이 혜택받은 아들을 상대로 소송을 내는 모양새이다. 이제 부당한 부모의 대우에 딸들은 더는 참고만 있지 않는다.

이 글을 읽고 계신 분 중에서도 많은 분이 부모님의 차별적이고 이해할 수 없는 편애와 불공평한 상속 때문에 속썩었을 것이다. 부모에게 잘하는 자식에게 조금이라도 더 많이 남겨주는 것이 옳은 걸까? 아들이기 때문에 또는 장남이기 때문에 대부분을 물려주는 것이 바람직할까?

나는 부모로서의 마지막 임무는 우리가 떠난 뒤에도 자녀들이 의 상하지 않고, 형제, 남매, 자매로 앞으로도 계속 끈끈하게 교류하며 지낼 수 있도록 토대를 닦아주는 것이라 믿는다. 그러자면 자녀들에게 사랑과 유산을 공평하게 남겨줘야 한다.

자식 걱정은
내다 버려라

자식들을 보면 걱정부터 앞서는 것이 부모 마음이다. "저렇게 해서 다음에 밥은 먹고 살겠어?", "아니 왜 쓸데없는 짓으로 사서 고생하고 시간 낭비를 해." 자식들이 하는 것을 잠자코 보고 있노라면 열불이 날 때가 한두 번이 아니다. 걱정스러운 속내를 드러내지 않으려고 노력하지만, 뻔히 안될 일에 인생을 낭비하는 것을 보면 혀를 차게 된다.

마음처럼 되지 않는 자식들, 자기 위해서 해주는 말인데도 부모 말을 귀담아듣지 않는 자식들, 헛짓거리로 고생길이 훤히 보이는 자식들 때문에 부모들은 늘 노심초사한다. 그런데 누가 봐도 번듯하게 잘살고 있는 자식들을 둔 부모들도 걱정을 이고 산다. 자식들이 직장 잡아 독립해서 잘 지내고 있더라도 회사생활은 잘 하는지, 혹시라도 괴롭힘은 당하지 않는지 별의별 걱정까지 하는 것을 보면, 자식들이 엇나가야만 부모들이 걱정하는 게 아닐 수도 있겠다는 생각이 든다. 자식들이 어떻게 사느냐와 상관없이 부모는 습관적으로 걱정이 태산이라는 뜻이다. 그러니 사서 고생하는 것은 자식들이 아니고 부모들이다.

돌이켜 보면, 우리도 젊었을 때 부모님 말씀 지지리도 안 들었고 속도 많이 상하게 해드렸다. 그렇지만 신기하게도 지금 모두 제 몫을 다하며 잘살고 있다. 그러니 자식들이 우리 기대에 미치지 못해 조금 부족해 보여 속이 상하려고 할 때는 무조건 우리 젊었을 때를 되돌아보면 된다. 그러면 아이들 마음도 보이고, 아이들이 하는 짓이 시간 낭비가 아니라 성장 과정임을 알아차리게 된다. 문제는 세상 모든 부모가 자기 어렸을 적, 젊었을 적 생각은 못 하고 언제나 전교 1등 해왔던 것처럼 자식들에게 강요한다는 것이다. 성숙한 부모라면, 지혜로운 부모라면, 자식들에게 "네가 세상을 몰라서 그런다"며 걱정하며 몰아붙일 게 아니라 따로 해주어야 할 게 있다.

자식의 미래를 섣불리 단정짓지 마라

섣부른 단정과 예단은 화를 부르기 마련이다. 동네 사람들이 모두 알던 사고뭉치 녀석이 성공해 효도하는 경우가 있다. 자식 덕에 호강하는 부모는 동네방네 다니면서 자식 자랑에 침이 마를 날이 없다. "어렸을 적부터 애가 총명했네.", "그때부터 싹수가 보였었네.", "호기심이 많아 사고를 좀 쳤지만, 원래부터 효심이 가득했네." 등 순도 99% 거짓말을 한다. 듣는 동네 사람들도 거든다. 예전에 크고 작은 사고를 끊임없이 쳤던 자식 때문에 울고 불며 365일 눈물 마를 날이 없이 살던 기억을 동네 사람들 모두가 또렷이 기억하고 있지만, 결과가 좋으니 굳이 안 좋은 옛일들을 소환해서 기분을 망칠 일이 없기 때문이다. 천하의 사고뭉치가 세월이 지나 이렇게 달라질지 누군들 예상했겠나? 세상일은 아무도 알 수 없고 사람 팔자 시간문제다.

반대로 온 동네의 자랑이었던 수재(秀才) 아들이 서울의 그 유명한 대학을 나오고서도 무슨 일이 있었던지 취업도 않고 백수 생활로 빈둥거리며 지내 부모 속을 미어터지게 했던 일화도 있었다. 별의별 일들이 다 벌어지는 것이 세상이지만 아무튼 사람의 미래는 아무도 알 수 없으니 단정해서는 안 된다.

우리의 눈에는 걱정스럽고 한심하게까지 보일 수 있지만, 아이들의 미래는 누구도 장담할 수도 없다. 섣부르게 넘겨짚어서 자식들 기죽일 필요 없다. "나중에 사람값 밥값 하며 살 수 있겠냐"는 걱정과 우려도 우리가 자식들의 미래를 못되게 넘겨짚어서 나오는 말이다. 행여 자식들이 듣는 앞에서 허무맹랑하고 아무 근거 없는 단정을 해대는 실수를 범해서는 안 된다. 그것은 자식의 앞날에 저주를 퍼붓는 것이고 자식 가슴에 대못을 박는 일이기 때문이다. 자식의 미래를 단정 짓는 대신 언제나 신뢰하고 있음을 보여주자. 믿음을 잃지 않은 부모의 마음은 자식이 언제고 제 궤도로 돌아오게 한다.

자식과의 관계보다 중요한 것은 없다

여러분은 자식들에게 어떤 부모로 기억되고 싶은가? 잔소리하고, 강요하고, 일일이 간섭하고, 하고 싶었던 것도 못하게 막아서 기회를 앗아간 부모로 기억되고 싶지는 않을 것이다. 반대로 자신들이 어떤 결정이 내리든 언제나 믿어주고 격려해주고 도움을 요청할 때는 기꺼이 도와주는 부모로 기억되고 싶을 것이다.

나 또한 그렇다. 그래서 나는 아이들이 하겠다는 일에는 "잘했다.", "멋진 계획이다"라며 격려하고 응원을 보낸다. 덧붙일 말이 있어도 행여 아이들의 마음을 상하게 할 수도 있으니 아무리 뜻이 좋더라도 참는다. 내심 '하고 싶은 것이 있다니 얼마나 다행인가.' 하며 마음을 쓸어내리기도 한다. 자식들은 하고 싶은 것이 있으면 부모가 말려도 무슨 수를 써서라도 하기 마련이다. 우리도 다 그러면서 자랐다. 정말 하고 싶은 거라면 부모가 말려도 해야 한다. 그래야 정말 하고 싶은 것이고 그런 다부진 결기도 있어야 한다. 그래야 뭐가 되도 된다.

일류대학도 좋고, 번듯한 직장도 좋고, 성공도 좋지만, 무엇보다 자식들과의 관계를 망가트려서는 안 된다. '다 자기 잘되라고 하는 말'과 '성공하면 나중에 부모 마음 알게 되고 고마워할 거'라는 말로 부모 자식 간 관계가 망가지는 것을 감수해서는 안 된다. 성공하고 나서도 고마워하기는커녕, 닦달했던 부모에게 질려서 등지고 사는 자식들도 많다.

부모들의 눈높이와 기대에 견주어서 자식들이 부족할 수 있고 더 나아가 실망스러울 수도 있다. 혹은 아직 준비가 덜 돼서 기대만큼 따라주지 못할 수도 있다. 그럴 때 해주고 싶은 말이 많아도 참아야 한다. 우리 마음에 담긴 말들이 자식들에게 상처가 되어 부모 자식 간의 관계를 망가뜨릴 수 있다. 그러니 입 밖으로 내기 전에 곱씹고 또 곱씹어야 한다. 왜냐면 자식의 성공보다 자식과의 관계가 더 중요하기 때문이다. 자식들 가슴에 상처를 남기는 대신 사랑과 응원을 가슴속에 남겨주는 언제나 멋지고 그리운 부모가 되어보자.

있는 그대로를 봐주면 모두 편안하다

어느 부모나 자식에게 원하고 바라는 모습이 있다. 그런 모습으로 자라준다면야 부모로서는 더없이 감사하겠지만, 억지로 이렇게 만들려 하면 탈이 나기 마련이다. 특히 부모가 확고한 고정관념을 갖고 있다면 자식들은 고단한 인생은 약속받은 것과 다름없다. 가장 흔한 고정관념이 '여자다워야 한다.', '남자다워야 한다'는 것이다.

우리 딸아이는 어려서부터 용맹했고 거칠 것 없는 모험가다. 무엇이든 자신의 힘으로 하고 싶어 했고 늘 새로운 것에 도전하기를 좋아했다. 세 살 즈음부터 나무에 올라 곤충 잡기를 즐겼을 뿐만 아니라 제일 좋아했던 놀이는 구름다리와 정글짐에서 잡기 놀이를 하는 것이었는데 얼마나 하고 놀았는지 손바닥에는 막노동으로 잔뼈가 굵은 사람처럼 굳은살이 배겼을 정도였다. 동물을 너무 좋아해서 어른 팔뚝보다 굵고 긴 징그러운 장어도 예쁘다며 만져주고, 우리 집 강아지 '미그'의 출산을 도와 밤새도록 열 마리 새끼를 제 손으로 받았다. 손재주도 남달랐다. 그림 그리는 것을 좋아했고 경쟁심이 많아서 학교숙제나 공부를 할 때도 퀴즈형식으로 내어주면 너무 재밌어했고 끝까지 포기하는 법을 몰랐다. 좋다 싫다 자기 의사표현이 명확하다. 하지만 의외로 정해진 규칙은 답답할 정도로 한치도 어김없이 칼같이 지킨다. 요리하더라도 요리책에 적힌 조리법대로 똑같이 해야 할 정도로 고지식한 면도 있다. 새로운 사람과 사귀는 것을 좋아해서 낯선 장소, 낯선 사람들과 어울리는 것을 좋아하고 금세 친구를 사귄다.

둘째인 아들 녀석은 천하의 '안전제일주의자'다. 테마공원에 가도 롤러코스터는 위험하다고 절대 타지 않는다. 조금이라도 힘든 것은 싫어한다. 자전거도 허벅지 당긴다며 싫어했고 사람 많고 번잡한 곳은 질색이다. 자신이 직접 무엇인가를 하기보다는 가능하면 누군가의 손을 빌려 처리하기를 좋아한다. 부모를 닮아 악기 다루는 것에 취미가 있을까 싶어 피아노를 가르쳤는데, 얼마 가지 않아 어느 날 엄마를 붙잡고 엉엉 울면서 그만하고 싶다고 해 중단했다. 드럼도 가르쳐보려 했지만 전혀 흥미를 보이지 않아 이 또한 포기했다.

대신 축구와 농구는 무척 좋아한다. 낯선 사람들과 금세 친해지지 않지만, 친구들과는 끈끈한 우정을 이어가고 있다. 무뚝뚝해서 그런 건지 어려서부터 자신의 의사 표현을 명확히 할 때가 거의 없었는데 성인이 되고 나서는 좋아하는 것들에 대한 이야기를 곧잘 들려준다. 천만다행이다 싶다. 안전제일주의자인 만큼 함께 있으면 편안하고 안정감을 느낀다.

우리 부부는 늘상 딸과 아들의 성격이 서로 뒤바뀐 것 같다고 이야기하면서 웃는다. 딸아이는 모험심을 조금 줄였으면 좋겠고, 아들 녀석은 조금 더 외향적이었으면 하는 바람이 있지만, 결코 아이들에게 말하지는 않는다. 그건 그저 나의 바람일 뿐이니까.

우리도 그랬던 것처럼 우리 자식들도 자신들만의 길이 있고 인생이 있고 또 계획이 있다. 자신들도 어쩔 수 없는 타고난 성격도 있다. 모자라고 넘치는 것이 아니라 서로 다를 뿐이다. 있는 그대로 봐주고 인정해주고 좋은 면을 더 크게 관심을 가지니 모두가 평안하다.

부모 입장에서 차고 넘치는 자식은 아마 거의 없을 거다. 언제나 제 앞가림하며 살아갈지 불안하고 걱정스럽다. 자식이 부족하고 엉뚱하고 철없고 무모하고 대책 없어 보이기까지 한다. 그렇다고 부모 마음속에 담긴 그 걱정과 염려를 모두 자식들에게 드러낸다면 도움이 되기는커녕 관계를 망치기 일쑤이다.

지금도 이런저런 이유로 자식 걱정에 하루도 편한 날을 보내지 못하는 분들이 많다. 성인이 된 자식이 조금이라도 늦으면 끊임없이 전화를 걸어대는 부모도 있다. 이제부터는 제발 자식 걱정은 내다 버리자. 자식들이 자신의 뜻대로 자신의 인생을 살아가도록 먼발치에서 응원하며 지켜만 봐주자. 자식들이 우리 부모에게 진짜로 필요로 하는 것은 밑도 끝도 없는 걱정이 아니라 인정해주고 응원과 격려를 받는 일이다. 그들은 잘살아가고 있다. 그러니 걱정은 그만 내다 버리자.

엄마의 착각,
엄마와 딸은 친구가 될 수 없다

 엄마와 딸은 아주 특별한 관계로 여겨진다. 중장년에 접어들면서 남편과 데면데면한 사이가 되어갈 때쯤 성인으로 자란 딸이 엄마의 대화상대가 되어주기 때문이다. 그래서 아들만 있는 엄마들이 딸 가진 엄마를 부러워한다. 엄마들에게는 딸에 대한 환상이 있는데, 딸이 크면 엄마의 친구가 되어줄 거란 것이다. 엄마와 딸이 함께 팔짱 끼고 쇼핑도 다니고 오손도손 얘기하는 모습만큼이나 정겨운 것도 없다. 말 그대로 엄마들의 로망이다.

 엄마와 딸은 같은 여자이기에 많은 것을 공유할 수 있고, 특히 딸이 나이 들수록 둘 사이 공감대의 폭도 넓어진다. 딸은 엄마를 통해 결혼생활이란 어떤 것인지 현실을 배우고 엄마는 남부끄러워 집

밖에서는 할 엄두도 내지 못하는 속 얘기를 미주알고주알 딸과 나눌 수 있다. 이렇게 두 사람이 이 세상 그 누구보다 가까운 '평생 단짝', '평생 친구'가 되고 싶은 것이 엄마들의 환상이다. 하지만 그건 엄마들만의 일방적인 착각일 수 있다.

딸에 대한 착각이 분수를 넘어 화를 초래한 엄마가 있었다.

18세기 프랑스 로코코 시대에 궁정화가로 활동한 당대에 가장 유명했던 여성 초상화가 엘리자베트 비제 르 브룅(Élisabeth Vigée Le Brun)은 9살 난 딸, 줄리를 품에 안고는 〈딸 줄리와 함께 함께한 자화상〉을 그렸다. 엄마는 딸을 살포시 안았고, 딸은 엄마의 품에 안겨 엄마의 목을 끌어안고 있다. 그림 속 모녀는 세상 여느 엄마와 딸처럼 사랑이 넘쳐난다.

딸과 함께 하는 자화상은 그 그림이 처음이 아니다. 3년 전 딸이 여섯 살이었을 때도 딸아이를 품에 안고 있는 모습을 그렸다. 눈에 넣어도 아프지 않을 소중한 외동딸이었다. 하지만 이 모녀는 후에 세상에 둘도 없는 원수지간이 되고 만다. 이 둘을 누가 갈라놓았을까?

18세기에는 제아무리 재능이 뛰어나도 해도 여성이 화가가 되기란 거의 불가능했다. 그럼에도 르 브룅은 궁정화가가 되었고 여러 귀족과 부유층이 그녀에게 초상화를 의뢰하고 싶어 할 정도로 실력을 인정받았다. 그 유명한 루이 16세의 왕비인 마리 앙투아네트의 여러 초상화를 그린 것도 그녀다. 프랑스 파리에서 그녀의 명성은 자자했다. 그런데 프랑스혁명이 일어나고 말았다. 딸의 나이 9살 때였다. 그림 속 두 모녀의 모습은 프랑스혁명이 나기 직전의 것으로 보인다.

프랑스혁명이 일어나자 궁정화가인 그녀는 딸 줄리만 데리고 프랑스를 도망쳐 나와 이탈리아, 헝가리, 러시아 등을 돌아다니며 활동한다. 프랑스에 있을 때부터 유럽 전역에 이름이 널리 알려진 탓에 어느 나라를 가든 그녀에게 초상화를 맡기고 싶어 하는 왕실과 귀족들이 줄을 이었다. 12년 동안 홀로 줄리를 키워 '모성애 강한 화가'로도 소문난 그녀는 성공적인 활동을 이어가 유럽 주요 10개 도시에서 미술 아카데미 회원으로도 선출될 정도였다.

하지만 프랑스에 남아 있던 남편은 한국의 '기러기 아빠'처럼 생활비를 보내기는커녕, 프랑스에 있던 아내의 재산을 빼돌려 음주가무와 도박을 즐기며 방탕한 생활로 아내 속을 뒤집어놓았다. 남편이 정신을 못 차리면 못 차릴수록 그녀는 딸에게 더욱 집중했다. 딸을 귀족 집안의 아이처럼 개인교사를 두고 홈스쿨링을 시켰다. 딸은 엄마를 닮아 총명했다. 여러 나라 언어를 자유롭게 구사할 수 있었고 음악에도 조예가 깊었을 뿐만 아니라 엄마의 재능을 물려받았는지 그림도 잘 그렸다. 그야말로 18세기 귀족 여성들이 이끄는 살롱문화에 최적화된 교양 있는 여성으로 자라났다. 엄마의 자랑이었다.

하지만 딸 줄리는 안으로 곪아가고 있었다. 외동딸로서 엄마의 온갖 사랑을 독차지해 분에 넘치는 생활을 하고 있었지만, 아빠에 대한 엄마의 분노도 온전히 받아주어야 했기 때문이다. 예나 지금이나 아무리 사회적으로 명성이 드높다 하더라도 배우자로부터 사랑받지 못하면 사는 게 사는 게 아니다. 기운이 하나도 없고 안으로는 뜨거운 화가 들어찬다. 더구나 남편이 주색에 빠져 모아놓은 재산까지 탕진하고 있다면 그 썩어들어가는 심정은 이루 말할 수조차 없다.

그런 엄마에게 딸은 희망이자 탈출구였으며, 불행한 시기를 함께 버텨내는 영혼의 동반자이자 반려자이기도 했고 아픔과 슬픔마저도 공유하는 영원한 친구였다. 딸 줄리는 방랑자처럼 이 나라 저 나라를 떠돌아다니며 먹고살기 위해 악착같이 그림을 그려야 하는 엄마의 고단한 삶, 바람둥이에 도박꾼 남편을 둔 엄마의 불행, 사랑받지 못하는 엄마의 히스테리, 딸을 잘 키우고 싶어 모든 것을 쏟아붓는 엄마의 애정결핍, 남편에 대한 분노로 쏟아내는 험담과 욕설, 엄마의 지나친 간섭과 참견을 오롯이 받아내며 청소년기를 보내야 했다. 이렇게 자란 아이의 마음이 오죽했을까?

딸의 생활에 대한 간섭이 날로 갈수록 지나쳐, 비밀리에 딸의 결혼 상대까지 정해놓았을 정도였다. 후에 이를 알게 된 딸 줄리는 독선적으로 되어버린 엄마에게 복수라도 하듯이 다른 남자와 결혼해 버린다. 물론 결혼생활이 오래가지 못하고 이혼을 했지만, 이 결혼을 계기로 해묵은 감정까지 폭발하고 말아 결국 엄마와 딸은 마침내 상종도 않는 사이가 되어버린다. 줄리는 39세가 되던 해에 짧은 생을 마감하는데 임종의 순간까지 엄마는 딸의 얼굴을 보지 않았다. 배신당했다는 생각에 애정이 철천지원수에게나 품을 수 있는 증오심으로 변했다. 그림 속 다정했던 두 모녀가 이렇게 생을 마감하게 될 줄 누가 알았을까?

딸들에게는 "나이 들수록 엄마 곁에는 딸이 있어야 한다"거나 "엄마와 딸은 친구가 될 수 있다"는 말이 부담스럽기 짝이 없다. 이 말이 부담스러운 이유는, 딸은 엄마가 원하는 때는 언제나 곁에서 이야기를 들어주고 위안을 해줘야 하는 의무가 부여되는 것 같기 때문이다. "남들은 딸하고 친구처럼 지낸다는데 너는 왜 그렇게 엄마에게 살갑게 굴지 않니"라는 엄마의 말이 무겁게 느껴진다. 엄마와 딸 사이에 이런 생각의 격차가 생기는 이유는 무엇일까? 엄마는 딸과 친구처럼 지내고 싶어 하는데 딸은 그런 엄마가 부담스럽고 거리를 일정하게 유지하고 싶어 한다.

세상에 엄마만큼 많은 의미가 담긴 단어가 어디 있을까? 남자들은 군대 가서 엄마 얘기만 하면 펑펑 눈물을 쏟는다. 제대하면 효자가 되겠다고 굳은 다짐을 한다. 그때만큼 부모 특히 엄마에 대한 고 마음과 그리움이 사무칠 때가 없다. 이런 깨달음도 딱 이등병 때까지만 유효하지만 말이다. 그에 비해 아마도 딸들은 아이를 낳고 키우면서 친정엄마의 마음을 알아가게 된다. '우리 엄마도 이만큼이나 아파하면서 나를 낳았겠구나, 내가 아플 때 이렇게 애간장 끓이며 돌보았겠구나.' 눈물지며 하나하나 깨달아간다. 딸들은 늘 엄마라는 말만 나와도 눈물이 그렁그렁 맺히는 짠한 마음이 앞선다.

하지만 딸들에게 친정엄마를 생각하면 어떤 기분이 드냐고 물어보면, 대개 두 상반된 감정이 뒤섞인다고 답한다. 미안함과 서운함이 바로 그것이다. 키울 때는 어린아이 눈에도 편애하는 것이 확연히 드러날 정도로 대놓고 오빠나 남동생에게는 유별날 정도로 정성을 들이고 딸은 뒷전이었다. 성인이 되어서도 그들에게는 남자라서 많은 것들을 허용하고 이해했지만, 딸에게는 옷차림부터 화장, 행동 하나하나까지 간섭하고 귀가 시간을 정해놓았을 만큼 꽤 엄격하게 대했다. 보통의 가정에서 보이는 풍경이다. 아들과 딸 둘을 대하는 감정의 차이도 뚜렷하다. 아들을 보면 든든해하면서도 어려워했다. 그래서 엄마는 아들에게는 서운한 것이 있어도 잘 내비치지도 않으면서 딸 일에는 시시콜콜 간섭하고 잔소리를 늘어놓기 일쑤다.

결혼할 때 아들과 딸의 차별이 극명하게 나타나곤 한다. 대부분의 딸이 결혼준비를 하면서 서운한 감정이 많이 복받치지 않았을까 싶다. 그렇게 결혼시켜놓고서 엄마는 "아들이야 결혼하면 남의 집 자식"이라는 말과 함께 반쯤 포기하는 태도를 보이지만, 딸은 여

전혀 부모에게 살갑게 굴고 오빠나 남동생에게 엄마를 대신해서 이런저런 얘기도 전하는 메신저 역할도 하고, 미리미리 엄마의 심경도 알아채서 풀어주는 역할도 해주기를 기대한다. 아들이 서운하게 대하면 앞에서는 표현도 못 하고 억지로라도 쿨한 엄마로 보이려고 노력하면서도, 돌아서서 딸에게는 남편이나 아들 때문에 섭섭해서 가슴이 미어터지는 엄마의 모습을 서슴없이 드러낸다. 그들이 모르는 사람도 아닌 딸에게는 아빠이며 오빠나 남동생인데 대체 어쩌라는 건지 엄마의 하소연을 들어야 하는 딸들에 대한 배려는 눈곱만큼도 없다.

들어봐야 하나도 기분 좋을 일 없는 시댁에서 속썩은 고릿적 얘기, 남편이 속 썩인 이야기, 결혼하자 변해버린 아들에 대한 섭섭한 마음 등을 딸에게 하소연한다. 딸이 이런저런 전후 사정 다 이해해 줄 거라 믿고 가슴에 쌓인 한탄과 곪아 터진 상처와 같은 부정적인 얘기들을 딸에게 쏟아내는 엄마들은 참으로 이기적이라고밖에 할 수 없다. 동년배 친구들도 받아줄 수 없는 것들을 딸에게 쏟아내고 받아달라고 한다. 더구나 시시때때로 기회만 되면 귀가 닳도록 들었던 이야기를 무한 반복하는 엄마를 딸이 어떻게 감당할 수 있을까?

말이 좋아 친구지 딸을 아들과 동등하게 대우하며 키우지도 않았으면서 이제 딸을 엄마가 쏟아내는 감정의 배설을 받아줘야 하는 감정 쓰레기통으로 사용하고 있다. 딸을 친구로 대하는 것이 아니라 배설물을 담는 감정 쓰레기통, 감정 하수처리장쯤으로 쓰고 있다는 사실을 엄마들은 절대 모른다.

딸들은 엄마의 하소연, 한탄, 불만을 한 귀로 듣고 한 귀로 흘릴 수가 없다. 그게 다 어차피 딸의 할아버지, 할머니 그리고 아빠, 오빠와 남동생 이야기이기 때문이다. 딸이 무슨 죄로 그 무거운 얘기를 다 듣고, 그 짐을 대신 짊어져야 하느냔 말이다. 그건 너무 가혹한 처사가 아닐 수 없다. 이제 그만하라는 반응을 보이면 화를 낸다. "너도 한번 겪어보라"거나 "너도 자식 낳아 키워보라"라는 얘기는 덕담에 속하는 편이다. "너랑 꼭 닮은 쌀쌀맞은 딸 낳아서 더도 말고 덜도 말고 나처럼만 겪어보라"라고 딸에게 저주를 퍼붓는 엄마도 있다.

어려서는 딸이라고 섭섭하게 대하고, 행동을 옥죄어 놓고서는 성인이 되었다고 어느 날 갑자기 일방적으로 친구처럼 지내자고 하는 것도 부당하다. 더구나 모름지기 딸과 친구처럼 지내기를 원한다면 모녀 관계가 특별하긴 하지만 인간관계인 만큼 과도한 기대로 딸에게 의무감을 지우거나 부담을 줘서는 안 된다.

딸과 아들 사이에서 다르게 대해왔다면, 지금이라도 그것부터 바로잡아야 한다. 아들과 동등하게 대하면서 친구로 지내자고 해야 한다. 그렇지도 않으면서 "엄마에게는 딸이 있어야 한다"거나 "요즘은 딸이 최고라더라. 딸이 있어야 비행기라도 탈 수 있대." 같은 말은 입밖에도 꺼내지 말자. 다른 친구처럼 살갑고 공평하게 대하지도 않았으면서 "너랑 나랑 제일 친한 친구"라고 하는 것만큼 배신감이 드는 일도 없을 거다. 그 대상이 엄마라면 더욱 그렇다.

딸과 친구처럼 지내고 싶은 엄마가 되고 싶다면, 진정성을 갖고 솔직한 마음으로 딸에게 다가가야 한다. 그렇게 다가가 사과할 것은 사과하고, 함께 부둥켜 울면서 쌓인 감정의 찌꺼기들을 씻어낼 수 있을 때 비로소 새로운 관계를 시작할 수 있다. 세상 모든 엄마와 딸이 친구였으면 좋겠다. 내 아내와 딸도 그런 모습으로 지냈으면 좋겠다. 그 속에 나도 끼워주면 더 좋겠지만 그건 내 욕심일 테니 부디 둘이라도 서로 위해주는 사이로 남았으면 한다.

자식에게 버림받는 길로
걸어가는 부모들

은퇴전문가들이 기회만 닿으면 "일찍부터 노후준비를 해야 한다"고 그렇게 강조하지만 대부분 "그게 말처럼 쉬우냐"며 귓등으로 듣는 모양새다. '일자리가 최고의 재테크'이니 특별한 계획이 마련된 것이 아니라면 현직에 있을 때 하루라도 빨리 미리미리 쓸 만한 자격증이라도 따놓아야 하지만 직장생활과 자격증 공부를 병행한다는 것이 말처럼 쉽지 않다.

불안한 미래를 대비하는 것보다 당장의 휴식이 더 달콤하고 주변 유혹도 강하기 때문이다. 말은 "불안하다 걱정된다." 하면서도 아직 발등에 불이 떨어지지는 않았으니 몸에 밴 습성대로 시간을 흘려보낸다. 마음 한켠의 퇴직까지는 시간 여유가 있다는 느긋함도 한 못하는 듯싶다. 퇴직 시기를 정하는 칼자루를 자신이 쥐고 있다는 착각에 빠져 있지 않고서야 어쩌면 그렇게 몸을 움직이지 않는지 신기할 정도다.

씀씀이도 줄이지 않는다. 특히 자녀교육에는 진심을 다해 능력이 닿는 최고치까지 쏟아붓는다.

세상은 빠르게 변하고 있는데 여전히 1960~1970년대식 자식 사랑으로 스스로 자식에게 버림받는 길로 걸어 들어가는 부모들이라고밖에 볼 수 없다.

자녀교육 몰빵의 최고봉은 뭐니 뭐니 해도 '기러기 아빠'라 할 수 있겠다. 27년간 기러기 아빠로 살아가고 있다는 한 개그맨의 사연이 담긴 영상을 우연히 보게 되었다. 말이 27년이지 그는 기러기 아빠로 산 것이 아니라 가족으로부터 버림을 받은 거나 마찬가지다. 하지만 그는 여전히 자신을 기러기 아빠라고 믿고 싶은 모양이다. 버림받았다고 생각하면 자신의 27년이 너무 억울할 테니 말이다.

일반적으로 기러기 아빠라 하면 자녀들의 유학을 돕기 위해 한국에 남아 경제적 뒷바라지를 하는 아빠를 말한다. 자녀가 초등학교 1학년 때 아내와 함께 조기유학을 떠났다손 치더라도 늦어도 고등학교 졸업 때까지만 엄마가 곁에서 돌봐주면 된다. 그러니 아무리 길어도 기러기 아빠 생활은 12년이면 족하다. 자녀가 현지에서 대학 입학을 했더라도 자식들은 이제 성인이 되었으니 아내는 남편 곁으로 돌아와야 한다. 하지만 그의 아내는 돌아오지 않았고 그는 지금도 기러기 아빠라고 믿으며 혼자 산다. 그는 가족으로부터 돈 보내는 기계로 철저히 이용만 당했다.

지난 27년이라는 세월 동안 그리움을 이겨내기 위해 그림을 그리고 글을 끄적거리다 보니, 그는 어느덧 전시회를 여는 화가가 되었고 시집도 출간한 시인도 되었다. 모든 그림과 시의 주제는 한결같이 가족에 대한 그리움이다. 집에도 자녀들이 떠나기 전까지 난란했던 가족사진들만 걸려 있고, 그리울 때마다 자녀들과 함께했던 여름방학 숙제를 꺼내본다. 그동안 너무 자주 봐서 이제 그 숙제장은 너덜거릴 정도다. 그의 시간은 자녀들이 미국으로 떠났다는 1996년에 멈춰져 있는 듯싶었다. 아내는 영영 돌아오지 않을 것이다. 자녀들은 1년에 한두 번 통화하는 것으로 안부만 간단히 물어보면 끝이다. 사실 길게 나눌 대화의 주제도 없다. 남남처럼 떨어져 살았는데 서로 무슨 할 이야기가 있겠는가? 아이들의 기억 속에는 이미 아빠라는 존재는 먼 기억 속 흐릿한 한 점처럼 남아 있을 테니 가끔 마주치는 이웃 사람보다 멀게 느껴진다. 올해 그는 65세가 되었다. 그리움에 사무친 그의 노후가 얼마나 더 쓸쓸할지 안쓰러워진다.

자녀들이 해외로 유학을 가지 않았더라도 기러기 아빠 못지않은 삶을 사는 사람이 많다. 대한민국 부모들은 자신들의 노후준비를 미룬 채 자녀교육비와 양육비로 버거울 정도의 금액을 밀어 넣고 있다. 이쯤에서 한번 생각해봐야 할 것이 있다. 성장해서 가정을 꾸린 자식들이 세상 제일 최고로 꼽는 부모는 어떤 사람들일까? 반대로 자신들도 먹고살기도 빡빡한데 생각만 하면 머리 아프고 부담스러워서 몹쓸 생각인지도 알지만, 차라리 없는 것이 낫다고 생각하는 부모는 어떤 사람들일까?

지금까지 해온 그대로 변함없이 계속한다면 대한민국 부모들은 자식들로부터 세상 제일 최고로 꼽힐 부모가 될 가능성이 클까? 아니면 안타깝게도 차라리 없었으면 좋을 부모가 될 것 같은가?

우리 부모세대들이 정말로 절실하게 깨달아야 하는 것은, 장성한 자식들이 세상 최고로 꼽는 부모는 불타는 자식 교육열로 오늘의 자신이 있기까지 심적 물적으로 몰빵해준 부모가 아니라 노후준비를 현명하게 잘해서 경제적으로 자신들에게 부담을 주지 않는 부모라는 사실이다. 그것에 더해서 사후에 물려줄 재산이라도 있으면 금상첨화다.

있는 돈 없는 돈 다 긁어모아 자식새끼 좋은 대학 나와서 남부럽지 않게 살아갈 수 있도록 만들어 놓았더니 부모 공은 인정도 않고 자기 잘나서 그리된 줄로만 알고 이제는 부모가 가진 것이 없다고 부끄럽고 부담스럽게 생각된다니 배신감이 들어도 이만저만 드는 게 아니다. 이런 원망과 한탄, 후회로 쪽방촌에서, 원룸에서 고독하게 사는 인생 선배와 같이 되지 말라는 법이 없으니 자녀에게 너무 많은 돈이 들어가고 있지는 않은지 가정 재무상황을 냉철하게 살펴봐야 한다.

1961년 한국인의 평균 기대수명은 54.9세였다. 기대수명이 이 정도니까 60세를 넘기면 돈을 꿔서라도 성대하게 부모님 환갑잔치를 열어드렸다. 자녀들과 사위, 며느리 다 똑같은 한복 맞춰 입고, 명창들 초청해서 동네 떠들썩하게 한판 잔치를 벌였다. 그 당시는 자녀가 최고의 투자처였던 시절이기도 하다. 그래서 우리 할아버지, 할머니들은 소 팔고 초가삼간을 팔아 자식 교육이라는 최고 수익률을 자랑하는 투자를 감행했다. 자식들 자리 잡고 결혼해 손자, 손녀 예쁘다며 두둥실 몇 년 안고 지내다 55세 전후로 돌아가셨으니 딱히 특별한 노후설계도 필요 없었다. 장남 잘되는 것이 집안의 목표이자 노후설계였던 시절이다.

2022년 현재 한국인의 평균 기대수명은 83.35세이다. 1961년과 2022년, 60년 사이 평균수명은 30세 가까이 늘어났고. 향후 10~20년 사이 평균수명은 90세쯤으로 늘어날 것이라고 전문가들은 예상한다. 바야흐로 트리플 30시대에 진입하는 것이다. 태어나 30년 교육받고, 30년 돈 벌고 60에 은퇴해서 30년을 은퇴자로 살아가는 것이 트리플 30시대이다. 우리가 열심히 밤낮을 가리지 않고 일하면서도 늘 불안하고 걱정스러운 이유가 바로 은퇴 이후 30년이 남아 있기 때문이다. 더구나 기술의 진보로 은퇴 시기는 점점 빨라지고 고용주 입장에서 해고는 더욱 유연해지고 자유로워지고 있다.

'60 이후 남은 30년 동안 돈이 마르지 않고 버틸 수 있을까? 한국은 노인빈곤율이 세계 최고라던데, 나도 경제적으로 빈곤해져 하류층으로 살아가게 되지는 않을까?' 이런 생각을 하면서 밤잠 설치는 이들이 많을 거다. 이제 장성한 자식이 부모를 부양하는 시대는 끝이 났다. 여러분도 이미 알고 있다. 그런데도 행동은 할아버지세대가 했던 것보다 더 열심히 자식들에게 부어대고 있다. 자식은 부모부양 생각조차 없고, 행여 부양하고 싶다 해도 자기 한 몸, 제 가정 하나 건사하기도 힘이 부친다.

'내 자식은 다르다. 유독 효심이 깊으니 끝까지 부모를 돌볼 것'이라고 생각하는 분들이 계시다면, "빨리 꿈 깨시라" 말씀드리고 싶다. 앞으로는 부모부양이 자식도리의 기본값인 세상이 아니라는 현실을 머리로만 이해하고 그치는 것이 아니라 돈 씀씀이를 과감하게 조정해야 한다. 자식에게 버림받지 않으려면 지금부터, 아니 오늘부터 당장 자식 교육비, 결혼지원금, 주택 구입비, 사업 창업자금을 능력도 안 되면서 지원해주면 안 된다.

미국 하버드대학 경제학과 교수인 그레고리 맨큐(Gregory Mankiw)는 인생 후반전을 시작하는 50세가 되던 2008년 '나이 들어 자식들에게 부담이 되지 않게 해달라'는 자신의 생일 기원문을 〈뉴욕타임스〉에 기고했다. 경제학자로서 거듭되는 경제 공황으로 인해 다음 세대에게 부담을 지우지 않았으면 좋겠다는 바람도 포함되어 있지만, 개인적으로 기대수명 증가에 따른 늘어나는 의료비 지출 등으로 자녀들에게 큰 짐이 되지 않기를 바라는 글이다. 세계적으로도 내로라하는 경제학자도 자신의 노후생활에 대해 근심이 깊은 게 현실이다.

자식들로부터 훌륭한 부모로 인정받고 싶고, 노후에 자녀들과 교류하며 지내고 싶다면 지금부터 자녀들에 대한 집착과 경제적 지원을 반으로 줄이고 남은 반을 노후자금으로 돌리라고 전문가들은 조언한다. 자녀들이 최고로 꼽는 부모는 노후준비를 잘해서 자신들에게 부담을 주지 않는 부모라는 사실을 잊지 말자. 지금 자식에게 버림받는 길로 걸어 들어가는지 아니면 최고의 부모가 되는 길로 가고 있는지 점검해보기 바란다.

자식들이 부모와
인연을 끊기로 결심한 이유

    20~30대 청년들이 모여있는 온라인 커뮤니티에서 부모와의 갈등을 겪으며 고민 끝에 부모를 더는 보지 않겠다고 결심했다는 글들을 종종 접한다. 또래 회원들은 그들의 아픔에 공감을 표시하고 격려와 응원을 보낸다. 많은 청년이 이렇게 반응하는 것을 보면 부모와의 갈등에 대한 광범위한 공감대가 또래 집단 사이에서 자리잡고 있다고 할 수 있다.

    이들은 유별난 호로자식이고 패륜아일까? 그렇게만 볼 일은 아닌 듯싶다. 어른들의 시선에 아무리 요즘 청년들이 싹수가 없다 한들 부모와 인연을 끊는다는 것이 그들에게도 절대 쉬울 리 없다. 세상이 아무리 메말랐어도 부모와 자식은 여전히 하늘이 맺어준 인연이다. 그럼에도 이들은 어떻게 이 어려운 결정을 어린 나이에 내릴 수 있었을까? 아니 내려야만 했을까? 자식들이 부모와의 인연을 끊겠다는 것은 부모를 탄핵하는 것이고 이제 더는 부모로 인정하지 않고 타인으로 살겠다는 것이다. "아무리 그래도 그렇지. 부모에게 그렇게 해도 되냐?"고만 할 것이 아니라, 불편하더라도 그들이 부모와 인연을 끊겠다고 결심한 이유를 들어보자. 부모세대인 우리밖에 그들의 가슴 아픈 사연을 들어줄 사람이 없다.

희생하며 살았다고 다 어른은 아니더라

부모들은 "자식을 위해 모든 것을 다 바쳐 희생하며 살았다"고 들 말하지만 그렇다고 그것이 꼭 좋은 부모임을 입증하지는 않는다. 자식들 앞에서 공공연하게 "내가 지금까지 누굴 위해 희생하며 살았는지 아느냐?"며 하소연을 늘어놓는 부모치고 제대로 된 사랑과 관심을 자식들에게 준 경우는 많지 않다. 이런 부모들은 대개 불행한 결혼생활에 대한 탈출구로 어린 자식에게 집착하고 강박을 보인 경우가 대부분이다.

이제는 자식들이 다 컸으니 불행한 결혼생활과 희생하며 살아온 그 세월을 알아주었으면 좋겠다고 생각하고 어떤 방식으로든 보상받고픈 심리가 부지불식간에 작동한다. 그래서 자식들에게 조금이라도 섭섭해지면 자신의 희생을 상기시키려고 든다. 하루 이틀도 아니고 시시때때로 눈물 없이 들을 수 없는 그 희생을 이야기하니

자식들은 아연실색할 수밖에 없다. 듣기 좋은 꽃 노래도 한두 번이다. 결국 "누가 낳아 달라고 했느냐", "좋은 환경에서 키우지도 못할 거면서 왜 낳아서 힘들게 하느냐"는 반발이 지친 자식으로부터 튀어나온다.

희생을 감내하며 살았다고 어른이 되는 것은 아니다. 부모가 진정 어른이라면 자신의 희생을 내세우기에 앞서 자식들이 받았을 고통과 상처부터 이해하고 달래줘야 했다. 어린 눈으로 가정의 분란을 목격하며 받았을 충격과 그 분란의 한가운데서 울면서 혼자 감내해야 했던 상처에 대한 부모의 진정 어린 사과도 있어야 하지만, 그 또한 부족하다.

평생을 자기만을 위해서 살더라

평생 자기 몸 하나만 챙기고 자식들과 배우자는 자기를 위해 존재하는 시종처럼 여기며 살아온 부모들이 있다. 그렇게 이기적으로 살아왔으면서도, 미안함은커녕 지금 와서까지 자식들이 자기를 돌보지 않는다며 자식들에게 쌍욕을 하고 지인들에게 자식 험담을 늘어놓고 이런저런 불평불만이 가득한 이들은 평생 반성이라는 걸 모르는 낯두꺼운 인간이다.

어렸을 때야 힘없고 오갈 데 없으니 온갖 일을 다 겪으면서도 어쩔할 바 모르고 살았지만 이제 와서까지 저 이기적인 사람을 부모라고 대우한다면, 죽는 그 날까지 부모라는 탈을 쓴 흡혈귀에게 피를 빨리며 살아야 될지 모른다는 끔찍한 생각에 결국 등을 돌린다.

가장 힘들 때 믿어주고 지지해주지 않았다

자식들이 부모로부터 가장 듣고 싶은 말과 전해 받고 싶은 마음은 지지, 격려, 응원이다. 하지만 우리 부모들이 가장 많이 하는 말은 '잘했다.', '애 많이 썼다.' 등이 아니다. 그보다는 "왜 좀 더 잘하지 못했냐?"는 채근을 더 많이 한다. 그래서 자식들은 칭찬에 야박한 부모에게 섭섭함을 느낀다. 90점 받았는데 잘했다는 칭찬은 못 듣고 100점 받지 못했다고 혼이 나야 했었다.

정신분열과 우울증 치료를 위해 한 청년이 정신과 병원을 찾았다. 그 청년은 중고등학교 시절 전교 1등을 하면서도 의사였던 아버지로부터 매질을 당했다. 대학에 들어갔다고 매질이 그친 것도 아니다. 그렇게 성장하다 보니 아버지의 뜻에 따라 의대에 진학했지만, 자존감은 바닥난 상태이고 마음은 병이 들었다. 전교 1등 하는 아들을 때릴 이유가 뭐가 있었을까? 아버지는 긴장 늦추지 말고 더욱 분발하라는 의미에서 체벌했단다. 부모의 욕심이 결국 아들의 정신을 피폐하게 만들어 놓았다. 그런 아빠가 사람의 건강을 돌보는 의사라니, 아이러니도 이런 아이러니가 있을 수 없다.

어렸을 적부터 부모에게 들들 볶이며 살았던 자식들이 커서 자신의 성장기를 돌아보니, 자신이 겪었던 것은 다름 아닌 정서적 학대였으며, 더욱 자신을 아프게 하는 점은 지금도 믿어주고 지지해주기는커녕 독한 말을 계속하며 학대를 지속하고 있다는 사실이다.

'부모 있는 고아'로 살고 싶지 않다

부모는 자식들에게 어린 시절에 있었던 일에 대해서 웬만해서는 미안하다는 말을 쉽게 하지 못한다. 부모의 권위를 떨어뜨릴까 염려해서라기보다는 어렸을 적 일이니 다 잊어버렸을 거라 생각하기 때문이다. 또 다 지난 일인데 이제 들쑤셔봐야 무슨 소용 있겠냐는 마음에 사과를 외면하는 경향이 있는 듯싶다. 부모라고 아픈 기억을 되살리는 게 쉽겠는가.

하지만 자식들의 입장은 다르다. 커서 당했던 일이라면 자신들이 어느 정도 스스로 보호할 수 있었다. 하지만 어렸을 때 부모로부터 속수무책으로 당한 일들은 평생 트라우마로 남는다. 그러니 마음의 병이 더 깊어지기 전에 하루라도 빨리 치유가 필요하다.

부모도 인간이니 실수할 수 있고, 미숙했을 수도 있지만, 실수에도 정도가 있고, 미숙했더라도 바로잡을 기회는 그 후로도 얼마든지 많이 있었다. 그럼에도 자식들이 다 커서 성인이 된 지금까지 같은 짓을 반복하고 있다면 이제는 자식이 외면해도 할 말이 없는 처지다. 20~30대 청년들의 이야기 중 가장 가슴 아팠던 것은 "정말 없느니만 못한 부모도 있다, 세상에서 제일 가여운 아이들은 차라리 고아가 더 나았을 '부모 있는 고아들'이다"란 말이었다.

그러면서 이런 말도 덧붙였다. "참으로 희한한 것이, 진짜 사랑으로 자식을 키운 부모들은 천륜이니 인륜이니 하는 말 자체를 입에 안 올린다. 그 반대로 부모 같지도 않은 부모가 천륜과 인륜을 입에 올린다. 이것만 봐도 천륜과 인륜은 없는 것일지도 모른다. 그냥 자식을 이용해 먹으려는 핑계일 뿐…."

부모와의 인연을 끊기로 한 청년들은 그나마 심지가 굳고 자존감이 남아 있기에 자신을 추스르기 위해 이런 결심이라도 내릴 수 있었으니 다행이라고 해야 할 듯싶다. 그들은 빙산의 일각일 뿐이다.

자식들을 자신이 소유한 물건처럼 취급하고, 부모를 책임져야 한다고 의무감을 지우고, 언어적, 신체적 학대를 가하고, 독립을 가로막고, 자식의 마음보다 부모 자신의 감정을 먼저 생각하고, 자식을 무시하고 비교하는 부모들 때문에 온전한 인격체로 홀로 서기 위해 부모와의 인연을 끊어야 하는 것은 아닌지 고민하는 자식들이 여전히 많다는 것에 부모들은 주목해야 한다.

한때 아들과 갈등을 빚었던 한 친구가 한 말이 기억에 남는다. "젊은 자식은 나이가 안 들어봤기 때문에 몰라. 젊어 봤던 내가 참아야 해. 그래야 모두가 편안할 수 있어."

성탄절이면 더 넓은 세상에서 살아보겠다고 호주로 떠난 딸이 짧은 휴가를 보내러 집에 온다. 고등학교를 졸업하자마자 독립해서 모든 것을 혼자의 힘으로 헤쳐가고 있는 장한 딸이다. 타지에서 혼자 살아가면서 어린 나이에 엄마, 아빠가 해줘야 할 것들을 혼자 처

리하느라 많은 힘이 들었을 것이다. 만나면 "보고 싶었다. 아빠가 미
안하다"고 말하며 꼬옥 안아주려 한다.

다 큰 자식은
더 이상 내 가족이 아니다

아주 오래전 예전에 라디오 방송에서 한 엄마의 사연을 들었다. "사랑스런 아들이 군대에 가 있는데, 제대하면 아들 손 잡고 함께 영화도 보러 다니고, 쇼핑도 하러 다니겠다"는 기대 부푼 내용이었다. 그런데 그 방송 DJ는 "군대까지 갔다 온 자식, 바보 만들일 있냐"면서 "아들이 그렇게 하지도 않을 테니, 기대도 하지 말고, 또 아들이 응해준다 해도 아들과 그렇게 다녀서는 안 된다"고 했다. "일찌감치 환상에서 깨어나시라"고 날카롭게 조언했다.

다 큰 자식에게서 정서적으로 떨어지지 못하는 부모, 자식 인생에 대한 소유권이나 결정 권한이 자신에게 있다고 믿는 부모가 부모 자식 관계를 망친다. 성공한 자식들 뒤에 선 엄마는 훌륭하고 귀감이 되는 모성애 그 자체일 수는 있지만, 그 영광을 너무 오래 누리려다 보면 자식들만 바라보며 사는 한심한 엄마가 될 수 있다.

장성한 자식들을 놓아주지 못하고 그들 인생에 끼어들어 자식 마음을 아프게 한다. 심지어는 자식의 가정까지 좌지우지하려다 파괴하기도 한다. 부모 참견에 시달린 며느리나 사위가 두 손 들고 나가는 거다. 라디오의 그 엄마는 DJ의 말에 현실을 깨달았는지 모르겠다. 장성한 자식에게서 정서적으로 떨어지지 못하고 엄한 것을 기대하는 부모들이 자식 인생을 괴롭게 만들고 관계를 망친다.

부모에게 자식은 제 생명보다 중하고, 아이는 온 우주와도 바꿀 수 없는 귀한 존재이다. 그래서 자식이 나이가 몇이 되든 부모의 눈에는 늘 아장아장 걷는 어린아이처럼 보인다. 그래서 늘 위태롭고 보호를 해주고픈 존재이다.

엊그제 내가 참여하고 있는 인터넷 커뮤니티에 조언을 요청하는 글이 올라왔다. 딸아이가 대학 2년생인데 하라는 공부는 하지도 않으면서 허구한 날 친구들과 어울려 노느라 새벽에 들어온단다. 그래서 참다 못 한 엄마가 "늦어도 자정까지는 들어오라"고 했다. 그러자 딸은 "왜 우리 집만 자식 생활을 구속하려고 드냐"며 언성을 높였고 그날로부터 엄마와 일절 말을 하지 않는다고 한다. 어쩌다 일찍 귀하는 날에는 핸드폰만 들여다본다. 방 청소도 하지 않아 방은 돼지우리 같다. 오늘도 새벽에 들어와 늦게까지 퍼질러 자는 딸이 꼴도 보기 싫어서 아침밥도 챙겨주지 않고 나와버렸다면서 어떻게 할지 모르겠다며 하소연하였다.

댓글을 단 회원들의 의견은 대체로 한 곳을 향했다. "딸아이 생활에 참견하지 마라. 당장이라도 독립시킬 수 있으면 좋겠지만 경제적인 사정으로 그것이 여의치 않다면 하숙생 대하듯 참견하지 말라. 늦어도 대학 졸업하면 무조건 혼자 독립할 수 있게 하라. 집에서 사는 동안 자기 밥은 자기가 차려 먹게 하고, 방 청소도 신경 쓰지 마라."

함께 사는 다 큰 자식이 마음에 들지 않게 행동하면 그것을 눈으로 직접 목격하며 참는 게 힘들 것이다. 그런데 부모의 생각을 좀 바꾸면 별 큰일도 아님을 알 수 있다. 20대 초반 나이에 그렇게 밤을 새우며 놀지 않으면 언제 놀아볼 수 있을까. 그 나이대에 가능한 일이다. 그 열정이 귀엽고 예쁘기까지 하다. 밤새고 노는 일은 20대 중반만 넘어가도 그렇게 하라고 해도 더 이상 하지 않는다. 청춘만이 가질 수 있는 특권을 누려보는 일에 부모가 쌍심지를 켜고 참견하는 건 바람직하지 않다.

조금 더 이야기 범위를 넓혀보자. 결혼해서 독립한 자식들의 심정은 어떨까? 며느리들이 모인 커뮤니티에서는 언제나 자신들이 경험한 '선을 넘은 시부모들의 행동'에 대한 열띤 경연장이 펼쳐진다. 내가 그들이 말한 시부모들의 선 넘은 행동들을 모아봤다.

제왕절개, 자연분만 등 출산 방식 간섭하는 시부모

며느리에게 자주 연락하라는 시부모

아들에게 할 얘기 직접 하지 못하고, 며느리에게 하는 시부모

아들 있을 때와 아들 없을 때 다르게 행동하는 시부모

며느리를 딸같이 여긴다며 어디든 데리고 다니려는 시부모

자신의 고달팠던 시집살이 얘기를 반복하는 시어머니

제 아들만 잘났다는 말을 입에 달고 사는 시부모

2세 계획에 간섭하는 시부모

집이나 분양권 사는 데 같이 가는 시부모

친정 무시하는 시부모

가족 외식 등에 꼭 끼려는 시부모

마트나 백화점 같이 쇼핑 가자는 시어머니

육아에 간섭하는 시부모

사전에 말도 없이 아기 머리 밀어오거나 파마해놓는 등 마음대로 하는 시어머니

말 많고 유난 떠는 시아버지

시어머니보다 시아버지가 유난인 집

어린이날, 크리스마스, 쉬는 날 같이 보내려는 시부모

결혼 전후 관심도 없다가 아기 태어나서부터 간섭하는 시부모

아기 이름 지어주는 시부모

아기 봐준다는 핑계로 집 찾아오고 오라 가라 하는 시부모

불쑥 찾아오는 시부모

주말과 휴일을 꼭 시댁에서 보내라는 시부모

생일이든 돌잔치든 행사 있을 때마다 일 크게 벌려서 하는 시부모

이것들이 며느리 입장에서 본 최악의 시부모들이 하는 선 넘는 행동들이다. 요즘 이런 시부모 없고 되레, 며느리 시집살이를 한다거나, 처가가 더 기세등등하다고 생각하는 분들이 있을 수 있는데, 며느리들의 글에서 시부모를 장인과 장모로 바꾸면 상황을 쉽게 이해할 수 있다. 시부모든 장인, 장모든 모두 우리이니 말이다.

우리가 가족 또는 가정이라고 말할 때, 그 범위를 정확히 하는 게 필요하다고 본다. 이것을 명확히 구분 짓지 않고, '같은 집안 식구다'라는 식으로 뭉뚱그려서 생각하니 선을 넘어서 불화를 일으키는 게 아닐까 싶다. 자식이 결혼해서 독립하면 더 이상 우리의 가족 구성원이 아니라고 생각해야 한다. 자식은 자식 대로 배우자와 자신들만의 다른 가정을 꾸리고 사는 것임을 분명히 인식해야 한다. 별개의 가정이다. 법적으로 세대주도 다르다.

이렇게 구분을 짓고 나면 결혼한 자식을 간섭하고 참견하는 것은 남의 가정사에 끼어드는 선을 넘는 행동이고 볼썽사나운 오지랖이라는 것이 분명해진다. 반대로 자식들도 부모 집에 와서 이러니저러니 참견하면 안 된다. 특히 부모 재산이 자신들의 재산 인양 부모들의 노후는 생각지도 않고 일찌감치 챙겨보려는 심사도 있는데, 서로 다른 가정이니 욕심내면 안 된다. 이에 대해서도 부모들이 단

호하게 선을 그을 수 있어야 한다.

"내 가족이 아니다, 선을 긋고 살라"고 하면 자식과 관계를 끊고 만나지도 말고 살라는 것으로 오해하는 분들이 간혹 있다. 자식 가정과 부모 가정 사이에 선을 정확하게 긋고, 그 선을 넘지 말자고 하는 것은 관계를 망가뜨리지 않고 더 사이좋게 지내기 위한 방책이라는 것을 이해하길 바란다. 선을 긋고 넘지 않으면 서로를 아프게 할 일도 적어져 더 자주 만나게 되고 만나면 재밌을 수 있다.

서양 사람들이 개인주의적이라서 가족 간의 유대관계가 우리만 못할 것 같지만, 절대 그렇지 않다. 한국 사람들보다 가족관계가 훨씬 좋다. 명절에도 더 잘 모인다. 서로 선을 지키고 사니까 불편할 일이 없다. 만나도 마음 상할 일이 없으니 모이는 데 부담이 적다. 상대가 며느리고, 아들이어도 불편한 질문 하지 않는다. 또 며느리만 부려먹지도 않는다. 더구나 서로에게 큰 것을 기대하지도 않는다. 그러니 당연히 서운한 마음도 적다. 집안에는 가족의 내력을 한눈에 볼 수 있는 사진들이 벽에 빼곡히 걸려있다. 부모들 사진은 말할 것도 없고 고조할아버지, 할머니 사진까지도 걸려있다.

"너는 우리 아들과 결혼했으니 우리 집안 사람이다. 이제부터 우리 방식을 따라야 한다." 이러지들 말자. 언제부터 그렇게 뼈대 있는 집안이었다고 새 식구가 들어오면 격식을 차리려는지 알 수가 없다. 며느리는 시집온 것이 아니라 그냥 아들과 결혼한 사람일 뿐이다. 그래서 아들과 서로 사랑하면서 잘 살면 되는 거다. 더도 말고 덜도 말고 그거 하나면 족하다. 뭘 더 바라나. 자식들이 결혼하면 자신들이 알아서 잘살라고 하며 관심 끄고, 우리는 우리 인생을 살면 된다.

모건 프리먼과 잭 니콜슨이 출연한 〈버킷리스트〉라는 영화가 있다. "마지막까지 아낌없이 즐겨라"는 카피가 영화 포스터에 붙어 있다. 죽음을 앞두고 버킷리스트를 실행에 옮기면 너무 늦다. 자식이 독립하고, 부모로서 의무를 털어낸 50대 중반부터는 본격적으로 우리의 버킷리스트에 하나하나 도전하고 경험해야 한다.

독립한 자식은 더 이상 내 가족이 아니다. 그러니 남의 가정사에는 관심 뚝 끊고 대신 그 시간에 나의 버킷리스트에 집중하면 살자. 자식들 일은 자식들이 다 알아서 한다. 우리도 그렇게 가정을 꾸리며 살았다.

인생 말년에
서럽게 살지 않는 법

　나이 들어가는 것이야 우리 힘으로 어쩔 수 없지만, 그래도 두려워지는 것은 더 늙은 후에 그러니까 인생 말년에 서럽게 살게 되지나 않을까 하는 마음이 있어서일지 모른다. 밑도 끝도 없이 이런 생각으로 불안해하며 기운 빠져서 앉아 있지 말고 차라리 그 시간에 서럽게 살지 않도록 뭐라도 하나 미리미리 준비하는 편이 훨씬 현명한 처사이다. 아직 늦지 않았다.

자식만이 나를 지켜주는 것은 아니다

　소설의 한 장면은 이렇다. 은퇴한 후 바깥출입을 거의 하지 않은 채 은둔형 노인으로 살아가는 한 남자는 며칠째 깊은 걱정에 빠져 있다. '이렇게 혼자 살다가 갑자기 죽으면 그것을 아무도 몰라서 부패한 시신으로 문을 열고 들어온 아들을 맞이하면 어쩌나?' 하는 것이었다. 결국, 어느 날 그는 집 밖을 나서 대형냉장고와 함께 사람 하나가 족히 들어가고도 남을 크고 든든한 비닐봉투를 샀다. 노인의 계획은 이랬다. 숨을 거두려는 마지막 순간 혼신의 힘을 다해 비닐봉투 속으로 몸을 넣고 대형냉장고 안으로 들어가 임종하겠다는 것이다. 사실 현실적으로는 말도 되지 않는 계획이지만, 고독사의 두려움이 어느 정도인지 심리적 단면을 보여주는 내용임에는 분명하다.

부부가 한날한시에 함께 떠나지 않는 한, 둘 중 한 사람은 무조건 혼자 살게 된다. 자식만이 자신을 지켜주는 유일한 사람이라 여기고 의지하면 할수록 무심코 던지는 자식들 말 한마디 한마디에 서러워 눈물 흘리게 된다. 물론 자식들도 힘들어진다. 우리 세대들 대부분이 자식에게 의지하지 않고 독립해서 살겠다고 마음을 다지지만 기대를 완전히 버리지는 못한다.

나이 들수록 동네 사람들과 어울리고 커뮤니티에 들어가 지내야 한다. 이웃과의 교류는 정서적으로도 좋을 뿐만 아니라, 서로가 서로의 안부를 챙기고 묻는 네트워크 안에 있으니 소설 주인공처럼 고독사에 대한 괜한 걱정 없이 살 수 있다. 더구나 자식만 바라보고 살지 않으니 서러울 일도 없다.

국가대표 선수처럼 독하게 건강을 챙긴다

혼자 살다 보면 대개 냉장고에 있는 밑반찬들 꺼내서 대충 차려 먹거나 인스턴트식품이나 배달음식으로 때우는 경우가 허다하다. 편의점과 마트에 1인 가구를 위해 준비된 음식들이 넘쳐난다. 편리하지만, 파는 음식은 간이 강할 수밖에 없고 건강한 식재료가 쓰일 리 만무하다. 번거롭더라도 자신이 직접 적은 양이라도 만들어 먹는 건강한 식사를 해야 한다.

고등학교를 졸업하고 서울에 올라와 취업한 한 20세 여성의 퇴근 후 일상을 영상으로 보았다. 한창 피자나 햄버거와 같은 패스트 푸드를 좋아할 나이이지만 그녀는 마트에 들러 장을 봐서 직접 저녁을 해 먹었다. 생활비를 아끼기 위해서이기도 하지만 입에 들어가는 음식이 건강해야 가족과 떨어져 지내는 서울에서의 생활도 지속될 수 있다는 믿음에 이것을 철칙으로 지켜나가려고 한단다. 아직도 소녀티를 벗지 않은 그녀가 매우 대견했다.

잠이 안 온다는 이유로 매일 밤 혼술을 즐기는 사람이 있다. 혼술을 '낭만을 아는 사람'이 하는 멋진 취미 정도로 착각하는 사람들도 많은 듯싶다. 퇴근 후에 이 정도 호사(豪奢)도 누리지 못하면 무슨 재미로 인생을 사느냐고도 한다. 그런데 이러다 보면 점점 많이 그리고 더 독한 술을 마시게 된다. 그 호사에 맛 들이면 알코올 중독자로 살기 쉽다.

혼자서도 행복하게 살기 위해서는 독하게 건강을 잘 챙겨야 한다. 사람은 아플 때 서러워진다. 더구나 나이 들어서 혼자라면 더욱 그렇다. 지금까지 잘 챙겨온 생활과 마음가짐이 아플 때 무너져내릴 수도 있다. 올림픽에 나가는 국가대표 선수가 되었다고 생각하고 최고의 컨디션을 항상 유지할 수 있도록 몸과 마음의 건강을 독하게 챙기자.

늙고 병들어도 내 재산은 내가 지킨다

변호사인 친구가 이런 이야기를 들려줬다. 자신의 법률사무소를 찾아오는 노인분들 중 상당수가 상속세를 가능한 한 적게 물기 위해 수단 방법을 가리지 않고 자식들에게 미리미리 재산을 넘기려 한단다. 변칙적인 증여를 하기도 하고 또 해외에서 보험을 들어 수령인을 자식으로 지정하기도 한다고 했다.

그가 상담하면서 알게 된 것이 있었는데, 이런 분들의 대부분은 평생 돈 모으기는 잘했을지 몰라도 인생 말년에 이르러서까지도 자신을 위해 돈 쓰는 것을 아깝다고 여기면서, 계속 모으고 불리는 것에만 관심을 두고 살고 있다는 점이었다. 인생을 위해 돈이 버는 것이 아니라 돈을 위해 인생을 사는 분들이다. 이렇게 자식들에게 미리미리 재산을 넘겨줬다가 나중에 돌려받고 싶다며 방법이 없겠냐며 찾아오는 분들도 상당수에 이른다고 한다. 나이 들어 서럽지 않으려면 끝까지 내 재산은 내가 지킨다는 결연한 마음으로 살아야 한다.

그런데 이런 의문이 남는다. 혼자 지내다가 나중에 덜컥 기력이 쇠해지거나 치매라도 걸리면 재산을 어떻게 관리할까? 특히 자식까지 못 알아보고, 살아온 대부분의 날들에 대한 기억을 잃게 되기라도 하면 재산을 어쩌나 하는 의문 말이다.

이런 상황을 사전에 방지하기 위해 성년후견제도를 활용할 수 있다. 성년후견제도란 장애·질병·노령 등으로 인해 도움이 필요한 성인에게 가정법원의 결정 또는 후견 계약으로 선임된 후견인이 재산관리 및 일상생활에 관한 폭넓은 보호와 지원을 제공하는 것이다.[17] 치매처럼 정신적 제약을 겪는 사람도 안전하게 법률행위를 할 수 있도록 지원하는 제도가 바로 성년후견제도이다. 2013년 7월부터 도입됐는데 롯데그룹 신격호 총괄회장이 건강상의 이유로 성년후견제도 대상이 되면서 널리 알려졌다. 그때 아들 둘이 롯데그룹 회장 자리를 놓고 서로 물고 뜯고 할 때였다.

성년후견제도가 도입되기 전에는 한정치산자, 금치산자제도가 있었다. 종래의 금치산·한정치산제도는 재산관리에 중점을 두었고, '본인의 의사와 잔존능력'에 대한 고려 없이 행위능력을 획일적으로 제한하였다. 반면 성년후견제도는 '본인의 의사와 잔존능력의 존중'을 기본이념으로 하여 후견 범위를 개별적으로 정할 수 있도록 하였고 재산 관련 분야뿐만 아니라 치료, 요양 등 신상에 관한 분야에도 폭넓은 도움을 줄 수 있게 했다. 또한, 현재 정신적 제약이 없는 사람이라도 미래를 대비하여 성년후견제도(임의후견)를 이용할 수

있다.[18]

모든 일이 유종의 미를 거두어야 하듯이 인생 또한 결말이 좋아야 아름답다. 자식만이 나를 지켜준다는 생각을 버리자. 올림픽 나가는 국가대표 선수처럼 항상 최상의 컨디션을 유지할 수 있도록 몸과 마음을 보살피자. 내 재산은 마지막 날까지 내가 지킨다는 단단한 마음으로 준비해야 한다.

7장

"30년째 연인과
살고 있습니다"

하루 중 가장
기다려지는 시간

친구 녀석은 전생에 나라라도 구했는지 무슨 복이 많아 애교 많은 아내와 저리도 알콩달콩 사는지 부럽다는 사람이 있다. 또 학창 시절 변변치 않았던 여고 동창이 자상한 남편을 만나 여왕처럼 떠받들어져 사는 모습에 질투를 느끼는 이도 있다.

부부 사이가 좋은 친구나 이웃들을 보며 무슨 복을 저리 많이 타고났는지 부러워하지만 정작 친구나 이웃이 상대 배우자를 위해 얼마나 노력하는지 간과하는 경우가 많다. 인간관계가 일방적인 애정과 희생으로 유지되고 발전하는 것이 아니라, 서로서로 잘해야 하는 상대성을 지녔음을 잊지 않고 있다면, 이런 부러움은 부끄러움으로 변할 수 있다. 그럼에도 사람들은 그 부분까지 생각하고 싶지 않은 듯싶다.

사회생활을 하며 우리는 성공을 위해 인맥을 만들고, 이것을 잘 관리하는 방법을 열심히 공부한다. 마치 성공이 그것에라도 좌우되는 양 많은 정성을 쏟는다. 데일 카네기의 《인간관계론》을 시작으로 많은 책을 읽고 이런저런 회사 안팎의 모임에도 빠짐없이 참석하려 노력한다. 명함집에 꽂히는 명함들이 늘어나는 것을 보면서 성공이 저만치 다가오고 있음을, 또 자신을 응원하고 지지하는 원군이 늘어가고 있음을 뿌듯해한다. 전화 한 통화면 마치 이들이 조직적으로 임무를 수행하기 위해 움직일 것 같은 착각에 빠지기도 한다.

은퇴자들이 똑같이 하는 말이 있다. 회사 문을 나서는 순간, 그간 쌓아온 인맥이 하나도 쓸모없다는 것을 깨닫는다는 것이다. 모든 인간관계가 기본적으로 '기브 앤 테이크'이긴 하지만 사회에서 만난 관계만큼 이 룰이 철저하게 작동하는 곳도 없다. 퇴직한 상대와 주고받을 것이 더는 없으니 자연스레 관계가 단절된다. 섭섭하고 인생 무상까지 느낄 수 있지만 상대 입장에서 보면, 모든 것이 이해된다. 기억 못 할지 모르겠지만, 아마 우리도 일찍이 은퇴자와 관계유지의 쓸모를 느끼지 못해서 그들에게 관계를 정리당하는 아픔을 줬을 수도 있다.

하지만 부부관계는 정반대다. 은퇴하는 순간 더욱 빛을 발하고, 우리 인생의 중심으로 돌아온다. 인간관계의 핵심이 바로 부부였음을 깨닫게 된다. 사실 인생을 살아가는 데 인간관계가 중요하다는 말을 돈독한 부부관계의 중요성을 강조한 것으로 재빨리 이해했어야 했다. 은퇴하고서라도 깨달으면 다행이지만, 이마저도 깨닫지 못하고 밖으로만 나도는 사람들이 있으니 안타까울 따름이다.

배우자와 좋은 관계를 유지하는 비결은 복 받은 인생이어서가 아니라, 행복하게 살기 위해서 인생에 있어서 가장 중요하고 핵심인 부부관계를 위해서 적극적인 행동을 의식적으로 하는 것이다. 남다른 노력과 정성을 기울인다는 말씀이다. 세상에 공짜 없다. 아무 노력도 하지 않는데 스스로 좋아지는 관계는 하늘 아래 어디에도 없다.

우리가 연애 시절, 상대가 어떤 사람인지 하나라도 더 알고 싶어서 애 닳았던 것을 떠올려보자. 둘 사이가 하늘이 맺어준 부부처럼 보이는 것은 그만큼 그 두 사람이 서로에게 노력했다는 증거이다. 그렇지 못한 자신의 박복함을 탓해서는 안 된다.

한창때 인맥 넓히려고 책도 사보고, 모임에도 나갔던 것처럼 배우자와의 관계를 성장 발전시키기 위해 공부하고 실천해야 한다. 배우자에게 "나를 이해해 달라"고 하기 전에 배우자를 이해할 수 있도록 관심을 가져야 한다. '이 나이 들어서 뭘 그렇게까지 할 필요가 있겠냐'는 반감이 피어오른다면, 인생의 본질을 놓치는 위험천만한 생각을 하고 있음을 자각하기 바란다.

인생의 본질이란 무엇인가? 너무 깊게 철학적으로 생각할 필요 없다. 죽는 날까지 행복하게 사는 거다. 그런데 그 행복은 가정에서 시작된다. 이제 우리 가정에는 부부 두 사람뿐이다. 자연스럽게 결론이 나왔다. 배우자에게 잘하는 것이 행복해지는 길이고, 인생의 본질을 얻는 지름길이다.

둘만의 시간이 즐겁다

하루 중 어떤 시간이 가장 즐거운가? 나는 아내와 손을 잡고 영화나 드라마를 보며 이런저런 이야기를 하는 시간이 가장 즐겁고 그래서 기다려진다. 라면이라도 끓여 먹으며 "밤에 이러면 안 되는데…" 하면서 일탈을 함께 할 때는 더없이 짜릿하기까지 하다. 마치 10대 시절 친구들과 히히덕거리며 놀던 때와 하나도 다르지 않다. 친구도 이런 친구가 없다.

우리 부부는 잠들기 전 침대에 누워, 각자의 책을 읽는다. 아내는 소설을 좋아하고, 나는 새로운 트렌드와 관련된 책 읽기를 좋아한다. 아내는 종종 책 읽기를 멈추고, 내 쪽으로 돌아누워 눈을 반짝거리면서 자신이 읽고 있는 소설의 줄거리를 요약해 내게 들려준다. 그럴 땐 언제나 스토리 속에는 아내를 빠져들게 한 연인들의 이야기가 있다. 그들의 러브스토리에 우리의 연애 시절을 대입해보며 공감을 더해간다. 그렇게 대화를 이어가다 보면, 우리는 어느새 그 시절로 돌아가 설레는 데이트를 하고 있다. 연애감정이 되살아나는 것인데, 나는 이것만큼 부부의 친밀감을 유지하는 데 특효약이 없다고 생각한다.

주말이면 동네에 있는 카페에 나가, 카푸치노 두 잔을 시켜놓고 아내와 수다 떠는 시간이 즐겁고 기다려진다. 장소가 바뀌면 대화도 달라진다. 집의 소파에 앉아 이야기하는 것도 좋지만 원두커피의 진한 향을 맡으며 카페의 한자리를 차지하고 나누는 대화도 정겹다. 대화의 주제는 순간순간 급변하고, 이야기는 주제에서 벗어나 산으로 갔다 바다로 갔다 하지만 그래도 누구 하나 엉뚱한 이야기 하지 말라고 타박하지 않는다. 다른 사람들 앞에서 이야기하는 것도 아니고 죽이 되든 밥이 되든 우리 둘만 찰떡같이 알아듣고 재밌으면 된다.

아내는 남자들이 하는 이야기 방식대로 내 이야기를 들어주고, 나는 여자들의 이야기 전개법에 토를 달지 않고 맞장구치며 진득하니 듣는다. 남자와 여자는 다른 별에서 온 생명체와 같이 서로 다른 언어를 쓴다고 한다. 다른 별에서 온 만큼 성장배경과 문화, 그들이 배우고 익힌 교육과 생활 패턴 그리고 습관 등에서 차이가 존재한다. 이런 차이가 남녀의 대화방식에서 현격한 차이를 만든다.

예를 들자면, 남자는 결론부터 이야기를 좋아하고, 여자는 결론보다 과정을 소상히 설명하는 데 능하다. 남자는 숫자와 같은 근거를 제시하며 사실을 전달하는 데 집중하는 반면, 여자는 감정전달이 먼저다. 그래서 남자는 상대의 이야기를 들으며 끊임없이 무엇이 옳고 그른지 판단하고, 여자는 상대와 공감이 이루어지고 있는지 느끼면서 대화를 이어가기를 원한다.

그래서 남편은 결론을 이야기하지 않고 질질 끄는 아내의 이야기를 듣고 있자면, 답답해서 복장이 터져 "그래서 도대체 결론이 뭐냐?"고 언성을 높이기에 십상이다. 아내는 내 편을 들어주기는커녕, 남보다 더 냉정하게 자신이 잘못했다고 지적질만 해대는 남편에게 서운하고 배신감을 느낀다.

다른 언어를 쓸 뿐만 아니라, 서로 관심을 두고 있는 대상도 다르다 보니, 부부는 핏대를 세우고 다투다가 결국 "말이 통하지 않는다"며 서로에게 입을 닫아버린다. 그렇게 서서히 친밀감이 떨어져가는 부부 사이엔 줄어든 대화만큼이나 서로에 대한 관심도 줄어든다. 마주 앉아도 딱히 할 이야기도 없다. 배우자가 말을 걸어와도 또 금세 타박할 것이 뻔하니까 무엇이라 답해야 할지 겁부터 앞선다.

인생의 중심이자 행복의 기원, 모든 인간관계의 핵심인 부부의 친밀도가 높아지기 위해서는, 상대의 언어를 공부해야 한다. 외국인이 우리말로 짧게라도 말을 하면 "한국말을 어디서 배웠어요?" 하면서 마음을 한순간에 연다. 그런 것처럼 배우자의 언어를 익히고 표현법을 늘려가면 마음의 빗장이 열린다. 대화의 물꼬는 그렇게 조금씩 터지고, 사랑과 행복은 다시 싹트기 시작한다.

나이 들수록 외로워지는 것이 인생살이라지만, 배우자와 말이 통하는 막역한 친구가 되면 하나도 외롭지 않다. 그러니 다른 곳에서 친구 만들려고 애쓰지 마시라. 인생의 친구는 바로 우리 곁에 있다.

남편은
이런 아내와 살고 싶다

이 부부에게 권태기란 게 있었나 하고 의아해할 정도로 언제나 한결같이 연인처럼 지내는 부부가 있다면, 이보다 복 받은 인생도 없을 거다. 하지만 안타깝게도 거의 대부분의 부부생활에서 권태기를 맞게 된다. 우리 부부에게도 권태기가 있었다. 서로 말이 줄고, 쳐다보면서도 무표정하고 지루하고 따분했던 시기였다. 이 권태기를 어떻게 지혜롭게 넘기느냐에 따라 이후의 결혼생활이 질적으로 달라진다. 다시 신혼부부처럼 정답게 살아가는 부부가 있는가 하면, 결혼생활이란 원래 이런 거라 믿으며 계속 권태기 속에서 살아가는 부부도 있다.

젊은 시절 뜨겁게 사랑했고 그래서 결혼했다고 해서 아무런 노력 없이 저절로 부부관계가 계속 사랑으로 충만해지지 않는다. 연애 시절 다르고, 신혼 초 다르고, 30대 중반 다르고, 40대 때 다르듯 세월이 흐르면서 변한다. 한 집에서 몸 섞고 산다는 이유만으로 부부 사이가 아무런 노력 없이 계속 끈끈해지지 않는다.

여전히 연인처럼 정다운 부부들을 보면 '어떻게 저런 배우자를 만났을까? 궁합이 잘 맞나? 전생에 나라를 구했나? 원래부터 서로 성격이 좋은 건가?'라는 생각이 들며 그 모습이 부럽고 그 비결이 궁금해진다. 하지만 부부 두 사람이 노력하고 있기에 그들의 관계가 친밀하다는 것을 생각지는 않는다. 부러워만 말고 우리 부부도 그렇게 지낼 수 있도록 지금부터라도 노력하자.

이번에는 아내분들을 위한 이야기이다. 남편들이 어떤 아내를 원하는지 그 심리와 욕구를 간파하고 이용해서 이제부터라도 남편을 들었다 놨다, 당겼다 풀었다 하며 남편이 살고 싶어 하는 아내로 변모하든, 위장하든 해야 한다. 그래야 다른 누구보다 내가 편하기 때문이다. 그러니 마음을 열고 읽어주기 바란다.

'새삼스레', '이제 와서'라고 생각한다든지, '그런 마음에도 없는 행동을 하느니 혼자 사는 게 낫다'고 여기는 분이 있다면, 그는 인생 후반전의 행복을 걷어차는 셈이다. 아주 못 쓰게 망가진 것이 아니라면 버리는 것보다 고쳐서 잘 쓰는 게 훨씬 낫다.

자기밖에 모르는 이기적 성향에, 생각 어리고, 철없고, 우쭐대는 거 좋아하며, 엉뚱하고 문제에 부닥치면 도망가기 일쑤인 남편이라는 수컷의 심리를 이해하고 고쳐 쓸 수 있어야 한다. 그것이 진정한 주인의 자세다.

왜 결혼했냐고 묻는다면, 대부분 사람이 사랑해서 결혼했노라고 답하겠지만, 사실은 우리가 갖고 있는 본질적인 욕구를, 자신의 배우자를 통해서 충족시키기 위해 결혼한다. 남편은 아내만을 통해서, 아내는 남편만을 통해서 인간으로 가질 수밖에 없는 욕구를 서로에게 배타적이고 독점적으로 충족하려는 것이 결혼이다. 좀 더 고귀한 뜻이 있었다고 해도 본질적으로 그렇다는 것이다.

그래서 결혼은 배우자 이외에 다른 이성을 통해 욕구를 충족시키지 않겠다는 약속이고 계약이다. 따라서 서로를 향해 높은 기대를 갖는 것이 매우 자연스러운 일이다.

배우자가 결혼생활 내내, 그 욕구를 충분히 충족시켜준다면, 부부관계는 행복하게 발전해 나갈 테지만 반대로 기대와 달리 배우자가 상대편의 욕구를 충족시켜주는 데 부족하거나 무능력하고 무관심하거나 게으르다면 부부관계는 걷잡을 수 없이 뿌리부터 흔들리게 된다.

그럼 남편은 결혼하면서 아내가 어떤 욕구를 채워주기를 기대했을까? 여기가 급소이다. 아내분들이 이 욕구만 살살 채워주면 남편은 사랑을 느끼고, 행복감에 빠져 살게 된다. '나는 세상 최고의 아내를 얻었다'고 생각하면서 말이다. 다른 여자에게 눈길을 줄 수 있고, 또 잠시 유혹을 느낄 수는 있겠지만 아내에게 곧 돌아올 수밖에 없다. 딴 데 가봐야 아내만 못하니까, 아내가 세상 최고라는 것을 깨닫게 되니 돌아올 수밖에 없다. 그리곤 아내에 목을 매며 산다. 그게 수컷이다.

자 그럼 본격적으로 남편이라는 수컷의 욕구에 대해 하나하나 알아보자.

아내가 항상 매력적이길 바란다

아름다운 아내는 남편을 행복하게 만든다. 아내의 몸매는 임신과 함께 급속도로 변한다. 출산 이후에도 모유 수유를 위한 영양분 축적, 호르몬 변화 등 다양한 원인으로 인해 예전의 몸매로 돌아가기란 여간 어려운 일이 아니다. 부부가 함께 만든 아기를 낳고 키우느라 변한 몸매도 내가 사랑하는 배우자의 모습의 한 부분이니까 사랑해야 하는 것이 이론적으로는 맞다. 남편들도 머리로는 그래야 마땅하다고 생각하지만, 마음으로는 거부반응을 일으킨다. 어쩔 수가 없다.

많은 사람이, 외모를 비롯한 주변의 조건 때문이 아니라 '단지 나라는 존재 그 하나만으로 사랑받고 싶다'는 생각을 한다. 옳은 말씀이다. 그럼에도 불구하고, 남편들은 여전히 본능적으로 자신의 아내가 '매력적'으로 남아 있기를 바란다. 2011년 발표된 「배우자의 외모관리 행동이 결혼 만족도에 미치는 영향」이라는 연구 논문에 의하면, 남성들은 여성보다 더 배우자가 몸매 좋고 매력적이었으면 좋다고 생각하고 있고, 결혼 전에도 외모를 매우 중시했다고 답했다. 이 논문은 결혼생활에 있어서 아내의 외모는 행복의 중요한 요소이고 또 아내가 매력적일 때 남편이 아내를 대하는 태도가 달라진다고 결론을 내린다.

남자들의 본능이나 실제 연구사례에 비춰 남편들이 매력적인 아내를 원한다고 해서 그게 꼭 내 아내가 TV에 나오는 연예인처럼 예뻐야 한다는 것이 아니다. 남편들도 자신의 주제를 안다. 연애 시절 남편을 사로잡았던 그 매력을 결혼 이후에도 잃지 말고 유지하는 게 중요하다. 남편이 원하는 아내만의 매력이 있다. 그 매력에 빠져 결혼하자고 매달린 것 아니겠는가. 아무리 지치고 힘들어도 그 매력마저 놓아버리면 안 된다. 남편을 위해서도 그렇지만 아내 자신을 위해서도 자기만의 매력을 잃고 무색무취하게 재미없이 살아가는 것이 좋을 리 없기 때문이다.

아내와 같이 놀고 싶다

연애 시절에는 함께 취미를 즐겼던 아내가, 결혼하고는 남편의 취미 생활에 관심을 주지 않거나 더 나아가 하는 것조차 싫어하는 경우가 있다. 아마 연애 시절에는 아내가 남편의 취미를 함께 즐기는 척했을 수도 있겠지만, 그래도 그때는 그런 노력이라도 했다는 게 중요하다. 아내는 그때 왜 그랬을까? 남편과 함께 시간을 보내고 싶어서이다. 그런데 결혼 후에는 그게 말처럼 쉽지 않다.

물론 결혼 후에라도 아내가 처음엔 자신의 취미를 접어두고, 남편의 취미에 흥미를 두려고 노력했을 테지만 그런 노력이 몇 번에 걸쳐 실패로 돌아가고 나면, 대부분은 남편에게 혼자서 여가를 즐기라고 하며 방기해버린다. 그런데 이것이 결혼생활을 무미건조하고 밍밍하게 만들 수 있는 잘못된 결정일 수 있다. 정말이지 장고(長考) 끝에 악수(惡手)를 두는 셈이다. 함께 보내는 여가 시간이 줄면 당연히 함께 공유할 이야깃거리도 줄게 된다. 그러면서 부부 사이 말이 안 통하게 되고, 대화는 줄어 결국 서서히 멀어지게 된다. 아내와 함께 취미 생활을 하며 여가를 보내는 것이 성욕 다음으로 남편들에게 중요한 비중을 차지한다. 왜냐면 남자들은 함께 몸을 움직이며 뭔가를 이뤄가는 것을 통해, 연대의식과 동질감을 느끼는 경향이 있기 때문이다. 그러니 남편과 끈끈한 관계를 지속하고 싶다면, 남편과 함께 취미 생활을 즐길 수 있어야 한다.

남편이 그런 걸 싫어한다고 한다면, 우리 남편은 다른가 보다 하며 물러서지 말고 같이 할 수 있도록 끌어들여야 한다. 여러분의 남편도 수컷인 이상 분명 그런 본능과 욕구가 내재해 있을 게 분명하다.

마음의 평화를 아내에게서 얻고 싶어

결혼 적령기의 사람들 대부분이 결혼생활에 대한 환상을 갖고 있지만, 대부분의 남성은 가정 천국에 대한 환상을 갖고 있다. 적어도 현관문을 들어서는 순간, 내 가정만큼은 스트레스와 걱정이 존재하지 않는 진공상태이기를 바란다. 대부분의 문제를 남편인 자신들이 만들면서도 이런 꿈을 꾼다는 것이 어처구니없겠지만, 엄연한 사실이다.

이를테면 매일 일을 마치고 귀가하면 현관문에서 매력적인 아내가 사랑스럽게 맞이하고, 귀엽고 착한 아이들이 빈기고 즐거워하는 모습을 기대한다. 그리고 집에는 언제나 은은한 향기가 배어 있고, 모든 것이 잘 정돈된 쾌적한 환경에서 편안히 휴식을 취할 수 있을 거라 기대한다. 저녁 식탁에 온 가족이 둘러앉아 나누는 대화는 온통 웃음으로 가득 차고, 갈등은 전혀 없다. 식사 후 따뜻한 차를 마시며 아내와 도란도란 대화를 나눈다. 그야말로 한편의 행복한 가족 영화를 위한 시나리오를 머릿속에 쓴다.

안타깝게도 현실은 정반대다. 아내는 지쳐 있고, 애들은 정신없이 미쳐 날뛴다. 물건이란 물건은 죄다 바닥에 흩어져 있고, 식탁에서의 즐거운 대화는 존재하지 않는다. 밥상 뒤엎지 않는 게 다행이다.

결혼생활에서 안식을 얻고 싶은 마음이 삐뚤어지게 나타나는 전형적인 모습은 귀가하자마자 하반신마비 모드로 들어가서 소파에 누워 TV만 보는 것이 아닐까 싶다. '난 밖에서 충분히 일하고 왔으니 좀 쉬어야겠다'라는 그리고 '건드리지 말라'는 식의 남편의 이런 모습에 아내는 분통이 터지게 되고, 평안과 안식은커녕 부부싸움이 시작된다.

　남편분들이 분명하게 알아야 할 것들이 있다. 역설적이지만 가정에서 평화와 안식을 얻고 싶다면 적극적으로 아내의 일손을 도와야 한다는 것이다. 그래야만 아내도 휴식과 여유를 가질 수 있고 남편이 원하는 안식과 평화를 줄 수 있는 에너지를 충전할 수 있다. 아내와의 가사분담이 없다면, 아내는 남편에게 안식과 평화를 줄 여유가 전혀 없다. 아내는 원더우먼이 아니다.

남편은 아내의 칭찬을 먹고 자란다

　남편은 아내로부터 칭찬과 인정받기를 아주 좋아한다. 아내 입장에서 남편은 그냥 애라고 생각하면 된다. 남편을 '큰아들'이라고 부르는 것이 틀린 게 아니다. 애들한테는 조그마한 거라도 "잘했다, 잘했다.", "자랑스럽다"고 하면서 기 살려주고 자신감 잃지 말라고 칭찬해준다. 남편에게도 별거 아니더라도 아이들 칭찬해주듯이 과장해서 칭찬해주는 게 필요하다. 밖에서도 얻어터지고 다니는데, 집에서까지 아내에게 타박을 듣는다면 그 인생이 얼마나 처연하겠나? 최대한의 동정심을 베풀어주시라. 분통이 터져도 꾹 참고 잘한 일을 찾아 칭찬하라. 집에서 느려터지고 게으른 남편을 일으켜 세우는 것은 잔소리가 아니라, 칭찬이다. 칭찬은 고래도 춤추게 한다고 하지 않았던가. 아내의 칭찬은 남편을 소파에서 일어나게 하고 움직이게 만든다.

아내의 잔소리는 남편들을 방어적으로 만들고, 아내의 칭찬은 남편에게 동기를 부여한다. 남편들은 아내가 자신의 가장 열렬한 팬이 되기를 간절히 바란다. 아내로부터 지지를 받는다고 확신이 들면 자신의 능력 이상의 것을 해내는 것이 바로 남편들이다.

아이를 칭찬할 때, 엄마는 자랑스럽고 행복한 표정을 짓는다. 남편 칭찬할 때도, 건성으로 하지 말고 영혼을 담아서 남편이 아내의 진정성을 느낄 수 있도록 해주시라. 모든 남편의 곁에는 칭찬하는 아내가 있어야 한다.

성적 만족감을 주는 아내

남편은 성적 만족감을 주는 아내와 살고 싶다. 아내분들께는 바보처럼 들릴 수도 있겠지만, 남편은 성적 만족감을 느끼지 못하면 아무것도 할 수가 없다. 남편의 뇌 속에는 온통 섹스에 대한 생각만으로 가득 찼다고 이해하면 된다. 오죽하면 남자는 문지방 넘을 힘만 있어도 색을 탐한다는 말이 있겠는가? 수컷의 본능은 그렇다. 이건 여성분들이 대화와 애정표현을 중요하게 여기는 것과 마찬가지다. 남자에겐 수컷에게는 배우자로부터 성적 만족감을 얻는 게 아주 아주 중요하다.

결혼과 동시에, 남편들은 자신이 원할 때면 언제나 아내와 부부관계를 가질 수 있으며, 아내가 자신의 성적 욕구를 만족시켜 줄 거라고 믿는다. 이것은 아내들이 비가 오나 눈이 오나 어떤 일 있더라도 남편이 자신의 감정을 온전히 받아줄 거라 기대하는 욕구와 같다.

야동을 보면서 혼자 해결하는 남편을 보고 놀랐다는 한 아내분의 글을 본 적이 있는데, 단순히 더럽고 불결하며 저질스럽고 음란하다고 남편을 몰아붙일 일이 전혀 아니다. 성적 욕구라는 것이 개인마다 다르니까 그 남편에게는 아내의 생각과는 달리 여전히 배설해야 할 욕구가 남아 있을 수도 있다는 것을 이해해야 한다. 아내는 자신이 남편에게 충분한 성적 만족감을 주지 못했다고 생각하고, 서로가 만족할 해결방법을 찾아야 한다. "더러운 자식, 야동이나 보면서 못된 짓 하네"라고 하면서 나 몰라라 할 게 전혀 아니다.

대화와 배려가 중요하기는 하지만, 배우자와 뜨겁게 몸으로 교감하고 이해받는 경험 그리고 성적 만족감을 충분히 얻은 행복감은 결혼생활에서 빼놓을 수 없는 간절하고도 중요한 문제이다.

남편들이 갖고 있는 결혼생활에서 얻고자 하는 이 다섯 가지 욕구를 아내가 챙겨주고 충족시켜주면, 가정의 행복이 커질 뿐만 아니라, 아내는 남편을 잘 길들여 여왕처럼 살 수 있다. 사족을 붙이자면, 이번 주제는 남편을 잘 모시라는 의미에서 쓴 것이 아니라 남편의 심리와 욕구를 이해하고 잘 컨트롤해서 아내를 위해 길들이라는 충정을 담아 썼음을 이해하기 바란다.

아내는
이런 남편과 살고 싶다

남편과 마찬가지로, 아내들도 결혼생활을 하면서 꿈꿔온 것이 있고, 본능적으로 충족되어야 하는 욕구들이 있다. 남편들이 자신의 욕구에 대해서는 굉장히 민감하면서도, 아내에게는 어떤 욕구도 없는 것처럼 착각하는 경향이 있다. 더구나 남편과는 아주 다른 욕구여서 관심 갖고 들여다보지 않는다면 전혀 알 길이 없다. 그래서 남편 입장에서는 결혼생활이 무난하다고 생각할지라도, 아내는 정반대로 전혀 행복하지 않을 수 있다.

이런 결혼생활은 결국 곪아 터져 아내의 불륜이 되었든, 정서적 이혼상태가 되든 한 집안에서 남남으로 살거나, 나이 들어서 졸혼이나 황혼이혼으로 끝을 맺기에 십상이다.

"요즘 유부녀들이 애인 하나둘은 다 있다더라." 하면서 혀만 찰 것이 아니라, 내 아내가 여자로서 갖고 있는 욕구들을 이해하고 적극적으로 풀어줌으로써 가정을 지키는 행동을 이어가야 한다. 가정을 지키는 일이라는 게 별것 아니다. 아내의 욕구를 만족시켜주면 된다. 그러기 위해서는 아내에 대해 공부해야 한다.

남편들이 아내에 대해 얼마나 무심한가는 제가 올린 영상 조회수를 비교해보면 알 수 있다. 대체로 아내들은 남편에 대해 알고 싶고, 이해하고 싶고, 둘 사이 관계를 회복하고 싶어 남편과 관련된 영상을 보지만, 남편들은 아내와 관련된 영상에 상대적으로 관심이 적다. 아내에 대해 관심을 기울이지 않으면서 가정이 평안하기를 바라는 것은 아무런 노력 없이 결실을 기대하는 도둑놈 심보랄 수밖에 없다.

여성은 경제적 본능에 충실하다

여성은 경제적인 동물이다. 우리 인류가 동굴에서 살 때부터 그랬다. 그 당시 여자가 남편을 고르는 첫 번째 기준은 밖에 나가 사냥을 잘 해오는가 하는 거였다. 다른 동물들과 달리 자녀가 독립할 때까지 적어도 십수 년이라는 오랜 시간을 보살펴야 하는 여자로서는 자식과 자신에게 충분한 음식과 안전을 제공할 수 있는, 누구보다 잘 달리고, 용맹한 남자를 원했다.

세월이 흐르고 흘러도 여성의 이런 본능과 욕구는 그녀들의

DNA 속에 고스란히 남아 있고, 시대가 변할수록 남편의 경제적인 능력은 단순히 아이를 건강하게 잘 키우는 정도에 그치지 않고 아이의 장래까지 영향을 미치는 상황이 되었다. 세태가 이러다 보니 '아빠 찬스'를 넘어 '할아버지 찬스'까지 쓰며 부의 대물림을 할 수 있는 남자를 찾아 나선다.

남자에게 자신의 씨를 많이 뿌리고픈 욕구가 있다면, 여자에게는 낳은 자식을 안전하고 배불리 먹여 잘 키우고자 하는 욕구가 내재해 있다. 유구한 역사를 통해 세대를 넘어 이어지고 있는 이런 기본 심리를 이해한다면, "남편을 돈만 벌어오는 기계로 안다"거나 "아내가 돈만 밝힌다"라는 푸념을 줄일 수 있다. 그러니 아내를 욕하지 마라. 다 '내 자식' 잘 키우려는 본능에 충실할 뿐이기 때문이다.

가정 밖으로 한눈팔지 않는 남편을 원한다

아내는 남편이 가정에 충성을 다하기를 바란다. 좋은 남편뿐만 아니라 아이들에게도 좋은 아빠이길 기대한다. 하지만 안타깝게도 한국 사회에서 남자들이 가족에 헌신적으로 되기란 굉장히 어렵다.

많이 나아졌다고는 하지만, 회사에서는 8시간 노동에 대한 급여를 주기로 계약했으면서 마치 인생을 송두리째 산 것처럼 24시간 모두 회사 인간이길 요구하는 경향이 여전하다. 그러다 보니 가정에 충실하려 노력하는 남편은 회사생활에서 진급을 포기한 사람으로 간주되기도 한다. 능력 있는 남편이 가정적인 남편에 반대말처럼 여겨지는 편견도 아내들 사이에서조차 남아 있다.

내가 사는 동네의 회사들은 가정 친화적이다. 아니 사회 전체가 그렇다고 하는 게 맞다. 남편도 똑같이 아내와 가사와 육아에 책임 져야 한다는 게 보편 인식이다 보니 회사에서도 남자, 여자 구분 없이 육아휴직을 아무런 눈치 보지 않고 쓸 수 있다. 이 때문에 승진에 누락되거나 하는 불이익을 받지 않는다. 가정 친화적인 정책을 펼치지 않으면 좋은 인재를 구하기도 어려울 뿐만 아니라 있는 직원마저 떠나기 때문이다.

우리의 직장생활이 더 가정 친화적인 환경으로 바뀌어야 하겠지만 그것을 기다리자면 우리 수명이 다할지도 모를 일이다. 그러기에 앞서 퇴근 이후에 동료들과 '딱 한 잔만 하고 가자'는 버릇과 2차 3차로 이어지는 회식 문화부터 고치자. 이 정도로도 충분히 가정적인 남편이 되고도 남을 것이다.

솔직 담백한 남편이 사랑받는다

아내는 남편이 언제나 정직하기를 원한다. 하지만 남편들은 신혼 초 친구들과 늦게까지 놀고 싶은 마음에, "친구 아버지가 돌아가셔서 상가에 가야 한다"는 거짓말을 시작으로 아내에게 이런저런 거짓말을 하고 꼼수를 부리기 시작한다.

나도 결혼 첫해, 회사에서 기대하지도 않은 특별보너스가 나왔는데 아내에게 자진해서 주지 않고, 이걸로 평소 갖고 싶었던 기타

한 개 사고 아내한테 옷 한 벌 사준다고 허풍떨다가 아내 수사망에 걸려서 모조리 빼앗겼던 비운의 사건이 있었다. 끝까지 입조심을 해야 했는데 완전범죄라는 생각에 긴장을 풀고 있었다가 돈의 출처를 캐묻는 아내에게 변명 한번 제대로 하지 못하고 자백하고 말았다. 그 이후로 지금까지 나는 국물도 없는 빡빡한 인생을 살아가고 있다. '입만 열면 거짓말'을 한다는 전과자의 설움을 톡톡히 받으면서 말이다.

남편들이야 사소한 거짓말이고 악의는 없는 순백의 거짓말이라고 생각하지만, 그것 때문에 남편을 신뢰할 수 없게 된다. 아내는 배우자를 늘 의심해야 하는 결혼생활에 대해 회의감이 몰려들어 미래마저 불안하다고 느낀다. 그도 그럴 것이 '바늘 도둑이 소도둑 되는 법'이고 한번 거짓말한 놈은 두 번, 세 번 언제든 할 수 있으니 거짓말 유무를 판단해야 하는 아내의 인생도 피곤해지긴 마찬가지다. 그 불안한 아내의 마음을 표현하자면, 지금 지붕은 새고 있는데, 먼 저쪽 하늘에서 천둥소리를 내며 짙은 먹구름이 몰려오는 불길한 상황에 처한 것과 비슷하지 않을까 싶다.

결혼생활이라는 것이 어쩌면 타협의 연속이라 할 수 있다. 부부 두 사람 간의 성격, 취향, 욕구, 생각 등을 잘 고려해서 서로가 만족하는 절묘한 지점을 찾는 타협을 잘 이뤄내야 두 사람 모두 행복해질 수 있다. 그러기 위해 두 사람 모두 좋은 협상가여야 하고, 협상과 타협에 성공하려면 정확한 정보들이 있어야 한다.

아내는 남편이 조금이라도 더 편안해질 수 있도록 좋은 타협안을 제시할 준비가 되어 있는 좋은 협상파트너이다. 그러자면 아내는 더 정확한 데이터가 필요하다. 남편을 믿을 수 있는 양질의 정보와 데이터가 있을 때만이 서로 윈윈하는 협상을 할 수 있기 때문이다. 서로에게 솔직하지 않은 부부에겐 행복한 결혼생활이란 애초부터 이룰 수 없는 꿈에 불과하다.

속 깊은 남편은 칭찬이 아니라 욕이다

내 영상을 보고 한 여성이 글을 적어주었다.

"40대가 되면 애정표현도 주책맞은 건가요? 남편은 왜 저랑 사는 건지 잘 모르겠어요. 제가 남편에게 달라붙어 애정표현하기를 좋아하는데 그럴 때마다 남편은 아무 반응 없이 방으로 들어가고 그래요.

얼마 전에는 남편으로부터 "날 너무 좋아하지 마라." 이런 소리까지 들었는데 내가 도대체 여태껏 뭘 하고 살아온 건지…. 저런 남편 이제 지칩니다. 지금껏 저만 표현하면서 살아왔고, 왜 나랑 사냐고 직접적으로 물어보기도 했는데, 좋으니까 산대요. 제가 정신병자가 되는 것 같아요. 분명히 함께 있는데 외롭습니다. 사랑하고 사랑받으며 살고 싶습니다."

아내에게 남편의 애정표현이 얼마나 중요한지를 짧지만 선명하게 보여주는 글이다. '속 깊은 남편'이란 말이 있다. 이건 평소 꿀 먹은 벙어리처럼 말을 안 해서 도저히 그 속을 알 수조차 없는 답답한 남편을 달리 표현할 길이 없어 아내가 궁여지책으로 쓰는 표현이다.

그러니까 속 깊은 남편이란 말을 들으면, 자신이 말없이 세심한 부분까지 챙겨주고 배려해주는 자상한 사람이라고 믿고 싶겠지만, 사실은 굉장히 부정적인 상황이라는 점을 잊으면 안 된다. 말이 없어 답답한 남편과의 결혼생활에 지치면, 아내 입에서는 "외롭다, 다른 사람 만나고 싶다"는 말이 절로 나오게 된다.

대부분의 아내는 남편의 애정표현을 통해 심리적 안정감을 얻는 것은 물론이고, 남편으로부터 보호받고 있다는 든든함, 아내로서 인정받고 있다는 뿌듯함을 느끼며 지친 일상 속에서 위로를 받는다. 즉 아내에게 있어 애정표현은 남편과의 친밀감을 유지하는 가장 중요한 접착제 역할을 한다. 그런데 남편의 애정표현이 없다면 어떻겠는가? 아내는 '남편으로부터 소외되었다.', '남편이 자신을 사랑하지 않는다.' '나는 이제 아내로서 존중받지 못한다.' '가치도 없다'라고까지 느끼게 된다.

남자들은 애정표현이라 하면, 스킨십이나 성관계를 먼저 떠올린다. 아내와 잠자리를 가졌으면 다 표현한 거지 무슨 말이 필요하겠냐 하겠지만, 아내에게는 그건 별개의 것이다. 어쩌다 한번 생일에 선물 건네며 "사랑해"라고 말하는 것도 좋지만, 아침저녁으로 늘 지지하고 사랑하는 마음을 표현하는 것이 아내를 행복하게 만든다는 걸 잊지 말자. 아내는 남편의 사랑을 매일매일 확인받고 싶어 한다.

말벗이 되어주는 남편이 좋다

아내가 결혼생활에서 남편에게 원하는 첫 번째는 대화다. 돈은 기본 중 기본이니 일단 제쳐두는 게 맞다. 아내에게 있어 결혼생활을 유지하는 가장 중요하고 기본적인 게 대화이다.

연애 시절 아내의 얘기에 집중하고 더 많은 얘기를 듣고 싶어 하던 남편은 왜 결혼 후에는 입을 닫는 걸까? 그 이유는 단순하다. 일단 결혼하고 나면, 대부분의 부부가 둘만의 시간을 따로 내지 않기 때문이다.

이게 무슨 말이냐면, 연애 시절 데이트가 일상에서 벗어난 오로지 둘만의 환상 공간이었다면, 결혼생활은 일상의 한 가운데 존재한다는 것이다. 저녁밥 먹으며 전기세며 아파트 관리비, 대출에 관한 이야기를 나눈 것을 대화했다고 생각하면 안 된다. 회사에서 업무상 회의를 많이 했다고 해서 대화를 많이 했다고 하지 않는 것처럼 말이다.

"여보, 우리 대화 좀 해요."

"무슨 얘기를 또 해, 아까 밥 먹으면서 다 했잖아."

무심한 남편의 대답이 아내를 절망하게 만든다. 남편에게 있어 대화는 결론을 내야 하는 수단에 지나지 않지만, 아내에게 대화는 감정을 교류하는 욕구 그 자체라는 것을 남편들이 분명하게 이해해야 한다. 남편이 결혼생활에서 성적 만족감을 얻는 것을 가장 중요하게 생각하듯이, 아내에게는 대화가 가장 중요하다. 남편에게 섹스가 중요하고 그것을 아내와 함께 즐길 권리가 있는 것처럼 아내도 남편과 대화를 즐길 권리가 있다. 다시 말해, 남편은 아내와 대화를 해야 할 의무가 있다.

바람피우는 남편들의 핑계 중 하나가 아내와 말이 안 통한다는 거다. 무책임하고 궁색한 변명이다. 대화를 잘하는 사람은 상대가 마음을 열고 대화를 할 공동의 관심사를 주제로 올린다. 남편은 공동의 관심사도 아니고, 전부터 차근차근 알려주지도 않았던 회사업무 얘기를 꺼내고, 정치나 경제 또는 스포츠 얘기를 꺼내며 말이 안 통한다고 핑계를 댄다. 하지만 애당초 처음부터 대화 주제를 잘못 꺼내놓은 것은 남편이다. 사실 이건 부부 문제를 떠나서 인간관계에 대한 존중이 없는 것이고 아주 이기적인 행동에 불과하다.

친구, 회사 동료나 상사 혹은 고객과 친해지기 위해서 상대방이 관심 갖고 있는 분야를 대화 주제로 삼는다. 이건 대화의 기본이다. 그런데 아내와 얘기할 때는 상대방 관심과 이해도를 무시하고 자기 하고픈 얘기 뱉어놓고 못 알아들으면 말이 안 통한다고 버럭 화를 내거나 그것을 핑계로 입을 닫아버린다. 그리고는 "아내와 말이 안 통한다.", "집에 대화상대가 없다.", "외롭다"며 바람을 피우는 게 가당키나 한가.

부부가 대화의 끈을 놓지 않기 위해서는 공유할 수 있는 관심사를 늘려나가야 한다. 그것이 드라마 이야기라도 좋고, 스포츠 이야기라도 좋다. 함께하는 취미 생활이 있고 그것에 대한 이야기라면 최고 중 최고다. 그래서 무조건 부부가 공유할 수 있는 관심사를 늘려나가야 한다.

아내에게 있어 최고의 대화상대는 남편이다. 남편이 꿀 먹은 벙어리이고, 말이 안 통한다고 타박을 하니까 밖에 나가 친구들 만나 스트레스를 푸는 것이다. 남편이 아내와의 대화를 회피하는 것은, 아내가 남편과의 잠자리를 거절하는 것과 같다. 남편은 아내의 대화에 반드시 응해야 하고, 그 대화에 집중할 책임이 있다.

노년에도 친구처럼 지내는 부부가 되고 싶다면, 서로의 의무를 잊지 않고 그것이 생활화되도록 노력해야 한다. 친구 같은 부부는 그냥 저절로, 운이 좋아서, 전생에 착한 일 많이 해서, 천생연분을 만나서, 복을 타고나서 된 것이 아니다. 모두 노력의 산물이다.

행복한 부부가 나누는
5가지 사랑의 언어

여자와 남자, 암컷과 수컷 그리고 아내와 남편은 달라도 너무 많이 다르다. 오죽하면 《화성에서 온 남자, 금성에서 온 여자》라는 책까지 나왔겠는가. 책 제목처럼 서로 다른 별에서 온 존재처럼 사고방식, 현상에 대한 뇌의 반응이나 이야기의 서술방식은 말할 것도 없고, 애정표현 방법이 한참 다르다. 그래서 배우자의 심리나 표현방법을 이해하지 못한다면 같은 우리말을 쓰고 있더라도 외계인을 만난 것처럼 낯설고 멀게만 느껴진다. 몸은 함께 있지만 부부 두 사람의 정서적 거리는 5,000만km 떨어져 있는 화성과 금성 사이 같다. 딴 세상에 존재하는 것과 다르지 않다.

그래서 부부의 행복은 서로를 이해해서 이 간극을 얼마나 좁히

느냐에 달려 있다 해도 과언이 아니다. 지구별에서 운명적으로 만난 금성과 화성에서 온 전혀 다른 생명체가 끝내 행복하게 사는 것이 지금 이 책을 선택해 읽고 있는 독자들이 꿈꾸는 세상이라 믿는다.

사람마다 다르게 표현하고, 또 다르게 반응하는 '5가지 사랑의 언어'가 있다. 이 언어를 이해하지 못한다면, 감정을 제대로 전할 수 없어서 사랑을 제대로 받지도 못하고, 주지도 못하는 안타깝고도 가련한 인생을 살 수밖에 없다. 사랑을 받아보지 못했다고 믿으며 산다면 물 한 방울 없는 까칠하고 건조한 사막에서 사는 것과 다르지 않다.

사람들은 남과 다른 자신만의 개성과 취향을 가지고 있다. 그래서 모두가 똑같은 것을 좋아하지 않고 좋아하는 것을 표현하는 방식도 다르다. 여기까지는 모두가 고개를 끄덕이며 동의할 거다. 하지만 우리는 자주 내 배우자가 나와 다르다는 것을 잊고 살아간다. 아니 다르더라도 나와 사는 이상 나에게 맞춰서 살아가야 한다고 여기고 상대를 바꾸려고 고집을 피우기까지 한다.

부부관계 전문상담가인 게리 채프먼 박사는 수십 년간 인간관계와 부부관계 상담을 해오면서, 서로 사랑하지만 '사랑의 언어'가 달라서 사랑하는 마음이 제대로 전달되지 못한 결과, 오해와 상처가 쌓이고 결국 결별에까지 이른 많은 사람을 상담하고 치유해오면서 다음과 같은 결론에 이르게 되었다.

"모든 사람은 사랑받고, 사랑하길 원하는 강렬한 욕구를 갖고 있는데, 사람들이 저마다 생김새와 성격이 다 다르듯 사람마다 사랑하는 방식도 다르다. 그래서 사랑하는 사람과의 관계를 발전시키고, 또 잘 유지하기 위해서는 상대방이 사용하고 있는 '사랑의 언어'를 이해해야 한다"

게리 채프먼 박사는 오랜 연구 끝에 사람들이 사용하는 '사랑의 언어'를 다섯 가지로 분류했고 사람들은 이 다섯 가지 사랑의 언어를 상황에 따라 섞어 쓰기는 하지만 그중에서 어떤 것보다 더 중요하게 생각하고 더 잘 반응하는 자신만의 제1 사랑의 언어가 있다고 밝혔다.

반대로 다른 것에 비해, 덜 중요하게 생각하고 그래서 반응도 떨어지는 사랑의 언어도 있음을 주지해야 한다. 그러니까 배우자가 다섯 가지 사랑의 언어 중 어느 것을 제1 언어로 쓰는지 그 우선순위를 알아야 자신의 사랑이 배우자에게 효과적으로 전달될 수 있고, 배우자의 사랑을 온전하게 받을 수도 있다는 것이다.

예를 들어 우리의 일상과 비유하자면 지금은 배우자가 순대와 떡볶이를 먹고 싶은데 자신의 지고지순한 사랑을 표현하고 싶어서 훨씬 비싸고 고급스러운 레스토랑에 모시고 가서 음식을 대접했을 때 "왜 비싼 돈을 쓰냐"고 책망을 듣는 것과 같은 이치다. 퇴근길에 화원에서 꽃을 발견하고는 예쁜 꽃 한 다발을 사 가지고 집에 들고 들어갔다가 "이런 걸 무엇하러 비싼 돈 들여가며 사왔냐"는 면박에 기분이 상한 경험을 한 번쯤 겪어보았을 것이다. 이는 꽃을 싫어해서가 아니라 지금 이 순간에 원하는 것이 무엇인지 딱 알아차리지 못하고 애먼 짓을 하니 화가 나서 듣는 소리였던 거다. 그러니 섭섭했던 마음을 지금이라도 풀기 바란다.

'아이 정말 이 사람 정말 내 마음도 모르고…. 텔레파시가 너무 안 통하네. 뭐든지 돈으로 수습을 하려고 하네.' 하고 생각한다. 큰돈 쓰고 욕먹는 사람 입장에서야 억울하겠지만, 상대방에 대한 배려 없이 자기 방식으로 표현했으니 소위 '핀트'가 안 맞은 것이다. 특히 우리 남편들이 자주 이런 실수를 범하는데 이제라도 '다섯 가지 사랑의 언어'를 익히는 게 '가화만사성'을 이루는 데 정말 필요하다.

칭찬과 인정

사랑하는 사람으로부터 인정받고 칭찬받는 것만큼 우리 자신을 뿌듯하고 행복하게 만드는 것이 또 있을까? 칭찬과 인정, 감사의 표현은 사랑을 전달하는 아주 강력한 도구이다. 더구나 칭찬과 인정을 '사랑의 제1 언어'로 삼고 있는 사람은 누구보다도 인정받고 싶은 깊은 욕구를 지녔다 할 수 있겠다.

우리는 칭찬과 인정을 통해 배우자에게 한껏 충만한 사랑을 느끼게 해줄 수 있다.

"오늘 저녁밥 너무 맛있어. 역시 당신 요리 솜씨가 나에겐 최고야."

"역시 아이들에겐 당신이 최고예요. 아빠가 일찍 들어오니 좋아하는 거 보세요."

"내 마음을 알아주는 사람은 오직 당신뿐이야, 고마워."

"나는 당신하고 이야기하고, 함께 놀 때가 제일 재밌어."

"나는 당신의 웃음소리 들을 때, 가장 행복해. 멋져, 여보."

섹스할 때도 대화하고, 배우자를 칭찬해주면 더 만족스러운 시간을 가질 수 있다.

"오늘 당신 너무 매력적이야." "당신 정말 멋져."

칭찬과 인정으로 서로를 자극하고 그래서 더 황홀한 시간을 보내게 된다.

배우자를 칭찬하고 인정하는 표현은, 거창할 필요가 없다. 일상에서 느끼는 나의 행복감을, 배우자에게 그대로 들려주기만 해도 충분하다. 아끼고 아꼈다가 1년에 한 번 생일에 "올 한해 애 많이 썼어." 하는 상투적인 표현은 그만두자. 하루에도 몇 번씩 은혜와 감사가 온 가정에 충만하도록 해야 한다.

함께하는 시간

사랑하는 사람과 공통의 관심사에 집중하며 시간을 함께 보내는 것만큼 친밀감을 높이는데 더 좋은 방법은 없다. 어렸을 적 친구들을 사귀게 된 동기를 군이 따져보자면 서로가 비슷한 관심사를 가졌기 때문이다. 배우자와도 마찬가지다. 함께하는 시간 동안만이라도 서로의 이야기를 공감하면서, 귀를 기울여주는 것이 중요한데 이때는 다른 일을 멈추고 시선을 고정해 상대방의 감정에 주의해야 한다. 사실 이것은 대화의 기본적인 예절이다. 하지만 가족이라는 이유로, 친밀한 부부 사이라는 이유로 기본적인 것조차 지키지 않는 경우가 많다. 가장 최악의 대화는 TV를 보거나 컴퓨터 모니터를 들여다보는 것과 같이 다른 것에 시선을 두고 듣는 둥 마는 둥 질문에 단답식으로 대답하는 것이다. 이런 식으로는 제아무리 하루 24시간을 붙어 있어도 대화다운 대화를 나눌 수도 없고, 서로 벽을 쌓고 지내는 것과 다름없다.

요즘 부부 사이에도 따로 지내는 시간과 공간이 필요하다는 목소리가 높다. 공감한다. 하지만 그것은 밀도 있는 '함께하는 시간'이 있다는 것을 전제로 해야 한다. 꼴도 보기 싫고 말도 섞기 싫으니 혼자만의 시간과 공간이 필요하다고 말하는 것과 혼동해서는 안 될 일이다. 애정을 충분히 교환하는 '함께하는 시간'이 없는데, 집에 돌아와 각자의 공간과 시간을 보낸다면 그건 정서적 결별을 재촉하는 것밖에 되지 않는다.

이건 자녀 키울 때도 적용된다. 아이와 함께 있을 때, 아이에게 전적인 관심을 기울이는 부모의 행동을 통해, 아이들은 자신이 '소중한 존재'라는 것을 체득해간다. 주말 오후 아이와 부모가 함께 거실에 앉아 각자의 핸드폰만을 들여다본다. 서로 함께 있지만, 서로의 존재를 잊은 채 시간을 보낸다면 그냥 그 시간은 서로에게 아무런 도움이 되지 않는 쓰레기이다. 엄마, 아빠와 함께 있어 행복하고 즐거웠다는 추억조차 아이에게는 존재하지 않고 애정결핍으로 발전할 가능성이 크다.

잊지 말자. 함께 있는 시간이 긴 게 좋은 것이 아니라 밀도 있는 시간을 보내는 게 중요하다.

헌신

배우자가 나를 위해 뭔가를 힘들여 할 때, 내가 원하는 것을 해주려고 노력할 때 그 모습을 보는 것만으로도 사랑이 느껴지고 잠시 잊혔던 사랑도 다시 샘솟는다.

헌신을 '사랑의 제1 언어'로 삼고 계신 분은 천 마디 말보다 행동을 중요하게 여기시는 사람임이 분명하다. 부부 사이에 헌신이라고 해서, 팔다리를 떼어주듯 자신을 희생해서 뭔가 거창한 일을 이뤄야 하는 게 아니다. 사랑하는 사람의 짐을 덜어주기 위해 어떤 일도 마다하지 않는 행동은 배우자에게 큰 의미로 다가가기 마련인데 대개는 게으름과 약속위반만 하지 않아도 기본점수는 따고 들어간다. 그만큼 어쩌면 사소하고 가벼운 일들이다. 하지만 지나쳐버리고 잊어버리기 쉬운 어쩌면 사소한 것들이다 보니 매번 우선순위에서 밀리고 방치되는 일이 잦아지기 마련이다. 이 경우 배우자는 존중받지 못하고 무시당한다는 상처를 입거나 가정을 소홀히 한다는 부정적 인식을 갖게 된다.

결혼식 주례사에 빠짐없이 등장하는 "비가 오나 눈이 오나 함께 하겠다"는 구절은 가족과의 약속을 최우선으로 중요하게 여기고, 서로가 원하는 모습의 배우자가 되려고 노력하며 힘들 때나 아플 때 서로를 돌봐주려는 자세와 헌신을 이야기한 것이다.

우리 사회에 여전히 봉사와 헌신이 필요한 곳들이 많은 것처럼 우리 가정에도 자발적인 봉사와 헌신이 필요하다. 약속 지키기, 음식 만들기, 식탁 정리, 설거지, 청소, 쓰레기봉투 내다 버리기, 벗은 옷 제자리에 잘 걸어놓기, 신발 정리하기 등 배우자의 짐을 덜어줄 수 있는 작은 일이라도 몸을 움직여 실천하는 게 중요하다.

오늘부터 퇴근해서 양말 하나만이라도 잘 벗어서 빨래통에 넣는 것부터 시작해보자.

선물

사랑의 제1 언어가 '선물'인 분들은 상징적인 의미를 지닌 물건을 통해서 사랑을 확인하고 싶어 하는 성향이 있다. 그래서 생일이나 결혼기념일 등 부부 사이에 소중한 날들이 기억되고, 어김없이 챙겨지기를 바라고 기대한다.

선물이란 무엇일까? 선물의 정의를 내리겠다며 누구는 선물의 영어단어인 'gift'와 'present'의 어원을 찾기도 하고, 또 다른 누구는 선물(膳物)의 한자 구성과 뜻을 새겨보기도 한다. 나는 선물이란 특별한 날을 구실삼아 평소 드러내 보일 수 없고, 보이지도 않는 마음과 사랑, 존경심 혹은 관심을 눈에 보이도록 드러내어 전달하는 징표라고 생각한다. 그러니 선물은 가격으로 가치가 매겨지는 것이 아니라 받는 이를 생각하는 마음이 충분히 담겨 있을 때 비로소 그 정성과 마음이 전해진다.

그렇기에 선물 받기를 좋아한다고 해서 단순히 물질주의 속물 근성이 있다고 혼동하면 곤란하다. 선물이라면 수백만 원하는 명품 가방 정도는 되어야 명함을 내미는 것이 요즘 세태라지만 그런 값비싼 물건은 선물의 의미를 퇴색시키기에 십상이다. 더구나 제정신 박힌 아내라면 빚으로 산 명품가방을 받아들고 좋아라 할 일도 없다. 가장 환영받는 선물은 자신이 평소 마음에 두고 있던 것이다. '평소 내게 얼마나 관심이 있었으면 말하지도 않았는데 이렇게 원하는 것을 사 왔을까?' 하고 생각한다. 그것을 생각해내고 준비한 그 마음이 전해지니 고맙고 감격하게 된다.

간혹가다 엉뚱한 남편들은 자기가 갖고 싶은 고가의 물건을 기념일을 빙자해서 선물이랍시고 아내에게 사주는 경우가 있다. 의도는 뻔하다. 실망스러워할 배우자의 마음은 아랑곳하지 않고 선물했다는 생색만 내고 자신을 위해 카드를 긁은 것이다. 오죽 그 물건이 갖고 싶으면 그랬을까 싶어 딱하기도 하지만 그런 장난은 소중한 날의 축하 분위기는 물론 관계를 망칠 뿐이다. 물론 그 염려를 할 줄 아는 남편이라면 애당초 그런 일을 벌일 꿈도 꾸지 않았을 테지만.

결혼반지에 박힌 다이아몬드 알이 굵을수록 결혼생활이 평탄한 것이 아니듯, 비싼 선물을 준다고 해서 고마움이 더 커지는 것도 아니다. 비싸더라도 성의가 보이지 않는 선물은 되레 받는 사람에게 상처가 될 수 있다.

스킨십

스킨십이라는 말을 듣고 옷 벗고 뒤엉켜있는 모습을 상상한다면 너무 나간 거다. 물론 그것도 중요하지만 그게 전부가 아니라는 사실에 눈을 떠야 한다. 말할 필요도 없이, 스킨십은 연인의 사랑을 전달하는 가장 강력하고 자극적인 방식이다. 머리를 쓰다듬고, 등을 만지고, 손을 잡아주고, 안아주는 것과 같은 스킨십은 사랑하는 사람들에게는 감정의 생명줄과 같다

특히 결혼생활이 오래된 부부는 스킨십이 식상해지지 않도록 더 많은 연구와 시도를 해야 한다. 모두가 다 그렇고 그러려니 하면서 밍밍하게 살면 더 빨리 늙는다. 중년에 들어서면 남성의 경우 정력이 예전 같지 않다는 걸 느끼는데, 그걸 그냥 걱정만 하거나 약으로만 해결하려 들어서는 안 된다. 더 적극적으로 섹스에 대한 판타지를 만들고 부부가 합심해서 즐길 줄 알아야 한다. 바이브레이터 같은 기구가 필요하다면 마다할 이유가 없다.

부부 사이라지만 영혼이 담겨 있지 않은 그래서 사랑을 전혀 느낄 수 없는 섹스는 얼마든지 있다. 말 그대로 의무방어전이 그것이고, 배우자가 전혀 배려되지 않은 자신의 욕구를 해소하는 섹스가 그렇다. 사랑의 대화가 아닌 그냥 단순히 배설을 위한 섹스를 가장 경계해야 한다. 부부 사이의 스킨십 그리고 종국적인 섹스는 불꽃놀이가 빵빵 터지는 놀이공원처럼 두 사람 모두가 즐겁고 행복해야 한다. 그 방법들은 다음 섹션에서 자세하게 이야기해보자.

아내는
애정표현에 목말라 있다

한창 아내와 연애하던 시절, 아내의 풀어진 운동화 끈을 묶어주고 일어서며 뜬금없이 "사랑해"라고 말했다. 전혀 어울리지 않는 타이밍에 나온 말이라 아내는 피식 웃었지만, 지금도 가끔 그때의 이야기를 꺼내며 내게 물어본다. "그때 왜 그랬던 거야?" 사실 그때만 그랬던 것이 아니다. 시청앞 길을 손잡고 걷다가, 종각역에서 지하철을 기다리다가, 대학로 학전에서 연극을 보고 나오다가, 창동 이마트에서 비디오기를 사러 가서도 돌연 "사랑한다"고 나의 연인에게 말했다. 내 연인이 사랑스런 모습으로 내 곁에 있는 게 그렇게 좋았다.

이렇게 시도 때도 없이 해대는 내 사랑 고백 중에 운동화 끈을 묶어주며 했던 것이 아마도 처음이어서 아내의 기억에 강하게 남아 있는 모양이다. 그런데 내 사랑 고백은 30여 년 세월이 흐른 지금까지도 여전히 진행형이다. 나는 지금도 아침에 일어나 서로 포옹하면서, 손잡고 공원을 산책하다가도, 금요일 저녁 집에서 손잡고 넷플릭스로 영화 한 편을 보다가도 뜬금없이 "사랑한다"고 말하곤 한다.

남자에게 있어 밝고 건강한 아내와 사는 것만큼이나 큰 행운도 없다. 하지만 타고난 천성이 그래서 자동으로 밝고 건강하게 살 수 있는 것이 아니다. 모두 남편의 사랑이 있기에 가능한 일이다. 결혼생활이라는 것이 모두에게 행복만 안겨줄 수만은 없기에, 어느 여성은 우울증으로 고생하고, 또 다른 여성은 밖으로만 나돌기도 한다. 이게 모두 남편으로부터 사랑을 느끼지 못하고, 외롭기 때문에 일어나는 사달이다.

아내가 남편에게 지나치듯 "외롭다"고 얘기하면, "벌써 갱년기인 거야?", "대체 나이가 몇인데 그런 감정을 느끼는 거야?" 하며 너무도 쉽게 무심한 듯 반응하지만, 이것은 나이나 갱년기와 전혀 상관없는 감정이다. 왜냐면 아내의 외로움은 여성들이 결혼생활에서 충족되어야 하는 기본적인 욕구의 결핍에서 오는 것이기 때문이다. 여성의 심리적 특성상 결혼생활에서 충족되기를 원하는 욕구들이 있다. 남자들도 결혼하면, 으레 아내가 해주기를 바라는 욕구들이 있듯이, 여자들도 자신이 품은 욕구들이 충족될 것이라 기대하면서 결혼을 결정한 것이다. 그중 하나가 남편들 입장에서는 너무도 어려운 '애정표현'이다.

남편들은 아내의 칭찬에 울고 웃고, 춤추기까지 하듯이 아내는 남편의 사랑이 지속적으로 확인되어야 한다. 그래서 남편의 사랑을 느낄 수 없을 때, 아내들은 뜬금없이 "나 사랑해?"라고 묻는다. 피부로 느낄 수 없으니 자존심이 상하더라도 직설적으로 남편에게 묻는 거다. 안타깝게도 한국 남성들은 감정을 드러내는 훈련이 잘되지 않았다. 어디서도 배운 바 없다. 반대로 말을 적게 하고 감정을 드러내지 않는 것이 바른 행동이며 남자답다는 잘못된 교육을 받아왔다. 이런 강요나 다른 바 없는 세뇌 교육을 받고 살아왔으니 입이 잘 떨어지지 않는 것이 어쩌면 당연하다. 같은 남자로서 천만 번 이해된다.

하지만 지금부터라도 입을 열어야 한다. 몇십 년을 함께 살아온 가족끼리 "무슨 사랑 타령이냐"고만 할 것이 아니라 아내에게 적극적으로 애정표현을 해야 한다. 아내들이 혹시라도 마음의 병이나 허무함 때문에 깊고 깊은 나락으로 빠지지 않도록 이 세상 남편들은 아내에게 매일매일 종합비타민 한 알씩 챙겨 먹이듯 애정결핍을 느끼지 않도록 기회가 될 때마다 남편의 사랑을 느끼게 해줘야 한다. 말 안 해도 통하는 이심전심은 세상에 없다. 말과 행동으로 분명하게 알게 해주는 것이 마음을 전하는 유일한 길이다. 다른 길은 존재하지 않는다.

더군다나 "말이 씨가 된다"는 옛말도 있지 않은가. 애정표현을 하다 보면 정말로 아내를 향한 애정이 점점 더 커가는 것을 남편 자신도 느끼게 될 것이다. 빈말이라도 "예쁘다, 예쁘다." 하면 정말로 예뻐 보이는 게 사람 마음이다. 또한, 잘못한 것도 없는데, 볼 때마다 "아이고 저년 죽일 년"을 되뇐다면, 미움이 독버섯처럼 점점 커져 결국 하는 짓마다 밉고, 꼴도 보기 싫어진다.

처음엔 아내에게 애정표현을 하는 것이 남사스럽기도 하고, 왠지 계면쩍기도 해서 남편들의 입이 잘 떨어지지 않겠지만, 이것도 하다 보면 점점 익숙해진다. 우선 '내 마음을 표현해야겠다'라고 마음먹고, 출퇴근할 때 한 번씩이라도 애정표현을 해보는 게 중요하다.

대부분의 여성은 남편의 애정표현을 통해 안정감은 물론이고 보호와 위로, 인정을 받고 있다는 감정을 느낀다. 그래서 남편이 해주는 애정표현은 아내에게 '나는 당신을 사랑해'라는 의미 전달뿐만 아니라 '당신은 내게 소중한 사람이야', '내가 당신을 안전하게 돌보고 있어', '나는 여전히 당신에게 매력을 느끼고 있어', '당신에게 어떠한 일이 생기더라도 나는 당신 곁에 있을거야' 등의 긍정성과 안정감을 담은 메시지를 전달한다.

그러니까 아내에게 있어서, 애정표현은 남편과의 친밀감을 높이는 가장 중요한 수단이자, 관계를 단단히 하는 접착제이다. 남편이 애정표현을 해주지 않는다면, 아내는 남편의 관심을 못 받고 있고, 남편으로부터 소외되고 있다고 느낀다. 그러면 결혼생활에 회의를 품게 되고, 남편의 사랑에 대한 의심이 싹트게 되며 불행감에 젖어 살게 된다.

여성은 애정을 표현하고 누군가로부터 애정표현을 받을 때의 느낌을 사랑한다. 이렇게 말하면, 남자들은 곧바로 섹스를 떠올릴 테지만 그것과는 많이 다르다. 단순한 수컷들에게는 '애정 = 섹스'라는 하나의 공식밖에 머릿속에 없지만, 여성들은 다르다.

여성들이 아기들과 감정을 교류하는 모습을 떠올려보면 좀 이해가 될지 모르겠다. 애완동물을 보살피는 모습을 생각해봐도 좋다. 남성들하고는 확연히 다른 뭔가 있다. 눈 마주치고 조잘조잘 묻고 대답하기를 반복한다. 남자와 여자가 이렇게 다르니, 이렇게라도 공부해서 미지의 세계와도 같은 아내에 대한 이해를 넓혀가야 한다. 하여간 남자들은 애정표현을 한다고 얘기하면, 스킨십이나 섹스를 하기 위한 사전작업 정도로 생각하고 피가 확 가운데로 몰리고 상대의 반응은 아랑곳도 없이 다음 단계로 넘어가려고 안달한다. 하여간 수컷이란 머릿속에 그것밖에 없다.

굳이 섹스에 대해 이야기하자면, '정겹고 사랑스런 대화는 아내에게 있어 섹스의 시작'이다. 남편들은 삽입을 시작해야 그때부터 섹스라 생각하지만, 아내에게는 남편과의 대화를 통해 주고받는 애정표현부터 섹스이며 이 애정표현이 정상에 오르게 하는 중요한 역할을 한다. 그러니까 '대화와 애정표현이 없는 섹스'는 아내에게 감동이라고는 하나 없는 그저 동물이나 하는 짓과 다르지 않다. 그럴 때 아내는 남편이 본능밖에 없는 짐승으로 보인다.

아내를 위해서뿐만 아니라, 남편들이 그렇게 원하는 재밌는 섹스를 하고 싶다면, 아내에게 애정표현을 풍성하고도 충분히 해야 한다. 이제라도 무릎을 탁 치며 우리 가정에 왜 애정표현이 필요한지 깨닫기를 바란다.

자, 이제 남편의 여전한 사랑을 느끼고 싶고, 보호받고 싶고, 인정받고 싶고, 관심을 받고 싶어 하는 아내의 욕구를 충족시키는 방법에 대해 이야기해보자.

아내에게 얼마나 사랑하는지 표현하자

실감도 잘 안 되고, 구태의연한 "하늘만큼 땅만큼 사랑해." 이런 게 아니더라도, 사랑한다고 말하는 방법이 수천 가지나 있다. 매일 아침, 잠에서 눈을 뜨자마자 아내에게 사랑한다는 표현을 할 수 있다. 어느 날 아침, 아내가 깰까 봐 조심스레 일어나는데 아직도 단잠에 빠진 아내가 참 보기 좋았다. 그래서 한참 뒤에 방에서 나오는 아내를 보고 첫인사로 "잘 잤어? 곤하게 자는 모습이 보기 좋더라"라고 말했다. 굳이 사랑한다는 말은 하지 않았지만 이 말을 아내가 들으면 사랑을 느끼고도 남을 게 분명하다. 이런 방법으로 애정과 관심을 아내에게 표현하면 된다. 애정표현이라고 해서 굳이 닭살 돋게 할 필요 없다.

"오늘 하루 즐겁게 잘 지내. 퇴근해서 보자.", "오늘 하루는 어땠어? 잘 지냈어?", "오늘은 얼굴에서 빛이 나네, 뭐 좋은 일 있었어?", "어휴, 잘했네", "저녁 정말 맛있다. 당신이 만드는 건 뭐든 맛있어",

"침대에 있어, 오늘 아침은 내가 토스트 해서 가져올게."

별다른 특별한 표현이 없어 보이지만, 이런 남편의 말에서 아내는 남편의 관심, 애정 그리고 공감을 충분히 느낀다. 그러니까 마음속에 있는 여러분의 애정을 구체적으로 표현하고 보여주면 된다. 내 마음 알겠거니 하고 입 닫고 지내면, 독심술이 없는 이상 그 마음을 알 길이 없다.

애정표현을 시도 때도 없이 하자

애정표현이 습관이 되지 않으면, 남편들은 느끼지 못하는 욕구라서 해야 하는 걸 잊게 된다. 그러니 이게 몸에 배도록 시도 때도 없이, 아내의 말과 행동에 맞장구를 치듯 긍정적인 말들로 관심을 표현해야 한다. 우리 아이들이 걸음마 배우고 말 배우고 할 때를 생각해보자. 무엇을 하든 우리는 관심 있게 지켜봐 주고, 잘했다 추켜 세워 주고, 응원해주었다. 그 관심과 사랑으로 아이들은 용기를 갖고 도전하고 성장했다. 아내에게 하는 애정표현도 그와 다르지 않다. 관심을 가져주면 자연스럽게 애정표현을 할 수 있다.

그렇게 하면 피곤할 것 같다고 짐작할 수도 있는데 전혀 그렇지 않다. 아이들에게 그렇게 하면서 피곤했었나? 되레 그 모습을 보면서 우리가 더 행복감을 느끼고 에너지를 얻었다. 아내에게 하는 표현도 똑같다. 아내가 행복해하는 모습을 보면 회사에서 받은 스트레스도 사라지고 우리 자신도 행복감을 느끼게 된다. 이렇게 서로 행복감에 젖어있는 상황에서 섹스한다고 상상해보라. 천국이 따로 없다. 애정표현을 잘하면 가정에서는 웃음소리가 끊이질 않고, 꿈같은 나날을 보낼 수 있다. 내가 200% 보증한다.

저속하고 노골적이어서 더 커지는 부부 행복

사랑으로 만났지만, 중장년의 부부관계는 더는 어떠한 자극도 없고, 상상력도 발휘되지 않는 그런 맹탕의 일상으로 보내버리는 것이 정상일까? "남들도 다 그렇게 살아." 이런 말을 들으면, 재미없는 내 인생이 그래도 최소한 평균치는 된다는 안심과 위로를 받을 수 있을까? 정말 "남들도 다 그렇게 산다"는 말이 사실이라고 해도, 굳이 구질구질하게 평균치 유지하면서 한 번뿐인 인생을 포기하고 다음 생이나 기약하며 살 수만은 없다. 남들이야 심심하고 맹탕으로 살든 말든 우리 인생만큼은 매일 불꽃 터지듯 흥분과 재미로 충만한 하루하루를 보내야 하는 게 맞지 않을까? 우리는 특별하니까 말이다.

결혼생활이 해가 거듭될수록, 대체로 부부관계도 재미없고 시들해진다. 하지만 반대로 우리의 욕구는 더 커져서, 더 자극적이고 음탕하며, 질펀한 섹스를 하고 싶어진다. 이런 현실과 욕정의 괴리 때문에 남편들은 물론이고, 아내들도 방황하게 되는지도 모르겠다.

50대인 내가 뒤돌아보건대, 남자는 40대부터 힘이 좀 부친다, 발기도 예전과 같지 않다는 고민과 함께 심적 부담감을 갖기 시작하지만, 너무 걱정할 필요 없다. 건강관리에 신경 쓴다면 최소한 60대까지는 거뜬하게 즐길 수 있다. 몇 년 전 조사에서는 80대의 30%가 성생활을 즐기고 있다는 결과도 나왔다. 갱년기다 폐경기다 하지만 여자는 누가 뭐라 해도 40~50대가 가장 원숙하면서 농익은 섹스를 할 수 있는 최고의 절정기가 아닐까 싶다. 그래서 남편들은 기막힌 섹스를 기대하지만, 아내들이 보여주는 현실은 그와 정반대이기 일쑤다.

반전 있는 아내가 사랑받는다

많은 아내가 남편의 잠자리 요구를 거부하지 않고 받아들이면 다 되는 거 아니냐고 생각한다. 반응도 없고 빨리 끝내라는 식으로 누워만 있다. 성교육 한 번도 안 받아본 사람처럼, 하다못해 여성 잡지에 흔하디흔하게 실리는 성에 관한 기사들도 안 읽어본 사람처럼 행동한다. '이러려면 왜 결혼했지.' 하는 생각이 들기까지 한다. 남자의 성과 욕구에 대해 왜 이리 무관심하고 알려고 하지도 않는지 도

무지 이해가 되질 않는다.

싸이의 노래 〈강남스타일〉 가사 중 이런 구절이 있다. "정숙해 보이지만 놀 땐 노는 여자, 이때다 싶으면 묶었던 머리 푸는 여자, 밤이 오면 심장이 뜨거워지는 여자, 그런 반전 있는 여자" 그렇다. 이 세상 모든 남편은 아내가 반전이 있는 삶을 살기를 원한다.

남편들은 아내의 색기 충만한 유혹과 과감한 변신에 자극받고 행복해진다. 자신과 단둘이 있을 땐, 과감하고 때론 노골적이며 음탕하기까지 한 아내가, 외출해서는 전혀 다른 정숙한 모습을 보일 때, 그 모습을 보며 남편들은 흥분한다.

아내의 변신은 자유로움에서 시작된다. 그러니 남편은 평소에 아내가 자유롭게 자신을 표현할 수 있도록 북돋아 주어야 한다. 그러려면 대화하는 남편, 아내를 지지하는 남편, 애정표현을 듬뿍듬뿍 해주는 남편이어야 한다. 그 방법은 바로 앞 '아내는 남편의 애정표현에 목말라 있다'에 설명되어 있으니 꼭 읽어보기 바란다.

아내도 남편의 애정을 연애할 때나 신혼 초 그때로 꽉 묶어두는 작전이 필요하다. 연애 시절 썼던 향수를 뿌려서 향기로 남편을 연애 시절로 확 보내버리기도 하고. 섹스할 때도, 좀 더 과감하게 자신이 원하는 것을 표현하고, 남편에게 이렇게 저렇게 해달라 요구도 해보고, 색다른 체위도 제안해보는 거다. 아내가 적극적으로 참여하는 섹스는 참으로 멋지다. 먼저 애무해달라고 몸을 들이밀기도 하고, 반대로 남편을 먼저 애무해주기도 한다. 이젠 매번 똑같이 시작하고 끝내는, 너무도 뻔하고 식상한 섹스에서 벗어나는 상상력과 행동이 필요하다. 섹스하는 도중에라도 더 강한 자극을 원한다면, 자신의 손으로 직접 자신을 자극해보는 것도 좋다. 그런 아내의 적극적이고 음탕한 모습을 보면 남편은 더 자극을 받을 테니까.

그러니 남편의 사랑을 꽉 묶어두고, 매일 매일 사랑받고 싶다면 집 밖에서는 정숙한 여인으로, 둘이 있을 때는 요염, 음탕 그 자체가 되는 반전을 갖고 사는 거다. 그 두 얼굴이 우리 가정에 행복과 축복을 불러온다.

아내의 마음을 열어야 몸이 열린다

질펀하고 음탕하며 저속하기까지 한 즐거움을 누리며 살기 위해서는 아내와 관계가 하늘을 날 것처럼 좋아야 한다. '꿀 떨어진다'는 표현처럼 남편과 아내는 서로에게 애정이 넘쳐나야 하는 거다. 괜히 나이 탓하지 말고 흘러간 세월 탓하지 말자. 꿀 떨어지는 게 정상임을 인정해야 한다. 그래야 조금이라도 변화를 가져오려고 노력할 테니 말이다. 무미건조하게 사는 것은 정상이 아니다.

절대 동의하지 않을 뿐만 아니라 세상에서 제일 바보 같은 짓이 애정도 없이 돈 주고 하는 거다. 하지만 자극을 위해 밖에서 돈 주고 불법적인 관계를 갖는 이들이 여전히 많다. 세상에 아무리 돈을 쳤다손 치더라도, 상대방 감정 상하게 해서 좋은 서비스 받을 수 없다. 감정이 상했으니 대충대충 빨리 끝낼 것이 분명하다. 속으로 욕지거리 엄청 하면서 말이다.

부부 사이를 애인처럼, 친구처럼 정겨운 사이로 만들지 않고서는 궁극적으로 아내와 질펀하고 저속하며 음탕하기까지 한 섹스를 할 수가 없다. 절대 불가능하다. 감성적으로 억눌려 있고, 마음이 닫혀 있는 아내에게 잠자리 자체가 고역이기 때문이다. 마지못해 하는 일에 무슨 재미와 창의성을 기대할 수 있겠는가. 그런데 아내가 이렇게 된 것은 순전히 남편 잘못이다.

우리 남편들이 꼭 명심해야 할 것이 있다. 남자들은 마음에 없는 여자와도 섹스할 수도 있지만, 여자에게 섹스란 둘 사이가 사랑하는 관계임을 반영하고 입증하는 최종 결정판이다. 사랑 없이는 불가능한 게 섹스다. 마음이 열려야 몸이 열리는 게 여자이니 아내의 마음이 열릴 수 있도록 사랑과 애정을 쏟아부어야 한다. 저속하고 노골적인 판타지는 그다음이다.

아내의 마음이 열린 후라도 창의적인 섹스를 즐기기 위해서는 오랜 시간 여유를 갖고 천천히 진도를 빼야 한다. 어느 날 갑자기 "여보 이거 해보자." 해서 될 게 아니라는 뜻이다. 마치 연애할 때 애인의 눈치를 보며 천천히 조심스럽게 살살 진도 뺐듯이 말이다. 오늘은 손잡고, 다음엔 팔짱 끼고, 그다음엔 허리에 손을 얹으며 걸었던 기억이 있을 거다. 모든 것에는 순서가 있으니 서두르지 말자. 서둘렀다간 괜히 일만 그르치기에 십상이다.

20대 때 한 친구가 사귄 지 오래되지 않은 여자친구와 첫 경험을 가질 때의 이야기를 해줬던 기억이 난다. 모텔방에 들어섰으니 그 친구는 한시라도 빨리 여자친구 옷을 벗기고 거사를 치르고 싶어 안달이 났는데 여자친구는 옷 하나 벗길 때마다 옷자락을 붙잡으며 "우리 사랑하는 거지?", "나 정말로 사랑하는 거야?" 하며 질문을 계속하더란다. 마음은 급한데, 질문에 답하며 어르고 달래느라 고생했다며 장광설을 늘어놓는다. 그때야 그냥 그런가 보다 하며 그 이야기를 들었지만, 그게 여자의 본성이고 마음이라는 것을 나중에 알게 되었다. 대부분의 여자는 본성적으로 사랑의 확신 없이는 절대로 섹스에 이르지 않는다. 그러니 그 여자친구도 마지막 순간까지 확인하고 또 확인한 것일 거다.

이것은 결혼했어도 마찬가지이다. 부부싸움을 하고도 남편은 섹스를 화해의 도구로 사용하겠다고 생각하지만, 아내는 이런 시도 때문에 더 화가 난다. 아내에게 섹스는 화해의 도구가 아니라 화해의 징표여야 하기 때문이다. 그러니 용서도 빌지 않고 화해도 하지 않았는데, 밤에 슬금슬금 넘어오는 남편을 이해할 수 없으며 그런 행동을 혐오스럽다고까지 느끼게 된다.

아내가 남편을 보면, 오늘 있었던 일들을 재잘거리며 행복하게 이야기하고픈 마음이 생겨야 하고, 당신과 섹스하고 싶다는 생각이 우러나오게 만들어야 한다. 우리가 연애할 때를 생각해보면 쉽게 이해될 수 있다. 여자가 남자에게 사랑에 푹 빠져 행복감에 젖어 있을 때, 뭐라 말하던가? 지금 들어보면 유치해서 소름 돋을 수도 있겠지만 "당신 닮은 애를 낳고 싶어." 이런 말을 한다. 이건 남자들이 생각하듯 "나 너랑 하고 싶어." 이런 뜻이 아니다. 이제 '당신을 내 몸속으로 받아들일 만큼 충분히 신뢰하고 사랑한다'는 깊은 의미가 담겨 있다.

아무리 내 아내라도 신뢰와 사랑이 약하거나 흔들린다면 마음과 몸이 열리지 않는다. 아내의 마음과 몸을 열기 위해서는 대화를 많이 하는 수밖에 없다. 대화로 마음을 따뜻하게 해주고 녹여야 하며 무장해제를 시켜야 한다. 그래서 아내에게는 대화가 섹스의 시작이다. 이를 무시하고 몸으로만 덤벼들면 아내는 질 건조증으로 아파하고, 불감증에 빠지고 결국 섹스라면 부정적인 생각부터 먼저 들게 된다.

우리는 밖에서는 언제나 자상하고, 유머와 위트가 넘치는 그래서 청년들과도 대화가 되는 열려 있는 사람으로 인정받고 싶어 노력한다. 그 노력의 10%만 집에서 해도 아내는 두 손 들고 "우리 남편 최고"라며 만세를 부를 거다.

아내와 말이 안 통한다고 불평하지 말자. 그것은 모두 아내만의 잘못이 아니다. 어려서 친했던 친구와도 아주 오랜만에 만나면 할 얘기가 없다. 그게 모두 그 친구 잘못이 아니다. 서로 바쁘다는 핑계로 연락 자주 함께하지 못한 두 사람 모두의 잘못이듯 부부가 말이 안 통하는 것은 부부 두 사람의 잘못이다.

지금부터 그 썩을 놈의 뻣뻣함, 가장입네 하고 내세웠던 권위주의도 벗어던지고 아내와 친구처럼 얘기하자. 대화가 잘 통하려면 주제는 상대방이 좋아하는 것으로 골라야 함을 잊지 않는다면, 둘의 대화는 술술 풀려나갈 게 분명하다.

음탕한 대화를 즐겨라

노골적이고 음탕한 대화는 때와 장소를 잘 가려서 해야 한다. 요즘 대학 강의실에서, 회사 사무실 등 공개된 장소에서 이런 대화를 하다 곤욕을 치르는 사람들이 많다. 때와 장소를 가리지 않았기 때문이다. 저속하고 음탕해서 듣는 이에게 수치심을 안겨주는 대화를 하는 사람들은 대개는 버릇처럼 지금껏 그렇게 해왔지만 아마도 가정에서는 가장으로서 굉장히 근엄한 척했을 거다. 이중성도 이런 이중성이 없다. 공공장소에서 저속한 이야기를 하다 곤욕을 치른 사람들이 반대로 집에서 배우자에게 이런 이야기를 했다면 사랑받았을지 모를 일이다. 밖에서는 담백한 대화를 하고, 집에서 배우자와 음탕한 대화를 했었어야 하는데 곤욕을 치른 분들은 때와 장소를 뒤바꾼 것이다.

그렇다. 남이 들으면 음탕하다, 저질이다, 저속하다, 너무 노골적이다 싶은 이야기를 나눌 사람은 바로 우리의 배우자이다. 배우자와 판타지를 이용해서 황홀한 시간을 보내고 싶다면, 배우자와 음탕하고 솔직한 대화를 즐길 줄 알아야 한다.

다른 여자와 외도 중인 40대 중반의 남편이 있었다. 만나는 여자는 40대 후반이었다. 상간녀의 생김새는 30대 후반인 자신의 아내보다 더 못했다. 몸매도 일반 중년여성과 다르지 않고 펑퍼짐했다.

몸매도 생김새도 나이 어린 자신의 아내가 더 좋고 예뻤다.

섹스할 때의 느낌도 아내와 할 때와 크게 차이가 나질 않았다고 한다. 이럴 지경이면 아내까지 속여가며 왜 바람을 피우고 있는지 궁금하지 않을 수 없다. 대체 뭐에 끌려서 자신의 아내보다도 못한, 나이 더 많은 여자와 바람을 피웠을까? 젊지도 예쁘지도 않고, 섹스를 유별나게 잘하지도 않는 자신보다 나이 많은 중년 아줌마를 왜 만나는지 아내는 더 이해가 가질 않았다.

이 남편이 말하는 외도 이유는 이랬다. "이 여자를 만나면, 아내와는 하기 힘든 저속하고 음탕한 직설적인 표현을 섞어가면서 솔직하게 섹스에 대한 이야기를 하는 게 편하고 좋았다. 그것이 자극적이더라."

남편들은 대개 아내하고는 저속하고 음탕한 대화를 나누지 않는다고 한다. 아마도 남편들에게는 가장으로서 권위를 세우고 싶은 허위의식이 있는 것 같다. 항상 올바른 사람으로만 보이고 싶다 보니 언제나 묵직한 모습, 근엄하고 진지한 모습만 보여줘야 한다는 강박에 매여있는지도 모른다. 성인군자로 보이고 싶은 걸까? 정작 아내는 남편을 철없는 큰아들이라고 여기고 있는데, 남편이 겉과 속이 다른 모습만을 보이려 하니 얼마나 웃길까?

그 마음은 알겠는데, 대체 소파에만 드러누워 있는 성인군자가 세상 어딨나. 반신불수 성인군자도 아니고. 제발 그러지 말라. 아내와 단둘이 있을 때는 머리에 온통 아내와의 섹스만 생각하는 속물로 보여도 된다. 괜찮다. 아내는 그걸 더 좋아한다. 밖에 나가 열심히 일하고 돌아와서 아내를 탐하는데 그걸 마다할 여자가 어딨겠나?

우리가 사회적으로 말해서는 안 되는 단어나 표현을 함으로써 느껴는 쾌감이 있다. 사람에게는 일탈하고픈 욕구가 마음속 깊은 곳에 자리하고 있다. 어디선가에서는 작은 일탈이나 욕구를 발산함으로써 이 충동과 욕구를 풀어줘야 하는데 그곳이 바로 가정이고 배우자이다.

몇 년 전 낮엔 판사, 밤엔 바바리맨으로 살던 사람이 있었다. 이 사람은 밤길을 헤매고 다닐 것이 아니라 아내하고 그 놀이를 했었어야 한다. 아내와 대화하면서, 아내 몸을 슬슬 만지며 표현할 수도 있고, 거실에서 마주친 아내의 엉덩이를 만지면서 할 수도 있다.

중장년 부부가 함께 즐기는 저속하고 음탕한 대화는 서로에게 자극이 되고, 섹스 때도 윤활유로 작용하고 그 재미와 흥분이 아주 쏠쏠하다. 지금껏 무게 잡던 남편이 갑자기 돌변해서 음탕한 대화를 한다면, 아내가 어쩔 줄 모르기도 하고 화들짝 놀라 왜 그러냐고 할 수도 있겠지만 그것이 아내에 대한 애정표현의 한 방법이고, 욕구와 스트레스를 풀어내는 사랑스런 일탈이라는 것을 알게 된다면 아내도 기꺼이 받아들이고 함께 즐길 것이다.

부부 친밀감을 높이고 싶다면, 마음과 살을 맞대라

중장년에 접어들면 배우자와의 친밀도가 뚝 떨어져 정다운 미소로 서로의 눈을 바라보며 말을 건넨 때가 언제였는지 알 수 없을 정도로 아득하게 느껴진다. 그만큼 부부 사이의 결속력도 현저히 떨어져서 마치 부부가 같은 하숙집에 사는 사람과 별반 다르지 않게 느껴질 정도다.

몇 년 전 한 유력 언론사에서 기혼자 1,200명을 대상으로 배우자와의 성(性)과 대화 만족도에 관한 설문조사를 했다. 배우자와의 섹스를 만족한다는 아내분들이 31.3%, 남편이 53.3%에 불과했다. 만족도가 낮은 이유로 아내는 "남편이 자신의 성적 충족감만 생각하고, 전후의 로맨틱한 분위기에 신경 쓰지 않는다"는 점을 꼽았고,

남편은 "횟수가 적다"거나 "아내가 섹스에 관심이 없으며, 테크닉도 없다"고 답했다.

재밌는 건, 부부간의 대화 만족도도 섹스 만족도와 비슷한 수치로 나타났다는 점이다. 아내의 35.4%, 남편은 49.4%만이 부부간 대화에 만족했다. 전문가들은 성(性) 만족도와 대화 만족도가 비슷하다는 것은 두 요소의 상관관계가 높다는 것을 의미한다고 강조했다.

마음의 대화가 잘 통하는 부부는 몸의 소통도 잘되는 부부이고, 몸의 소통이 잘되는 부부는 마음의 대화도 잘 통하는 부부라는 뜻이다. 두 요소가 선순환하며 부부의 결속력과 친밀도를 높인다. 역설적으로 부부만의 은밀한 즐거움이 부부라는 이름을 겨우 유지하기 위한 힘겨운 노동의 '의무방어전'으로 전락하는 순간 결혼생활에 틈이 벌어지고 이는 위기로 발전한다는 것을 의미하기도 한다.

부부관계에 불만을 갖고 있는 아내의 경우는 남편과의 대화에 불만이 많아 이로 인해 섹스까지 거부한다. 아내들에게는 애정을 주고받고 확인하는 대화 없이 섹스를 하는 것은 무의미하기 때문이다.

"평소에 사랑한다는 말 한마디 안 하는 남편이, 자기 좋아하는 것만 하자고 하면 애정을 느낄 수 없는데 어떻게 그걸 할 수 있어요? 그걸 왜 모를까요? 저는 대화도 안 되는 남편과 섹스하고 싶지 않아요. 남편은 자기 볼일 끝나기가 무섭게 언제 그랬냐는 듯이 저는 안중에도 없이 등 돌리고 코 골고 자기 바쁘잖아요."

이에 맞서는 남편의 사정은 이렇다. 남편은 "아내와의 섹스에 불만이 많고, 그래서 대화도 하기 싫습니다. 아내가 하는 얘기는 못 들어주겠어요. 무슨 얘기가 그렇게 중구난방일 수 없어요. 얘기에 기승전결이 없어서 솔직히 듣다 보면 짜증부터 납니다. 그리고 옆에서 같이 자자고 해도 들은 척도 안 해요. 이게 어디 부부입니까?"

이렇게 자기 입장만 고집하며 지내다 보면 어느새 정서적으로 이혼한 부부가 되거나, 배우자가 외도할 수도 있고, 성격 차를 이유로 다른 부부들처럼 이혼을 선택할 수 있다. 그럼 어떻게 이를 극복할 수 있을까? 부부간의 대화와 섹스에 대한 만족도를 높일 방법이 있다.

배우자가 원하는 것에 관심을 갖고 이를 충족시켜주자

아내는 애정 어린 대화를 원하고, 남편은 황홀하고 재밌는 섹스를 원한다. 내가 원하는 것만 요구할 것이 아니라, 배우자가 원하는 것에 관심 갖고 이를 충족시켜주려고 노력하다 보면, 자신이 원하는 것을 얻을 수 있다. 부부 사이 대화와 섹스는 함께 돌아가는 톱니바퀴 같은 것이기 때문에 그렇다. '성격 차이'라는 게 결국 '성생활에 대한 인식 차이'라는 말이 있는 것처럼 차이를 줄여나가려는 노력이 필요하다. 부부간의 친밀감을 높이는 데는 대화와 섹스가 중요한 수단임을 그리고 함께 맞물려 돌아가 선순환을 일으켜야 완성되는 것임을 반드시 명심하자.

부부갈등이 일어나는 때는 아내의 대화 욕구와 남편의 성적 욕구가 충족되지 않았을 때라는 점을 분명히 인지하고 배우자의 욕구를 채워주다 보면, 어느새 나의 욕구는 배우자에 의해 두 배 세 배 채워지게 된다. 이것이 사랑하는 부부만이 가질 수 있는 상생의 원리다.

서로에게 피로회복제와 자양강장제가 되어주자

부부간의 대화와 섹스는 일상에서 받는 스트레스와 부정적인 감정을 해소해주고 새로운 삶의 에너지를 만들어주는 피로회복제이자 자양강장제여야 한다. 너무 현실과 동떨어진 말로 여겨질 수도 있겠고 또 어쩌면 먼 나라 얘기처럼 들릴 수도 있겠다. 정말 그렇다면 눈을 감고 지난날들의 기억을 떠올려보자. 그러면 이것이 전혀 비현실적인 이야기라고 하지 않게 될 것이다. 누구에게나 현관문을 열고 들어서 배우자의 얼굴을 보는 순간, 세상 모든 걱정과 시름이 눈 녹듯 사라지던 때가 있었다. 그리고 현관문을 열자마자 기다렸다는 듯이 "아빠" 혹은 "엄마"하고 달려드는 어린 자녀를 품에 안으며 더없는 행복감을 느꼈었던 때도 있었다. 이때가 "가정은 지상의 작은 천국"이라는 말을 온몸으로 느끼면서 살았던 시기였다. 우리가 이미 체험했었으니 비현실적인 이야기라 하지 말자. 중장년이 되었다고 이런 감정을 느끼며 살지 말라는 법은 없다.

내게는 아내에 대한 내 사랑의 감정을 유지하기 위한 비법 아닌 비법이 있다. 이 비법을 사용하고 있다 보니, 나이 60이 가까워진 오늘날까지 출근해 일하다가도 아내가 너무 보고 싶어 안달이 나기도 하고, 영상통화를 하면서 보고 싶다고 고백할 때도 있다. "정상이 아니다. 미친 거 아니냐?"고 할 사람도 있겠지만 정상이 아니고 미쳤으면 어떤가. 아내를 사랑하고 가정을 지상의 작은 천국으로 만드는 일인데 말이다. 내 비법이란 사실 특별할 것도 없다. 내가 하는 것이라고는 아내와의 연애 시절을 거의 매일 떠올리고, 연애했을 당시의 아내 모습을 지금 얼굴에 오버랩시키는 것뿐이다. 그리고 내가 푹 빠졌던 그녀의 매력이 여전함을 느끼고 확인하는 일이다. 아내와 대화할 때도 뜬금없이 연애 시절의 소재를 꺼내어 이야기를 이어가기도 하고, "여보"라던가 아이의 이름을 붙여 "누구 엄마"라고 부르지 않고 연애 시절 불렀던 호칭으로 아내를 부른다. 그러니까 아내와 함께 있는 시간만큼은 적어도 연애 시절로 시간여행을 하는 셈이다.

사랑의 유효기간이 3년 안팎이라고 하지만 나만의 비법으로 여전히 나의 뇌에서는 사랑에 빠지게 하는 마법의 가루인 도파민이 샘솟고 있다. 그러니 아내만 보면 온갖 피로가 다 풀어지고 힘이 솟는다. 자양강장제가 따로 필요 없다.

무조건 한 방에서 같이 자자

배우자의 거친 잠버릇이나 코골이 때문에 그리고 특히 각자의 독립된 생활을 존중하기 위해 각방을 쓰는 부부들이 많다고 한다. 하지만 우리 부부는 부부싸움을 크게 한 날마저도 한 방, 한 침대를 고집한다. 언쟁으로 얼굴 보는 게 싫더라도, 한 침대에 같이 눕고 나면 마음을 여는 속도가 빨라지고, 화해하기도 쉽기 때문이다.

한 방을 쓰는 최고의 이점은 무엇보다 잠드는 그 순간까지 끊임없이 대화를 이어갈 수 있다는 점이다. 우리 부부는 침대에 누우면 핸드폰으로 각자의 책을 읽는다. 대개 아내는 소설을 읽고, 나는 분야를 가리지 않고 이것저것 그때그때 끌리는 것을 골라 읽는 편이지만 30분 남짓 짧게 읽은 후 이어폰을 귀에 꽂고 팟캐스트를 들으며 잠을 청한다. 서로 나란히 누워 책을 읽다가 손을 맞잡기도 하고, 책을 덮고 자기가 읽고 있는 책의 줄거리를 들려주기도 한다.

또 잠자리에서 나는 손으로 끊임없이 배우자의 몸을 어루만진다. 아내의 가슴도 만지기도 하고, 아랫배도 쓰다듬어 주는 것은 물론이고, 파자마 속으로 손을 넣어 은밀한 곳도 어루만지기도 한다. 한 침대에서 자면서 우리 부부는 마음과 살을 맞대며 지낸다.

결혼생활을 하다 보면 어느 부부나 다툴 때가 있고 위기에 직면할 때도 있다. 하지만 그렇다 하더라도 마음과 살을 맞대고 산다는 원칙을 지켜나간다면 위기를 찻잔 속의 태풍으로 만들며 잠재울 수 있다. 다시 신혼의 꿀맛을 보고 싶다면 마음과 살을 맞대라!

정서적 이혼을 한
부부들의 징후

　이혼은 하지 않았지만, 이혼보다 더 지옥 같은 하루하루를 살고 있는 부부들이 있다. 정서적 이혼을 한 부부들이다. 집 밖에서는 여전히 사이좋은 부부, 서로에게 말도 조심조심하는 얌전한 부부로 알려져 있지만, 사실은 서로에게 일말의 관심조차 끊어버린 상태로 남남처럼 산다. 이런 부부처럼 살아가는 것에 대해 일본에서는 일찍이 1980년대부터 '가정 내 이혼'이란 신조어를 만들어 붙이고 관심을 갖고 연구해왔다. 부부간의 갈등도 소득 성장과 관련해서 일어나는 현상일까? 정서적 이혼은 어느새 우리 결혼생활에 심각한 문제가 되었다.

　여러 전문기관에서 발표한 결과를 보자면, 정서적 이혼상태로 사는 중장년 부부들이 무려 30%를 차지한다고 한다. 중장년 부부들의 10쌍 중 3쌍이 이혼하고, 또 3쌍이 정서적 이혼상태로 살고 있으니 결국 중장년층의 60%가 이혼상태로 살아가고 있다고 말을 해도 과장이 아니다. 현실이 이 지경이 되다 보니 이제는 금실 좋은 부부들로 사는 것이 비정상적인 것처럼 여겨질 정도다.

더 큰 문제는 중장년층 남성들 사이에서는 으레 부부가 함께 20~30년 살면, 부부 사이는 삭막해지는 게 당연한 것처럼 생각하고 있다는 것이다. 인식이 이렇다 보니 관계를 회복하려는 노력을 전혀 하지 않는다. 남들 부부도 다 그렇게 살고 있으니 지극히 정상이라고 떳떳하게 말할 정도다. 언제나 제멋대로 자기 편한 대로만 살아가는 남편을 아내들이 이미 포기한 지 오래되었다. 기대를 저버렸으니 남편에게 살가운 말이 나갈 리 없고, 집안이 시끄러워질 수 있으니 차라리 입을 닫아버린다.

이 책을 읽는 남성분들이라도 이 섹션을 건너뛰지 않을까 하고 짐작해본다. 문제의식도 없고 읽어봐야 불편하니까. 아내와 말을 잘 나누지는 않지만, 여전히 내 아내라고 생각하고 있으니 정서적 이혼 상태까지는 아니라고 여길지도 모른다. "이제부터 나는 당신을 아내로 여기지 않을 거야"라고 선언해야 정서적 이혼을 하는 게 아니다. 두 사람이 신혼부부처럼 눈만 마주쳐도 깨가 쏟아지는 정도는 아니더라도 서로 마주 보고 정겹게 이야기를 주고받을 수는 있어야 한다. 하지만 어디 그런가. 어느 한쪽에서 말을 붙이면 귀찮아 틱틱거리기 일쑤다.

정서적 이혼을 겪고 있는 부부들이 어떻게 살고 있는지 그 징후에 대해 하나하나 이야기를 해볼 테니 하나라도 해당하는 경우가 있다면 관계를 회복하려고 노력해야 한다. 앞으로 함께 살 날이 적어도 40~50년은 더 남았다. 지금처럼 살 수는 없는 노릇이다. 발견된 징후를 방치하면 더 악화된다. 아예 법적으로 배우자와 이혼하고, 운이 좋아 다른 사람과 재혼을 해도 마찬가지다. 처음이야 좀 살갑게 굴겠지만 이내 둘 사이가 전 배우자와 함께 살던 때처럼 될 것이 뻔하다. 정서적 이혼은 바로 내 행동과 노력 부족에서 비롯되었기 때문이다. 그러니 다른 생각 말고 지금 고치는 수밖에 없다.

집안이 절간처럼 조용하다

서로 마음이 엇나간 부부가 함께 살고 있으면 집안에 큰소리가 많이 나겠다 싶지만, 정서적 이혼을 했다면 집안은 절간처럼 조용하다. 절대 마찰음이 나지 않는다. 부부 사이에 잔소리가 오가고, 싸움을 하는 것은 그래도 상대에게 기대하는 것이 남아 있어 고쳐보려하고, 자신을 배우자에게 이해시키고픈 애정이 남아 있을 때나 가능하다.

정서적 이혼을 했다는 것은 부부싸움을 하는 것도 지쳤고, 배우자에 대해 포기한 상태이기에 눈곱만큼도 기대하는 것이 없다. 서로를 투명인간 취급하고 자신은 아무 감정 없는 로봇처럼 행동하니 부딪칠 일이 없어 집은 쥐 죽은 듯 조용하다. 그래서 이웃들 사이에 언제나 차분하고 조용한 부부로 인식되지만, 이들 부부의 마음은 북풍한설 몰아치는 동토의 나라에서 살고 있다.

하루 15분도 대화를 나누지 않는다

결혼생활의 중요한 단면들을 보여주는 것이 부부간의 대화시간이다. 40%에 가까운 부부들이 하루 30분도 대화하지 않고 지낸다는 조사결과가 있었다. 피곤하다는 핑계로 말을 적게 하다 보니 어느덧 부부 사이에 대화를 나누는 게 어색해지고 불편하기까지 하다. 퇴근해서 인사말 몇 마디 나누면, 서로 공감대를 느끼면서 나눌 이야깃거리도 딱히 없다. 배우자와 말을 나눠봐야 "잘했네." "잘못했네." 따지고 가르치려고 들어 아예 말을 마는 게 상책이다. 그래서 배우자가 말을 걸고 꼬치꼬치 캐물으면 귀찮게 군다는 생각에 불끈 화가 치솟기도 한다.

부부 사이에 하루 15분도 대화를 나누지 않는다면 정서적 이혼 상태를 구성하는 아주 중요한 조건 하나를 갖추고 있다는 경각심을 가져야 한다. 부부 사이에 오가는 말 중에 "밥 먹어.", "밥 차려줘," "나 오늘 늦어.", "애들 학원비 줘" 등과 같은 따위의 내용이 오가는 것은 대화가 아니다. 이런 식으로 오가는 말들은 낯선 사람에게 길을 묻는다거나 무엇인가를 부탁하는 것처럼 감정이 하나도 실리지 않기 때문이다. 대화라면 감정의 교류가 일어나고 애정이 담겨 있어야 하며 공감이 번져야 한다.

집에 들어오든지 말든지 관심조차 없다

정서적으로 이혼한 부부들은 서로 출퇴근 인사조차 하지 않는다. 남편이 퇴근해 현관에 들어서도 거실에서 자녀들과 TV를 보고 있던 아내는 귀가한 남편에겐 눈길도 주지 않을 뿐만 아니라 의식적으로 더 크게 웃고 떠들며 자녀들과의 행복한 시간을 연출한다. '너는 이 집에서 외톨이다. 너 따위를 반기는 사람은 없다. 너는 고립되었다'라는 신호를 주는 것이고, '이게 다 네가 나를 외롭게 만들어서 받게 된 인과응보'라며 자신을 외롭게 만든 사람에 대한 일종의 복수이자 지독한 정서적 고립감을 주려는 공격을 퍼붓는다.

이에 대한 남편의 카운터펀치는 심야의 퇴근이고 외박이다. '너 아니더라도 재밌게 지낼 수 있는 곳과 사람이 많음'을 자랑하는 것이고 고립된 것은 자신이 아니라 상대임을 알려주는 것이다. 이런 심리가 강화되면 외박도 서슴지 않는다. 새로운 사랑이 생겼을 수도 있다는 불안감을 상대에게 안겨주려는 심사이다. 이에 질소냐 아내도 보란 듯이 외박을 한다.

미국과 중국이 서로 미사일을 쏘지 않는 대신 외교무대에서 상대를 고립시키려는 것처럼 정서적 이혼한 부부들 사이에도 서로 대놓고 싸우지는 않더라도 지속적으로 상대를 자극하고 불편하게 만드는 행동을 한다.

잘되는 일이 없다

지상에서 천국이어야 하는 곳은 가정이다. 인도 속담에 "한 가족이 화목하여 한마음 한뜻이 되면 문 앞의 돌도 황금으로 변한다"는 말이 있다. 어떤 어려움도 함께 헤쳐나갈 수 있으니 모든 일이 잘 풀려나간다는 뜻일 거다. 기대하지 않던 복이 굴러 들어온다. 이러니 돌도 황금으로 변한다는 소리가 절로 나오는 것이다. 가진 거라고는 쥐뿔도 없는 우리 부부가 이 험한 세상을 살아가면서 믿는 구석이 딱 하나 있는데 그건 바로 일치단결되어 있는 사이좋은 부부 관계다. 특히 20여 년 동안의 의지할 사람 하나 없는 이민 생활을 통해 다져지고 증명된 팀워크가 있어 더욱 자신만만하다.

예전 동네 중국집에 가면 벽에 걸려 있어 자주 볼 수 있었던 '가화만사성'이 내 최고의 좌우명이다. "아내 품속이 세상에서 제일 안전하다"고 했더니 평소 아내 사랑을 설파하던 사람조차 내가 아내로부터 가스라이팅을 당했다며 놀려댄다. 천만의 말씀이다. 나는 일찍이 아내 품을 떠나 이 여자 저 여자 넘보다가 그 많던 재산 다 날려 먹고 쪽박 차고 끝내는, 쓸쓸히 죽어간 사람을 내 눈으로 똑똑히 보았다. 살아 있는 교훈을 준 그분을 가슴에 새기고 새기며 반면교사로 삼고 있다.

가정은 언제나 사랑과 웃음이 넘쳐나야 하지만 자녀들이 떠나는 중장년 이후에는 더욱 그렇다. 믿고 의지할 사람이라고는 부부 두 사람밖에 없다.

비록 집에서 더 이상 큰소리도, 울음소리도 나지 않는 정서적 이혼가정은 외견상 평온해 보이지만 속은 곪을 대로 곪아서 되는 일이 없다. 별일 아닌 것도 이 가정에 오면 이리저리 꼬이기 마련이다. 팀워크는커녕 한 팀 안에 X맨이 있으니 될 일도 안 된다. 삶의 토대가 붕괴 직전에 있으니 일에 전념할 수도 없다. 제아무리 남남처럼 관심 끊고 쿨하게 지낸다 해도 그것은 짐짓 겉으로만 그러는 척하고 있는 것이다. 마음 저 깊은 곳에는 분노와 배신감, 좌절감과 증오심이 요동치고 있다. 그러니 될 일도 안 된다.

자녀에게 집착한다

남편과의 사이에서 애정결핍을 느끼는 아내가 보이는 전형적인 특징 중에 하나가 자녀에게 집착하는 것이다. 남아도는 관심과 사랑을 쏟을 대상이 자녀로 귀결된다. 하지만 외로움을 해소하기 위해 쏟는 관심과 사랑은 부모가 갖는 자식 사랑과는 거리가 멀다. 집착이 너무 강해져 자녀의 모든 것을 통제하려 들기도 한다.

적의 적은 동지이듯, 나의 동지는 적과 동지가 되어서는 안 된다. 내가 사랑을 쏟는 자녀는 아빠와 친하게 지내면 안 된다. 분리시켜야 하고 자녀들이 아빠를 미워하도록 만들어야 한다. 내 편이 되어 함께 아빠가 나쁜 사람이라고 욕을 하게 해야 한다. 사랑의 결실이던 자녀들이 사랑이 깨지면 희생양으로 전락하게 된다.

부부 사이에 잠자리를 갖지 않는다

섹스리스 부부가 늘어난다고 한다. 섹스리스란 최근 1년간 부부 사이에 한 달에 한 번 정도 잠자리를 갖는 부부를 말하는데 365일 한 번도 관계를 갖지 않는 부부들도 많다. 정서적으로 이혼한 부부라면 섹스리스는 당연하다. 마음이 차갑게 식어버렸고 이미 모르는 사람들처럼 서로를 대하는데 잠자리를 한다면 그게 더 이상한 거다. 정서적 이혼을 한 부부들의 이야기를 들어보면, 어쩌다 손가락이라도 살에 닿으면 온몸에 소름이 끼치고 기겁을 하게 된다고 한다. 길에 마주친 사람과 실수로 이렇게 닿는다 해도 이 정도로 놀라지는 않을 것이다.

정상적인 부부들이 살갑게 대화를 나누고 그 분위기를 이어서 잠자리를 하게 되는 것과 달리, 정서적 이혼상태의 부부 사이의 섹스는 남편이 술에 취해 참고 참았던 욕정을 분출하며 이뤄지는 경우가 대부분이다. 부부강간이 일어나는 것이다.

최악의 경우는 남편이 술 취해서 아내를 덮쳤고 아내는 못 이기는 척 응해주었는데, 덜컥 임신하는 경우다. 부부 사이 대화도 그렇고 피임도 그렇고 뭐 하나 제대로 하는 게 없다.

배우자보다 친밀한 이성이 있다

부부 사이가 쫙쫙 갈라진 논바닥처럼 메말라 있다면 자연스레 다른 이성에게 눈길이 가고 마음이 끌리기 마련이다. 더더욱 정서적으로 이혼한 상태라면 엄연히 법적인 배우자가 있지만 그런 것을 전혀 개의치 않는다. 이미 저나 나나 존재를 인정하지 않는데 의무를 지킬 일이 없다. 싱글과 같은 자유의 몸이다. 꺼릴 것이 없다. 죄책감도 없을 뿐만 아니라 원수 같은 배우자에게 제대로 복수하는 쾌감마저 든다.

정서적 이혼상태에 빠지면 개인의 윤리적인 판단능력마저 상실하게 된다. 자존감이 높은 사람일수록 남이 보든 안 보든 윤리적인 행동을 하려는 경향이 있다. 남들이 모른다 하더라도 나쁜 짓을 하지 않는다. 그것은 남이 본다 안 본다의 문제가 아니라 내 자존감과 관련된 문제이기 때문이다. 하찮은 쾌감보다 내 자존감이 더 귀하다. 그래서 그들은 스스로를 지킬 수 있다.

사랑했던 배우자에게 유령 취급받고 무시당하면서도 관계를 끊어내지 못하고 한 집에서 매일 얼굴을 마주 대하며 사는 사람의 자존감이 높을 수는 없다. 되레 자존감은 바닥을 치고 있을 게 분명하다. 그들에게 비윤리적인 유혹 앞에서 자존감을 지키기를 기대하는 것은 강아지에게 말을 하라고 시키는 것과 마찬가지다.

필요한 말조차 카톡으로 한다

배우자로부터 카톡으로 메시지를 받을 때마다 이런 말조차 카톡으로 받아야 하는 게 인간으로 무시당하는 것 같아 울분이 쌓인다. 서로 얼굴을 보며 대화해본 지도 오래되어서, 그렇게 하려면 나름 용기를 내야 할 지경으로 부부 사이는 엉망이 되어버렸더라도 마음 한켠에서는 카톡으로 짧게 주고받는 메시지에 스스로가 처연해진다.

이런 생각 속에서도 배우자의 얼굴을 마주하고 그 불편한 반응을 감내해야 하는 상황을 떠올리며 입을 떼기란 여간 어려운 게 아니다. 괜히 말을 걸었다가 또 무시당하면 자신의 기분만 상하게 될 것이 뻔하고, 반응한다 하더라도 언제나 그랬듯이 인상부터 찡그리고 말할 테니 그 화난 얼굴을 보고 싶지도 않다. 그래서 꼭 필요한 말만 카톡으로 짧게 보낸다.

결혼 기간에 반비례해서 대화시간은 줄어들고 애들 자랄 때는 그나마 아이들 교육과 건강 문제 등으로 대화는 좀 했지만 자녀들이 성장해 독립한 후에는 더욱 대화가 줄어서 말 없는 부부로 한 지붕 남남처럼 살게 되는 부부가 많다.

어쩌면 부부관계를 다시 회복시키려는 힘든 노력보다 이젠 서로 말 없고 관심 없는 부부로 사는 것이 익숙해져 편안하게 느껴질 수도 있겠다. 하지만 이것은 한 부부가, 한 인간이 살아가는 정상적인 모습이 아니다. 부부로서 서로 품어줄 수 없다면 자유롭게 놔주시던지, 절대 헤어질 수 없다면 지금이라도 전문가를 찾아 상담을 해보기 바란다. 해묵은 부부 사이 감정의 골도 전문가의 도움으로 며칠 만에 해결되는 경우가 많다. 중년이 되었다고 모든 부부가 그렇게 무덤덤하고 남처럼 사는 게 아니다. 나이 들었어도 뜨거운 연인처럼, 정다운 친구처럼, 믿음직한 배우자로 시시각각 역할을 달리하며 사랑스럽게 사는 부부들이 많다. 이야기를 들으려면 괜히 술자리에서 허풍이나 떠는 친구의 말 대신 이들의 이야기를 듣기 바란다.

미주

1 　김아람, 「근로자 퇴직 연령 평균 49.3세…비자발적 조기퇴직 늘어」,〈연합뉴스〉, 2022. 3. 8.

2 　곽노필, 「평균 수명이 늘었다고 노화까지 느려졌을까?…"아니오"」,〈한겨레〉, 2021. 6. 21.

3 　김경필, 「정년 연장 이후, 퇴직 53세→49.3세로 오히려 빨라져」,〈조선일보〉, 2023. 2. 20.

4 　김진웅, 「은퇴하고 월 300만 원씩 쓰려면 자산 얼마 있어야 할까」,〈한국경제〉, 2021. 6. 23.

5 　「[그 사람] 국민 의전 서열 1위, 송해」,〈SBS 뉴스〉, 2022. 6. 7.

6 　「송해」,〈나무위키〉, namu.wiki/w/송해

7 　「이길여」,〈위키백과〉, ko.wikipedia.org/wiki/이길여

8 　〈나의 꿈 나의 길〉, 가천길재단/이길여 사이버월드

9 　「외로움, 담배 15개비 피우는 것과 같다?」,〈KBS 뉴스〉, 2023. 5. 4.

10 　김욱,《가슴이 뛰는 한 나이는 없다》의 작가 소개 글, 리수, 2014. 10. 2.

11 　김욱, 「老才의 시대… 머리쓰면 늙을새 없어」,〈동아일보〉, 2013. 9. 5.
　　https://www.donga.com/news/Culture/article/all/20130905/57467280/1

12 　김영진·현남숙, 「자기성찰에 기반한 자전적 글쓰기 교육」,《교양교육연구》(제11권 제2호), 2017. 4.

13 　사쿠라가와 신이치,《부의 시작》, 마인더브, 2020. 5p.

14 　서미숙,《50대에 도전해서 부자되는 법》, 유노북스, 2022. 저자 소개.

15 　나무위키. https://namu.wiki/w/거지 근성

16 　와카미야 마사코,《나이 들수록 인생이 점점 재밌어지네요》, 가나출판사, 2019. 저자 소개.

17 　「성년후견제도」,〈위키피디아〉

18 　「성년후견제도」,〈대한민국법원 전자민원센터〉

오십 너머,
인생에서 가장 아름다운
꽃이 핀다

1판 1쇄 인쇄 2023년 12월 11일
1판 1쇄 발행 2023년 12월 20일

지은이 파파홍
펴낸이 김기옥

경제경영팀장 모민원
기획 편집 변호이 박지선
마케팅 박진모
경영지원 고광현 임민진
제작 김형식

표지 디자인 블루노머스
본문 디자인 푸른나무디자인
인쇄 · 제본 민언프린텍

펴낸곳 한스미디어(한즈미디어(주))
주소 04037 서울시 마포구 양화로 11길 13(서교동, 강원빌딩 5층)
전화 02-707-0337 | **팩스** 02-707-0198 | **홈페이지** www.hansmedia.com
출판신고번호 제 313-2003-227호 | **신고일자** 2003년 6월 25일

ISBN 979-11-6007-994-4 (03320)

책값은 뒤표지에 있습니다.
잘못 만들어진 책은 구입하신 서점에서 교환해드립니다.